财政部规划教材
全国高等院校财经类教材

资产评估学
（第二版）

胡志勇 雷丹 主编

中国财经出版传媒集团
中国财政经济出版社

图书在版编目（CIP）数据

资产评估学／胡志勇，雷丹主编．—2版．—北京：中国财政经济出版社，2018.11
财政部规划教材．全国高等院校财经类教材
ISBN 978 - 7 - 5095 - 8598 - 6

Ⅰ.①资…　Ⅱ.①胡…②雷…　Ⅲ.①资产评估 - 高等学校 - 教材　Ⅳ.①F20

中国版本图书馆 CIP 数据核字（2018）第 249394 号

责任编辑：刘瑞思　　　　　责任校对：徐艳丽
封面设计：孙俪铭

中国财政经济出版社 出版

URL：http：//www.cfeph.cn
E - mail：cfeph @ cfeph.cn
（版权所有　翻印必究）
社址：北京市海淀区阜成路甲 28 号　邮政编码：100142
营销中心电话：88191537　北京财经书店电话：64033436　84041336
北京富生印刷厂印刷　各地新华书店经销
787×1092 毫米　16 开　16.75 印张　402 000 字
2018 年 11 月第 2 版　2018 年 11 月北京第 1 次印刷
定价：42.00 元
ISBN 978 - 7 - 5095 - 8598 - 6
（图书出现印装问题，本社负责调换）
本社质量投诉电话：010 - 88190744
打击盗版举报热线：010 - 88191661　QQ：2242791300

编写说明

本书是财政部规划教材，由财政部教材编审委员会组织编写并审定，作为全国高等院校财经类教材使用。

本教材是以财政部2012—2015年本科金融专业的学历规划教材——《资产评估学》为基础，根据2017年全国人大常委会颁布的《中华人民共和国资产评估法》及新修订的《资产评估准则》进行修订。为了突出其应用型本科教材的特色，本教材在编写过程中严格遵循以下三条原则：

1. 突出实践与兼顾理论的原则。由于本教材编写的目的是加强应用型本科人才的培养、满足市场对资产评估人才的需求，教材编写主要是突出介绍专业技术方法与应用。但是，资产评估是随着现代商品经济与现代经济理论发展而发展的，资产评估方法的发展需要现代经济理论的进一步支持。因此，本教材采取兼顾理论的原则，适当地介绍相关经济理论或进行理论分析。

2. 立足定位与兼容并包的原则。目前有关资产评估的教材或书籍主要有三大类：一是注册资产评估师的考试用书；二是高校的资产评估教学用书；三是资产评估行业人士编写的书籍。注册资产评估师考试用书具有很强的专业人才考核的目的，更强调专业知识技能的介绍。高校的资产评估教学用书，有的强调实践性，有的是理论与实践相结合，各具特色。资产评估行业人士编写的书籍普遍都有一个特点——大量的实践案例与实践经验。基于本教材定位于应用型教材，教材的编写应当更多借鉴注册资产评估师考试用书以及部分高校教学用书的编写特色，同时吸收其他相关教材与书籍的编写理念、内容、形式等。

3. 语言简约与形式新颖的原则。本教材力求语言简约，文字流畅，表达生动，深入浅出，通俗易懂。教材编排形式力争新颖活泼，图文并茂。

本教材是由团队协同合作编写而成，胡志勇负责本教材大纲拟订与教材统稿任务。教材各章编写具体分工如下：

第一、二、四、五章	胡志勇（副教授、博士）	集美大学
第一、三、七、九、十一章	雷丹、吴俊龙	集美大学
第六、八章	苏建平	集美大学

第十章　胡志勇　宋生瑛（副教授、博士）　集美大学
第十二章　瞿有喜（教授）　刘丽珑（博士）　厦门理工大学

本书各章的思考题附有参考答案，用书学校任课老师若有需要，请以电子邮件的形式向中国财政经济出版社索取，E-mail：caijingjiaocai@163.com。

由于本教材编写时间有限，错漏难免。真诚欢迎广大读者批评指正，本人及编写团队成员一定虚心接受！

胡志勇
2018 年 6 月于厦门集美学村

目 录

第一章 总论 ……………………………………………………………（ 1 ）
 第一节 概述 …………………………………………………………（ 1 ）
 第二节 资产评估的功能、目的与特征 ……………………………（ 7 ）
 第三节 资产评估的主体与客体 ……………………………………（ 11 ）
 第四节 资产评估的价值类型 ………………………………………（ 15 ）
 第五节 资产评估的假设和原则 ……………………………………（ 18 ）
 思考题 …………………………………………………………………（ 21 ）

第二章 资产评估的基本方法 …………………………………………（ 22 ）
 第一节 市场法 ………………………………………………………（ 23 ）
 第二节 收益法 ………………………………………………………（ 28 ）
 第三节 成本法 ………………………………………………………（ 33 ）
 第四节 资产评估方法的选择 ………………………………………（ 39 ）
 思考题 …………………………………………………………………（ 42 ）

第三章 机器设备评估 …………………………………………………（ 43 ）
 第一节 机器设备评估概述 …………………………………………（ 44 ）
 第二节 机器设备评估中市场法的应用 ……………………………（ 48 ）
 第三节 机器设备评估中收益法的应用 ……………………………（ 53 ）
 第四节 机器设备评估中成本法的应用 ……………………………（ 55 ）
 思考题 …………………………………………………………………（ 74 ）

第四章 房地产评估 ……………………………………………………（ 76 ）
 第一节 房地产评估概述 ……………………………………………（ 76 ）
 第二节 房地产价格及其影响因素 …………………………………（ 82 ）
 第三节 房地产评估中市场法的应用 ………………………………（ 88 ）
 第四节 房地产评估中收益法的应用 ………………………………（ 93 ）

目 录

  第五节 房地产评估中成本法的应用 ……………………………………（97）
  第六节 假设开发法在房地产评估中的应用 ……………………………（103）
  第七节 基准地价修正法在房地产评估中的应用 ………………………（105）
  第八节 路线价法在土地评估中的应用 …………………………………（107）
  第九节 在建工程的评估 …………………………………………………（110）
  思考题 ……………………………………………………………………………（112）

第五章 资源性资产评估 …………………………………………………（114）
  第一节 资源资产的概述 …………………………………………………（114）
  第二节 森林资源资产评估 ………………………………………………（117）
  第三节 矿产资源资产评估 ………………………………………………（121）
  思考题 ……………………………………………………………………………（126）

第六章 无形资产评估 ……………………………………………………（127）
  第一节 无形资产评估概述 ………………………………………………（128）
  第二节 商标权评估 ………………………………………………………（132）
  第三节 专利权评估 ………………………………………………………（139）
  第四节 著作权评估 ………………………………………………………（143）
  第五节 特许经营权评估 …………………………………………………（150）
  第六节 商誉评估 …………………………………………………………（155）
  思考题 ……………………………………………………………………………（160）

第七章 长期投资性资产评估 ……………………………………………（162）
  第一节 长期投资性资产评估概述 ………………………………………（163）
  第二节 长期债权投资资产评估 …………………………………………（165）
  第三节 长期股权投资资产评估 …………………………………………（168）
  第四节 其他长期性资产评估 ……………………………………………（172）
  思考题 ……………………………………………………………………………（174）

第八章 流动资产评估 ……………………………………………………（176）
  第一节 流动资产的特点和评估程序 ……………………………………（177）
  第二节 实物类流动资产评估 ……………………………………………（180）
  第三节 货币类资产、债权类资产及其他流动资产评估 ………………（186）
  思考题 ……………………………………………………………………………（189）

第九章 企业价值评估 ……………………………………………………（191）
  第一节 企业价值评估概述 ………………………………………………（191）
  第二节 企业价值评估中的收益法 ………………………………………（197）

第三节　企业价值评估中的市场法 ……………………………………（209）
　　第四节　企业价值评估中的成本法 ……………………………………（211）
　　思考题 ……………………………………………………………………（213）

第十章　资产评估报告 ………………………………………………………（216）
　　第一节　资产评估报告概述 ……………………………………………（220）
　　第二节　资产评估报告的编制 …………………………………………（226）
　　第三节　资产评估报告的使用 …………………………………………（233）
　　第四节　资产评估报告的法律效力与责任 ……………………………（235）
　　思考题 ……………………………………………………………………（238）

第十一章　资产评估程序 ……………………………………………………（239）
　　第一节　资产评估程序概述 ……………………………………………（240）
　　第二节　资产评估的程序 ………………………………………………（242）
　　思考题 ……………………………………………………………………（245）

第十二章　资产评估准则 ……………………………………………………（246）
　　第一节　资产评估准则概述 ……………………………………………（246）
　　第二节　国际评估准则简述 ……………………………………………（253）
　　第三节　美国和欧洲评估准则简述 ……………………………………（256）
　　思考题 ……………………………………………………………………（257）

参考书目 ………………………………………………………………………（258）

第一章
总　论

【案例导入】

我国动漫产业无形资产评估缺失[①]

据《中国产经新闻报》报道：2008 年根据有关机构估计，全国动漫产业大约有 250 亿美元（约合人民币 1 700 亿元）的市场规模。但国内的动漫企业几乎都没有进行过资产评估，动漫创意涉及的无形资产（主要是动漫的版权）评估更是无从谈起。风险投资公司方面表示，没有评估担保是中小型动漫企业无缘风险投资的根本原因。行业协会表示，没有完善的资产评估机制，制约着中小型动漫企业融资。资产评估在现代市场经济中的重要作用于此可见一斑。

第一节　概　述

一、资产评估的定义

《中华人民共和国资产评估法》（以下简称《资产评估法》）对资产评估的定义是：评估机构及其评估专业人员根据委托，对不动产、动产、无形资产、企业价值、资产损失或者其他经济权益进行评定、估算，并出具评估报告的专业服务行为。

资产评估是专业机构和人员，按照国家法律、法规和《资产评估准则》，根据特定目的，遵循评估原则，依照相关程序，选择适当的价值类型，运用科学方法，对资产价值进行分析、估算并发表专业意见的行为和过程。资产评估作为我国社会经济活动中一个重要

[①] http://news.cartoonb2b.com/News_Info.aspx?id=5245，2009 年 5 月 14 日。

的中介服务行业，在社会主义经济体制改革中发挥着十分重要的作用，已经成为社会主义市场经济不可或缺的重要组成部分。

自然人、法人或者其他组织需要确定评估对象价值的，可以自愿委托评估机构评估。涉及国有资产或者公共利益等事项，法律、行政法规规定需要评估的应当，依法委托评估机构评估。

二、资产评估的产生与发展

（一）西方国家资产评估的产生发展

西方国家的资产评估是商品经济发展到一定阶段的必然产物。随着人类社会中商品交易的产生和发展，生产商品的资产交易也随之产生并得到发展，产生了资产评估的需要。总体来看，西方国家的资产评估大体经历了以下三个发展阶段：

1. 原始评估阶段。在原始社会后期，生产的进一步发展导致剩余财产的出现，这是私有制产生的物质基础。商品生产和商品交易随着私有制的出现而出现，生产商品的资产交易也随之产生并得到发展，于是产生了资产评估的客观需要。在房屋、土地、牲畜及珠宝等贵重财产的交易过程中，由于这些财产的价值具有不确定性特点，交易双方往往对价格难以达成一致的意见，这时，双方就需要找一个略有经验并共同信得过的第三者进行评判从而达成一个公平价格，以使买卖成交。这个第三者在协调过程中需要提出各种理由和运用各种方法给出一个双方都能接受的价格，实际上扮演了类似于现代的评估员的角色。原始评估阶段的资产评估特点可概括为：

（1）直观性（也称"非专业性"）。它是指在资产评估中仅依靠评估人员的直觉和偏好来进行评估，没有借助其他测评手段。

（2）简单性。它是指资产评估的方法相对简单，评估过程完成快速、简洁明了、操作简单。

（3）偶然性。它是指资产评估是在偶然进行的资产交易下发生的。

（4）无偿性。它是指资产交易双方都无须向评估人员支付报酬，同样评估人员也无须对评估结果负责。

2. 经验评估阶段。随着社会经济的发展和资产交易日益频繁，资产评估业务逐步向专业化和经营化方向发展，从而产生了一批具有一定资产评估经验的评估人员。他们结合过去评估中积累的经验数据和丰富的评估经验、知识对资产进行评估，专业水平有了很大的提高。资产交易双方委托他们进行评估实行有偿服务，资产评估逐渐迈向职业化。经验评估阶段的资产评估特点可概括为：

（1）专业性。它是指从事资产评估的人员具备一定的专业知识和评估经验。资产评估业务已经繁多，成为一种经常性、专业性的活动。

（2）有偿性。它是指评估人员对资产评估业务需要收取一定的报酬，不再是无偿服务。

（3）准确性。它是指这个阶段的评估结果更为准确、可靠，但其准确程度取决于具体评估人员的个人道德素质和评估经验。

（4）法律性。它是指评估人员或机构对评估的结果负有法律责任，特别是对因欺诈行为或其他违法行为而产生的后果负有法律责任。

3. 科学评估阶段。随着经济社会的进一步发展，以资产交易为主的资产业务急剧扩大，资产业务中的分工日益细化。经济发展对资产评估的需要越来越迫切，要求越来越高，从而推动了资产评估的职业化发展，逐步产生了公司化的资产评估机构。它们凭借强大的实力和现代化的管理方式为资产交易双方提供优质的评估服务。科学评估阶段的资产评估特点可概括为：

（1）机构公司化。资产评估机构是自负盈亏的独立法人，通过强大的评估实力和现代化的管理方式为资产交易双方提供优质服务，并以此促进自身进一步发展壮大。

（2）方法科学化。评估机构一方面积累了丰富的经验和知识，另一方面培养了大量资深评估人员。评估人员将现代科学技术和方法应用到资产评估中，提高了评估的准确性和科学性。

（3）范围扩大化。资产评估业务范围扩大，不仅包括有形资产评估和无形资产评估，而且进一步细分为机器设备、房地产、流动资产、长期投资、资源性资产、企业价值评估等。

（4）人员专业化。资产评估机构集中了许多具有相当专业化水平的评估人员，他们可以是专职员工也可以是兼职人员，其共同点是对资产评估业务知识和理论都有相当程度的了解和掌握。

（5）工作规范化。各国资产评估机构和行业自律协会开始制定统一的评估准则，对评估师的职业道德规范和评估工作程序做出了明确具体的规定。

（6）结果法律化。资产评估结果通常要经过法律部门的公证，评估机构和评估人员对资产评估结果要负法律责任。

（二）我国资产评估的产生与发展

在我国，资产评估的产生和发展与西方国家不同，这是由我国的特殊国情所决定的。西方国家的资产评估是随着经济发展，相关经济行为的当事人需要了解经济决策所涉及的相关资产价值而发展起来的相对独立的市场中介行为，而我国则是为了适应国有资产管理改革需要而产生的。

我国在长期实行计划经济的条件下，资产交易实际上是政府的计划调拨，真正市场化的资产交易相当少，无法为资产评估的产生和发展提供市场条件。真正意义上的资产评估发生在我国改革开放以后，随着有中国特色的社会主义市场经济的建立和完善，企业由政府的行政附属物逐步转变为独立的市场经济主体，资产交易不再通过政府的硬性行政调拨，而是通过市场化的方法在企业间交换、流动，企业通过联营、合资、兼并收购、股份制改造、资产转让等多种方式来提高资产运营效率。为了保障交易双方权益不受损害，防止国有资产流失，我国的资产评估应运而生。

20 世纪 80 年代以后，随着我国国有企业经营体制的改革，资产评估获得了长足的发展，具体体现为：

1. 成立了资产评估行业组织。1989 年，我国政府出台《关于出售国有小型企业产权的暂行办法》《关于企业兼并的暂行办法》和《关于在国有资产产权变化时必须进行资评估的若干暂行规定》等文件，标志着我国资产评估工作正式起步。1993年12月中国资产评估协会成立，意味着我国资产评估行业由政府直接管理向政府监督指导下的行业自律管理过渡。中国资产评估协会充分发挥纽带作用，协助政府贯彻执行有关资产评估法律法规、培训资产评估专业人员、研究评估理论方法、制定评估技术标准和执业准则、进行国内外业务交流合作等，为我国资产评估的发展做出了巨大贡献。1995年，中国资产评估协会加入国际评估标准委员会，是中国资产评估业开始走向世界的标志。1999年，中国资产评估协会成为国际评估准则委员会常务理事国。目前，我国各地相继建立资产评估协会，形成了较为完整的组织体系。

> **资料链接**
>
> 　　国际评估准则委员会（International Valuation Standards Committee，IVSC）是20世纪80年代以来在世界各国资产评估专业团体的推动下，逐步发展起来的重要的国际性评估专业组织，目前在国际评估界发挥着主导作用，其制定和努力推广的《国际评估准则》（International Valuation Standards，IVS）是目前最具影响力的国际性评估专业准则。
> 　　2008年10月，国际评估准则委员会改组为国际评估准则理事会。

2. 建立了注册资产评估师制度。为了完善资产评估行业准入制度，1995年5月，国家国有资产管理局和人事部联合发布了《注册资产评估师执业资格制度暂行规定》和《注册资产评估师执业资格考试实施办法》，规定注册评估师由国家人事部和国有资产管理局共同管理。评估人员考试合格并取得注册证后方可执业，具备签署评估报告的权利。国家对报考注册评估师的人员有一定的学历和专业年限要求；注册有效期为3年，期间必须接受统一的在职培训，期满后到国有资产管理部门重新注册。注册评估师制度的实行保证了资产评估服务的质量，强化了资产评估人员的专业责任，为规范资产评估机构奠定了基础。

3. 规范对资产评估机构的管理。为了规范资产评估机构管理，1990年6月我国发布了《资产评估机构管理暂行办法》，并于1993年10月重新修订。在1997年召开的全国评估管理大会上提出了评估机构脱钩改制的要求，评估机构开始与挂靠单位或原上级部门脱钩，改制为相对规范、独立的、由评估师出资的有限责任公司或合伙人事务所，并对评估师人数等条件提出要求。此项工作于1999年底全部完成。

4. 建立资产评估准则体系。2001年9月，财政部发布了《资产评估准则——无形资产》，它是我国资产评估第一个具体执业准则，标志着我国资产评估向规范化和法制化迈进。2004年2月，财政部发布了《资产评估准则——基本准则》《资产评估职业道德准则——基本准则》，标志着我国资产评估准则体系的初步形成。2007年11月，财政部与中国注册资产评估协会举行中国资产评估准则体系发布会，正式发布中国资产评估准则体系，同时发布包括机器设备、不动产在内的15项评估准则，标志着我国较为完整的资产评估准则体系初步建立。从2008年至今，财政部和中国资产评估协会累计发布21项准则，基本构建了我国资产评估准则体系。

5. 进一步立法完善资产评估。经过8年努力，我国资产评估准则体系建设积累了大量的经验。为了进一步规范资产评估行为，保护资产评估当事人的合法权益和公共利益，促进资产评估行业健康发展，维护社会主义市场经济秩序，我国在 2016 年 12 月 1 日起颁布并实施《中华人民共和国资产评估法》（以下简称《资产评估法》）。《资产评估法》包括总则、评估专业人员、评估机构、评估程序、行业协会、监督管理、法律责任和附则 8 章。2017 年 10 月 1 日我国公布并实施一系列修订的资产评估准则，具体包括《资产评估基本准则》《资产评估执业准则——不动产》《资产评估执业准则——企业价值》《资产评估执业准则——无形资产》《资产评估执业准则——评估报告》《资产评估职业道德准则》等，同时废止原有准则。虽然资产评估在我国起步较晚，但它已成为我国社会主义市场经济不可或缺的组成部分。随着资产交易的蓬勃发展以及财产保险、纳税和担保等新兴资产业务的发展，资产评估也将因此不断发展。

三、资产评估的理论基础

资产评估的对象是资产，资产本身也是商品，资产价值构成与商品价值构成并无本质上的区别。长期以来，人们从不同的经济背景和对价值认识的不同角度对价值的形成进行了探索，并形成了不同的流派，以下介绍三种主要的价值形成观。

（一）生产费用价值理论

在资本主义初期，生产力不发达，经济学的研究重点在于如何提高生产效率，加大供给能力，满足需求。如何高效生产是最重要的，因而人们很自然地从生产过程来发现价值形成的根源。古典经济学派的代表人物李嘉图认为，价值来源于生产过程，是由生产创造的。生产过程实际上就是商品的供给过程，因而产生了生产决定价值论或供给决定论。供给学派的萨伊从资本生产力理论出发，认为资本、土地、劳动三个要素共同作用生产出了具有使用价值的商品，各要素的报酬形成了生产费用，从而形成了生产费用价值观。其核心是生产费用的多少决定价值的大小。该观点认为，资产的价值由其生产成本决定，成为从成本角度评估资产价值的理论基础。

（二）效用价值理论

效用价值理论从人们对商品用途（效用）的主观评价出发，以这种评价的大小作为衡量商品价值的唯一标准。在近代，效用价值理论取代劳动价值理论和生产费用理论，成为新古典经济学的基本理论。19 世纪 70 年代，对整个西方经济学界产生重大影响的"边际革命"发生了。英国的杰文斯（W. S. Jevons）、奥地利的门格尔（C. Menger）和瑞士的瓦尔拉斯（L. Walras）三人几乎同时各自独立地提出了内容基本相同，但表述各异的边际效用价值理论。自此，效用价值理论的完整体系就以其近代的形式出现了。边际效用价值理论认为，物品具有一种满足人们主观欲望的能力，即效用。效用就是决定物品价值的最后力量。但是，效用的大小是依人们的主观评价而转移的。只有边际效用（即消费过程中满足人们最后一单位欲望的最后效用）才能决定物品的价值。边际效用被认为是边际效用递减规律和边际效用相等规律发生作用的必然结果。在对边际效用决定价值过程的分析中，这种理论的拥护者强调对于个人消费行为进行心理分析，并试图以数学方程式来对交换中的价值求解。最后，这些人把边际效用价值理论从商品推广到生产要素方面，并在此基础上构建出边际理论的收入分配理论和价格理论。边际效用价值理论的产生在近代一定程度上替代了古典的劳动价值理论和生产费用价值理论。它也成为19世纪中期以后西方经济学家反对劳动价值理论和其他价值理论的主要工具。

效用价值理论认为，资产的效用是指资产为其占有者带来的收益，因为占有资产的目的是获取收益。因而一项资产能带来的收益越高，其价值就越高。该理论成为从效用角度评估资产价值的理论基础。

（三）均衡价值理论

均衡价值论是《经济学原理》的核心。马歇尔以英国古典经济学中生产费用理论为基础，吸收边际分析和心理概念，论述价格的供给一方；又以边际效用学派中的边际效用递减规律为基础，对其进行修改，论述价格的需求一方，认为商品的市场价格决定于供需双方的力量均衡，犹如剪刀之两刃，是同时起作用的，从而建立起均衡价值论。该理论认为，商品的价值决定于供给价格（即生产者所要去的出售价格）和需求价格（即购买者所愿出的购买价格）相等之点，即需求与供给的均衡点；供给价格决定于商品的生产费用，需求价格则决定于这一商品对购买者的"边际效用"。

均衡价格是指一种商品的需求价格和供给价格相一致时的价格，也就是这种商品的市场需求曲线与市场供给曲线相交时的价格。

所谓需求价格，是指消费者对一定量商品所愿意支付的价格。在其他条件不变的情况下，市场上对某种商品的需求一般与其价格呈反方向运动，即价格上涨，需求量减少；价格下跌，需求量增加。所谓供给价格，是指生产者为提供一定量商品所愿意接受的价格。在其他条件不变的情况下，商品的供给与其价格呈同方向运动，即价格上涨，供给增加；价格下跌，供给减少。当然，影响需求与供给变动的因素不仅仅是价格。影响需求变化的其他因素还有消费者收入、替代品价格、互补品价格、对未来价格的预期等；影响供给变化的其他因素还有生产技术水平、生产要素价格、相关商品价格等。这些因素变化了，会导致需求曲线和供给曲线发生位移，从而也会使均衡价格发生变化。但是，在均衡价格下，供求相等并不意味着所有商品都找到了买主或者所有需要这种商品的人都得到了满足，一部分消费者可能认为这种均衡价格太高而放弃或减少购买；一部分生产者可能觉得这种均衡价格太低而减少生产或增加库存。

该理论说明，在资产评估中既要考虑资产的构建成本，也要考虑资产的效用。在完全竞争市场中，资产的生产费用与效用在价值上应呈正相关关系，但在资产评估实践中要视具体资产而定，例如，资源性资产与无形资产（包括商誉）都不符合正相关关系。因而该理论成为从公开市场角度评估资产价值的理论基础。

第二节 资产评估的功能、目的与特征

一、资产评估的功能

资产评估的功能是指最基本的内在功效和能力，主要有：

（一）评估功能

评估功能是指对资产的实际现时价值进行量化的评定和估算。这是资产评估最基本的功能。只有公正、客观、科学地评估出与各项资产业务相适应的、符合该资产业务性质的资产价值，才能最大限度地维护双方当事人的合法权益，保证资产业务的顺利进行。

（二）界定功能

界定功能是指资产评估具有界定资产持有者各方对其资产份额及其价值量的作用。由于所有权和经营权相分离的现象普遍存在，产权流动频繁，在产权流动过程中既要维护所有者权益，也要维护经营者权益。资产评估不仅在考核经营者业绩方面具有重要作用，在产权变动过程中公正地界定各有关主体的产权边界和估价，可以起到维护各产权主体合法权益的作用。

（三）公证功能

公证功能是指评估结果具有真实性、公平性和合法性的效力。资产评估机构和人员遵循既定的法定准则和规程，运用科学的方法进行评估，保证评估结果的真实性；独立于资产交易双方，只服务于资产业务，而不服务于资产交易的任何一方，从而保证结果的公平性和合法性。

（四）优化功能

优化功能是指资产评估有利于优化资产业务。资产评估不仅能维护资产交易双方的合法权益，保证资产市场、产权市场的有序运行，还可以为资产和产权的配置提供正确的信号，从而起到优化资产配置的作用。此外，资产评估遵循最优使用原则对资产价格进行估算，有利于资产的优化配置和流动。这是在充分发挥评估功能、界定功能和公证功能之后派生出来的功能。

二、资产评估的目的

在资产评估工作中，确定资产评估目的是非常重要的一个环节。从理论上讲，任何资

产都具有一定的使用价值,从而具有交换价值。如果我们对某项资产进行评估,无疑是可以评估出该项资产的价值的。但这里需要考虑一个问题,即该项资产的使用价值是在什么条件下产生的。如果为了发挥其使用价值而发生了大量的成本,发生的成本超过该项资产继续使用所带来的预期收益,那么,从评估的角度看,该项资产是没有价值的。因此,在对被评估资产进行评估时,首先要明确评估资产的目的。目的不同,用途也就不同,资产在使用时所需要具备的条件也就不同,其产生的预期收益也将不会相同。这会影响到评估方法的运用。评估方法不同,评估结果也就不同。因而,可以说,不同的资产评估目的,会导致不同的资产评估结果。不同的资产评估结果,会对评估事项当事人的经济利益产生不同的影响。

资产评估目的有一般目的和特定目的。

(一) 资产评估的一般目的

资产评估的一般目的或资产评估的基本目的是由资产评估的性质及其基本功能决定的。资产评估作为一种专业人员对特定时点及特定条件约束下资产价值的估计和判断的社会中介活动,其所要实现的一般目的只能是资产在评估时点的公允价值。资产评估中的公允价值是一种相对合理的评估价值,它是一种相对于当事人各方地位、资产状况及资产所面临市场条件的合理评估价值,是评估人员根据被评估资产自身的条件及其所面临的市场条件,对被评估资产客观交换价值的合理估计值。资产评估中的公允价值的显著特点是:它与相关当事人的地位、资产状况及资产所面临市场条件相吻合,且并没有损害各当事人的合法权益,亦没有损害他人的利益。

> **资料链接**
>
> 公允价值(Fair Value)亦称"公允市价""公允价格",是指熟悉情况的买卖双方在公平交易的条件下所确定的价格,或无关联的双方在公平交易的条件下一项资产可以被买卖的成交价格。在购买法下,购买企业对合并业务的记录需要运用公允价值的信息。公允价值的确定,需要依靠会计人员的职业判断。在实务中,通常由资产评估机构对被并企业的净资产进行评估。
>
> 从理论上说,公允价值的来源应该是两种:市价和未来现金流量贴现。后者表面上看有普遍的适用范围,但是实际上要求有详细的现金流量预测、终值的预计和合理的风险调整后的折现率,而这些数据的输入牵涉主观判断,其微小的变化对于所推导的公允价值具有很高的敏感性。为了规避这些现实操作中的技术性风险,根据公允价值信息的获取条件,将其来源分为活跃市场的公开报价、价值评估模型和交易对手提供等三种,而现实中常用的现金流量贴现法应该慎用。
>
> 《国际会计准则第39号》(IAS39)"使用指南"提出了采用评估模型确定公允价值的条件:
>
> 1. 使用该方法的目的是建立计量日的可能交易价格,该价格为一般商业考虑下的正常交易价格;
> 2. 价值评估方法尽量加入市场参与者在定价时考虑的所有因素;

3. 尽量定期使用可观察的同一商品现时市场价格或可观察市场信息，测试并校正该评价方法的有效性。

除了考虑这三个条件外，还应该考虑资料输入的使用、可观察的市场信息和其他可能影响金融商品公允价值的不可观察因素。例如，债券商品评估的可观察的市场信息，即计量日的市场基准利率，可采用银行间的同业拆借利率，不可观察因素为信用风险贴水等。评估结果最好使用实际交易价格进行校正，同时调整信用风险贴水，以便评估模型在开始时就能够产生"交易价格"。

（二）资产评估的特定目的

资产评估作为一种资产价值判断活动，总是为满足特定资产业务的需要而进行的，这里的资产业务是指引起资产评估的经济行为。通常把资产业务对评估结果用途的具体要求称为资产评估的特定目的。我国资产评估实践表明，资产业务主要有资产转让、企业兼并、企业出售、企业联营、股份经营、中外合资（合作）、企业清算、担保、企业租赁、债务重组等。

1. 资产转让。资产转让是指资产拥有单位有偿转让其拥有的资产，通常是指转让非整体性资产的经济行为。

2. 企业兼并。企业兼并是指一个企业以承担债务、购买、股份化和控股等形式有偿接收其他企业的产权，使被兼并方丧失法人资格或改变法人实体的经济行为。

3. 企业出售。企业出售是指独立核算的企业或企业内部的分厂、车间及其他整体资产产权出售行为。

4. 企业联营。企业联营是指国内企业、单位之间以固定资产、流动资产、无形资产及其他资产，投入组成各种形式的联合经营实体的行为。

5. 股份经营。股份经营是指资产占有单位实行股份制经营方式的行为，包括法人持股、内部职工持股、向社会发行不上市股票和上市股票。

6. 中外合资（合作）。中外合资（合作）是指我国的企业和其他经济组织与外国企业和其他经济组织或个人在我国境内举办合资或合作经营企业的行为。

7. 企业清算。企业清算包括破产清算、终止清算和结业清算。

8. 担保。担保是指资产占有单位，以本企业的资产为其他单位的经济行为予以保证，并承担连带责任的行为。担保通常包括抵押、质押、保证等。

9. 企业租赁。企业租赁是指资产占有单位在一定期限内，以收取租金的形式，将企业全部或部分资产的经营使用权转让给其他经营使用者的行为。

10. 债务重组。债务重组是指债权人按照其与债务人达成的协议或法院的裁决，同意债务人修改债务条件的事项。

11. 引起资产评估的其他合法经济行为。

三、资产评估的特征

资产评估是资产交易等资产业务的中介环节，它是市场经济条件下资产交易和相关资产业务顺利进行的基础。这种以提供资产价值判断为主要内容的经济活动与其他经济活动相比，具有以下鲜明的特征：

（一）市场性

资产评估是市场经济发展到一定阶段的产物，没有资产产权变动和资产交易的普遍进行，就不会有资产评估的存在。资产评估一般要估算的是资产的市场价值，因而资产评估专业人员必须凭借着自己对资产性质、功能等的认识，以及市场经验，模拟市场对特定条件下的资产价值进行估计和判断，评估结果是否客观需要接受市场价格的检验。因此，资产评估结论要经得起市场的检验，资产评估结论能否经得起市场检验是判断资产评估活动是否合理、规范，以及评估人员是否合格的根本标准。

（二）系统性

对被评估资产的价值做出科学的估算和判断是一项系统的工程，必须用系统论的观点加以分析和开展工作。首先，必须将被评估资产置于整个企业或整个行业中，必要时还要置于整个国家的范围进行分析和评价，因为，同样的资产在不同的企业、不同的行业、不同的国家可能发挥不同的作用，因而也就具有不同的价值；其次，必须对被评估资产相互之间的匹配问题进行系统考虑，主要是不同的有形资产、无形资产以及相互之间的匹配，因为，同样的有形资产与不同的其他有形资产匹配或与不同的无形资产匹配，可能发挥不同的作用，因而价值也可能会不同；最后，评估人员在评估工作过程中必须系统地搜集、整理和分析被评估资产相关资料，将影响资产价值的各种相关因素进行系统综合的考虑，在此基础上对评估结论做出系统的判断。

（三）技术性

资产评估人员在对被评估资产价值做出专业判断的过程中，需要依据大量的数据资料，经过复杂细致的技术性处理和必要的计算，不具备相应的专业知识难以完成评估工作。如在对厂房或有关建筑物进行评估时，需要对其进行测量，了解建筑构造、工程造价、使用磨损程度等情况，缺乏建筑专业基础知识难以进行；对机器设备进行评估时，需要对被评估设备的有关技术性能、磨损程度、预计经济寿命等情况做出判断，这些都具有较强的专业技术性，不具备有关专业知识难以得出客观的评估结果。

资产评估的技术性要求评估人员应当由具备一定专业知识的专业技术人员担任，如具有建筑、土地、机电设备、经济、财务等专业知识的技术人员。

（四）公正性

资产评估的公正性主要体现在资产评估是由交易双方以外的独立的第三者，站在客观公正的立场上对被评估资产所做的价值判断，评估结果具有公正性。资产评估的结果密切关系着资产业务有关各方的经济利益，如果背离客观公正的基本要求，就会使得资产业务的一方或几方蒙受不必要的损失，资产评估就失去了其存在的前提。

资产评估的公正性要求评估人员必须站在公正的立场，采取独立、公正、客观、中立的态度,不屈服于任何外来的压力和任何一方的片面要求,客观、公正地做出价值判断。对于资产评估机构而言,资产评估的公正性也是十分重要的,只有以客观公正的评估结果为客户提供优质的服务,才能赢得客户的信任,逐步树立自己的品牌,评估机构才能不断得到发展,否则,必将逐步丧失信誉,丧失市场,最终走向破产。

(五) 咨询性

资产评估结论是评估人员在评估时点根据所能搜集到的数据资料,模拟市场对资产价值所做出的主观推论和判断。不论评估人员的评估依据有多么充分,评估结论仍然是评估人员的一种主观判断,而不是客观事实。因此,资产评估不是一种给资产定价的社会经济活动,它只是一种经济咨询或专家咨询活动。评估结果本身并没有强制执行的效力,评估人员只对评估结论的客观性负责,而不对资产交易价格的确定负责。评估结果只是为资产业务提供一个参考价值,最终的成交价格取决于交易双方在交易过程中的讨价还价能力。

第三节 资产评估的主体与客体

一、资产评估的主体

资产评估主体是指进行资产评估的操作者,包括法人和自然人。法人评估主体一般是被资产评估管理机构确认评估资格的资产评估公司、会计师事务所、审计事务所、财务咨询公司等;自然人主体主要是指取得资产评估资格的人员。

(一) 资产评估机构

资产评估机构是指组织专业人员依照国家有关规定和数据资料,按照特定目的,遵循评估原则,依照相关程序,选择适当的价值类型,运用科学方法,对资产价值进行评定和估算的专门机构。设立评估机构,应当向工商行政管理部门申请办理登记。评估机构应当自领取营业执照之日起 30 日内向有关评估行政管理部门备案。评估行政管理部门应当及时将评估机构备案情况向社会公告。

1. 资产评估机构组织形式和设立要求。根据《资产评估法》,资产评估机构组织形式为合伙制或者公司制。合伙形式的评估机构,应当有两名以上评估师;其合伙人 2/3 以上应当是具有 3 年以上从业经历且最近 3 年内未受停止从业处罚的评估师。公司形式的评估机构,应当有 8 名以上评估师和 2 名以上股东,其中 2/3 以上股东应当是具有 3 年以上从业经历且最近 3 年内未受停止从业处罚的评估师。

评估机构的合伙人或者股东为 2 名的,2 名合伙人或者股东都应当是具有 3 年以上从业经历且最近 3 年内未受停止从业处罚的评估师。

2. 资产评估机构的义务和权利。根据《资产评估法》，评估机构应当依法独立、客观、公正开展业务，建立健全质量控制制度，保证评估报告的客观、真实、合理。评估机构应当建立健全内部管理制度，对本机构的评估专业人员遵守法律、行政法规和评估准则的情况进行监督，并对其从业行为负责。评估机构应当依法接受监督检查，如实提供评估档案以及相关情况。

委托人拒绝提供或者不如实提供执行评估业务所需的权属证明、财务会计信息和其他资料的，评估机构有权依法拒绝其履行合同的要求。委托人要求出具虚假评估报告或者有其他非法干预评估结果情形的，评估机构有权解除合同。

评估机构根据业务需要建立职业风险基金，或者自愿办理职业责任保险，完善风险防范机制。

3. 根据《资产评估法》，评估机构不得有下列行为：利用开展业务之便，牟取不正当利益；允许其他机构以本机构名义开展业务，或者冒用其他机构名义开展业务；以恶性压价、支付回扣、虚假宣传，或者贬损、诋毁其他评估机构等不正当手段招揽业务；受理与自身有利害关系的业务；分别接受利益冲突双方的委托，对同一评估对象进行评估；出具虚假评估报告或者有重大遗漏的评估报告；聘用或者指定不符合本法规定的人员从事评估业务；违反法律、行政法规的其他行为。

(二) 资产评估人员

评估专业人员包括评估师和其他具有评估专业知识及实践经验的评估从业人员。评估师是指通过评估师资格考试的评估专业人员。

评估专业人员从事评估业务，应当加入评估机构，并且只能在一个评估机构里从事业务。全国性评估行业协会按照国家规定组织实施评估师资格全国统一考试。具有高等院校专科以上学历的公民，可以参加评估师资格全国统一考试。《资产评估法》第十一条规定：因故意犯罪或者在从事评估、财务、会计、审计活动中因过失犯罪而受刑事处罚，自刑罚执行完毕之日起不满5年的人员，不得从事评估业务。

1. 评估专业人员享有的权利。根据《资产评估法》，评估专业人员享有下列权利：要求委托人提供相关的权属证明、财务会计信息和其他资料，以及为执行公允的评估程序所需的必要协助；依法向有关国家机关或者其他组织查阅从事业务所需的文件、证明和资料；拒绝委托人或者其他组织、个人对评估行为和评估结果的非法干预；依法签署评估报告；法律、行政法规规定的其他权利。

2. 评估专业人员应当履行的义务。根据《资产评估法》，评估专业人员应当履行下列义务：诚实守信，依法独立、客观、公正从事业务；遵守评估准则，履行调查职责，独立分析估算，勤勉谨慎从事业务；完成规定的继续教育，保持和提高专业能力；对评估活动中使用的有关文件、证明和资料的真实性、准确性、完整性进行核查和验证；对评估活动中知悉的国家秘密、商业秘密和个人隐私予以保密；与委托人或者其他相关当事人及评估对象有利害关系的，应当回避；接受行业协会的自律管理，履行行业协会章程规定的义务；法律、行政法规规定的其他义务。

3. 根据《资产评估法》，评估专业人员不得有下列行为：私自接受委托从事业务，收取费用；同时在两个以上评估机构从事业务；采用欺骗、利诱、胁迫，或者贬损、诋毁其他评估专业人员等不正当手段招揽业务；允许他人以本人名义从事业务，或者冒用他人名义从事业务；签署本人未承办业务的评估报告；索要、收受或者变相索要、收受合同约定以外的酬金、财物，或者谋取其他不正当利益；签署虚假评估报告或者有重大遗漏的评估报告；违反法律、行政法规的其他行为。

二、资产评估的客体

资产评估客体是指被评估的资产，也称"评估对象"。资产评估既可以针对单项资产进行，也可以针对企业总体资产进行。前者称为"单项（分类）资产评估"，后者称为"综合评估"。有必要指出，对作为评估对象的"资产"，首先必须鉴定该项资产是否存在；其次，要核实、鉴定产权的合法性、有效性，确认产权是资产评估的重要工作，如果不先确认委托方拥有资产权益的性质、程度，就无法进行资产评估。根据不同的标准，一般可将作为评估对象的资产分为不同的种类。

（一）按被评估资产的存在形态分类

1. 有形资产。有形资产是指具有实体形态的资产。
2. 无形资产。无形资产是指那些没有物质实体而以某种特殊权利和技术知识等经济资源存在并发挥作用的资产。

（二）按资产是否具有综合获利能力分类

1. 单项资产。单项资产是指单件、单台的资产。
2. 整体资产。整体资产是指由一组单项资产组成的具有获利能力的资产综合体。

作为资产评估对象的资产，大多数都是具有可确指的存在形态，可以单件、单台进行评估，以单项资产作为评估对象的称为"单项资产评估"，将单项资产评估的价值汇总起来，可以得到作为资产综合体的企业总资产价值。但如果不是变卖单项资产，而是将由资产构成的企业整体进行交易，则一般不能以单项资产的简单总和的评估值作为交易的参考。即单项资产的评估价值的简单加和一般不等于整体资产的评估价值，其间尚有一个差额，即商誉，可能是正商誉，也可能是负商誉。

（三）按资产能否独立存在分类

1. 可确指的资产。可确指的资产是指能独立存在的资产，一般而言，除商誉外的有形资产和无形资产都是可确指的资产。
2. 不可确指的资产。不可确指的资产是指不能独立于有形资产而单独存在的资产，如商誉。

（四）按资产的法律意义分类

1. 不动产。不动产是指不能离开原有的固定位置而存在的资产，如自然资源、土地、房屋以及附着于土地、房屋上不可分离的部分等。

2. 动产。动产是指能脱离原有位置而存在的资产，如各种流动资产、各项长期投资和除不动产以外的各项固定资产。

3. 合法权益。合法权益是指受国家法律保护并能取得预期收益的特权，如各项无形资产。

三、资产评估管理和监督主体

（一）行业协会

评估行业协会是评估机构和评估专业人员的自律性组织，依照法律、行政法规和章程实行自律管理。评估行业按照专业领域设立全国性评估行业协会，根据需要设立地方性评估行业协会。评估行业协会的章程由会员代表大会制定，报登记管理机关核准，并报有关评估行政管理部门备案。评估机构、评估专业人员加入有关评估行业协会，平等享有章程规定的权利，履行章程规定的义务。有关评估行业协会公布加入本协会的评估机构、评估专业人员名单。

根据《资产评估法》，评估行业协会履行下列职责：制定会员自律管理办法，对会员实行自律管理；依据资产评估基本准则制定评估执业准则和职业道德准则；组织开展会员继续教育；建立会员信用档案，将会员遵守法律、行政法规和评估准则的情况记入信用档案，并向社会公开；检查会员建立风险防范机制的情况；受理对会员的投诉、举报，受理会员的申诉，调解会员执业纠纷；规范会员从业行为，定期对会员出具的评估报告进行检查，按照章程规定对会员给予奖惩，并将奖惩情况及时报告有关评估行政管理部门；保障会员依法开展业务，维护会员合法权益；法律、行政法规和章程规定的其他职责。

有关评估行业协会应当建立沟通协作和信息共享机制，根据需要制定共同的行为规范，促进评估行业健康有序发展。评估行业协会收取会员会费的标准，由会员代表大会通过，并向社会公开。不得以会员交纳会费数额作为其在行业协会中担任职务的条件。会费的收取、使用接受会员代表大会和有关部门的监督，任何组织或者个人不得侵占、私分和挪用。

（二）监督管理主体

国务院有关评估行政管理部门组织制定资产评估基本准则和评估行业监督管理办法。设区的市级以上人民政府有关评估行政管理部门依据各自职责，负责监督管理评估行业，对评估机构和评估专业人员的违法行为依法实施行政处罚，将处罚情况及时通报有关评估行业协会，并依法向社会公开。

评估行政管理部门对有关评估行业协会实施监督检查，对检查发现的问题和针对协会的投诉、举报，应当及时调查处理。评估行政管理部门不得违反《资产评估法》的规定对评估机构依法开展业务进行限制。评估行政管理部门不得与评估行业协会、评估机构存在人员或者资金关联，不得利用职权为评估机构招揽业务。

第四节 资产评估的价值类型

一、价值类型概述

价值类型是指资产评估结果的价值属性及其表现形式。不同价值类型从不同角度反映资产评估价值的属性和特征。不同的价值类型所代表的资产评估价值不仅在性质上是不同的，在数量上往往也存在较大的差异。

从我国开始引入资产评估就有学者对价值类型进行了研究，但大范围地研究是从1997年开始的。尽管不同学者对于价值类型理论方面的研究差异很多，但对资产评估中价值类型必要性的认识基本达成了共识。随着理论研究的不断深入，价值类型理论逐渐地得以应用。2001年5月发布的《资产评估准则——无形资产》（征求意见稿）第十一条规定："注册资产评估师在接受委托时应当确定下列事项"的第4款中列有价值类型一项。第十九条规定，"注册资产评估师应当在评估报告中明确说明有关评估项目的下列内容"中的第3款中列有价值类型。然而，在征求意见的过程中，许多注册资产评估师认为，在没有明确价值类型的定义、价值类型的种类等的情况下，规定有关价值类型的要求，缺乏可操作性。因此，在2001年7月颁布的《资产评估准则——无形资产》中删除了有关价值类型的内容。

在资产评估准则体系中第一次正式明确价值类型是在《资产评估准则——基本准则》中。2004年2月，财政部颁布的《资产评估准则——基本准则》第十四条规定："注册资产评估师执行资产评估业务，应当根据评估目的等相关条件选择适当的价值类型，并对价值类型予以明确定义。"之后，2004年12月，中国资产评估协会发布的《企业价值评估指导意见（试行）》第十三条规定："注册资产评估师执行企业价值评估业务，应当根据评估目的等相关条件选择适当的价值类型。"2005年3月，中国资产评估协会发布的《金融不良资产评估指导意见（试行）》中的第四章第二十条至第二十七条对于价值类型的种类、定义、选择等均作了较为详尽的规定。2007年11月，中国资产评估协会发布《资产评估价值类型指导意见》，对于资产评估价值类型进行了全面和系统的规定，对于规范注册资产评估师行为、提高注册资产评估师执业水平具有重要的作用。

二、价值类型的类别

价值类型的种类有两种有代表性的观点：一种是将价值类型分为现行市价、重置成本、收益现值和清算价格，这是我国理论界较早的具有代表性的观点；另一种是根据《国际评估准则》，将价值类型分为市场价值以及市场价值以外的价值类型。目前，我国于2008年7月1日实行的《资产评估价值类型指导意见》中采用了第二种观点。

（一）将价值类型分为现行市价、重置成本、收益现值和清算价格

1. 重置成本是指在现实市场条件下，重新构建一项全新资产所耗费的货币支出。重置成本的前提是资产处于在用状态，一方面反映资产已经投入使用，另一方面反映资产能够继续使用，对所有者具有使用价值。

2. 现行市价是指资产在公开市场上的售卖价格。公开市场应具备以下四个条件：一是有足够多自愿的买者和卖者；二是买卖双方的地位平等；三是买卖双方都有获得足够市场信息的机会和时间；四是买卖双方的交易行为都是自愿的、理智的，而并不是在强制的、受限制的情况下进行的。

影响现行市价的主要因素有三个方面：基础价格、供求关系、质量因素。

3. 收益现值。收益现值是根据评估资产未来预期赢利能力的大小，采用适当的折现率将未来的收益折为现值。收益现值类型适用的前提条件首先是资产要投入使用，同时投资者投入的目的是获取预期收益。

4. 清算价格。清算价格是指在非公开市场上限制拍卖的价格。清算价格一般低于现行市场价格，这是由市场供求状况决定的。因为因经营失利而导致破产的企业，必然会急于将资产转让或拍卖，而且这种交易活动主要取决于买方，占有主动权的买方必定极力压低成交价格，以从中获取利益。

清算价格一般取决于下列几个因素：一是资产的通用性。专用设备的清算价格一般会大幅度低于其市场价格。一个具有某一特殊属性（使用价值）的财产对于所有者来讲并不具有特殊价值。二是清算时间的限制。一般来讲，清算时间越长，在市场上讨价还价的余地越大，清算价格会越高。

（二）将价值类型分为市场价值及市场价值以外的价值

1. 市场价值。市场价值是指自愿买方和自愿卖方在评估基准日进行正常的市场营销之后所达成的公平交易中某项资产应当进行交易的价值估计数额，当事人双方应各自精明理智、谨慎行事，不受任何强迫压制。

对于市场价值的理解，应着重从以下三个方面把握：

（1）公开和公平的市场条件。即所指市场价值是在公开和公平的市场条件下形成的，市场条件不局限于某事件发生或某人发生，同时，当事人是在信息充分掌握的基础上做出的。公开市场是指一个竞争性的市场，交易各方进行变易的唯一目的在于最大限度地追求经济利益，交易各方掌握必要的市场信息，具备较为充裕的时间，对被评估资产具有必要的专业知识，交易条件公开并且不具有排他性。

（2）当事人是理性的。当事人充分掌握信息，不受任何压力，理性条件下做出的选择。

（3）市场价值是价值估计数额。

2. 市场价值以外的价值。除了市场价值以外，其他的价值类型种类繁多，各个国家也不一样。根据现实的必要性和可行性，主要还有在用价值、投资价值、持续经营价值、清算价格、保险价值、课税价值等。

（1）在用价值。在用价值是指特定资产在特定用途下对特定使用者的价值，该价值类型重点反映了作为企业组成部分的特定资产对其所属企业能够带来的价值，而并不考虑该资产的最佳用途或资产变现所能实现的价值量。

（2）投资价值。投资价值是指资产对于具有明确投资目的的特定投资者或某一类投资者所具有的价值。这一概念将特定的资产与具有明确投资目标的标准的特定投资者或某一类投资者结合起来。

在资产评估中，投资价值是依据其投资需求条件，针对特定投资者评估某项资产的投资价值。与市场价值相比，投资价值是个人的价值，它未必是市场价值。投资价值反映特定投资者与一项投资两者之间的主观关系。虽然投资价值和市场价值参数可能相似，但它和市场价值在概念上不同。如果投资者需求条件为市场典型条件，投资价值可能和市场价值相同。

（3）持续经营价值。持续经营价值是指在持续经营条件下公司的价值。持续经营价值假设现有资产将被用于产生未来现金流且不会被出卖。投资者考虑持续经营价值，并将它与生产终止时的资产价值对比。如果持续经营价值超过生产终止时的生产价值，那么进行经营是有意义的。

（4）清算价格。清算价格是指在非公开市场上限制拍卖的价格。清算价格一般低于现行市场价格，这是由市场供求状况决定的。其一，因经营失利而导致破产的企业，必然会急于将资产转让或拍卖；其二，这种交易活动只要取决于买方，占有主动权的买方必定极力压低成交价格，以从中获利。

（5）保险价值。保险价值是指可能因危险造成损失的实体项目的重置和（或）重建成本。保险价值是保险单条款中记载或认同的某项资产损失或资产群价值的一部分损失。

（6）课税价值。课税价值是指根据税法中规定的与征纳税收相关的价值定义所确定的价值。

三、价值类型的决定因素

价值类型问题一直是评估业界的焦点和难点，但至少已在价值类型是必需的、资产评估过程开始就应确定价值类型、每一种价值类型必须定义这三个方面达成共识。决定和影响价值类型的因素是多方面的，但主要因素包括：评估的特定目的（经济行为）、市场条件、资产功能及其状态。

上述三项因素是一个有机整体，核心问题是评估的特定目的，因为特定目的的确定以后直接影响市场条件，进而也影响资产功能和状态。比如，资产在发生售卖的经济行为下，直接决定了市场中需求者的范围。通常情况下，资产评估特定目的的不同，评估价值也不一样，这种差异本身就是由于特定目的引致的价值类型不同造成的。但需要进一步说明的是，资产评估师也可以根据委托者的要求选择价值类型。例如企业破产、资产拍卖通常选择清算价格，但也可以根据委托者的要求选择采用市场价值类型。根据对市场价值概念的分析，国际评估界似乎对市场价值具有更大的偏好性，认为它是一种理想化的评估价值。当然，价值类型选择不同，直接影响评估价值数额。而且，不同价值类型下的评估价值与实际资产交易值的差异度是不同的。如果企业破产评估选用清算价格这种价值类型，实际处置时，处置值和评估值差异就会很小；而如果选用市场价值类型时，处置值和评估值差异就会较大。可见，同样的评估目的，不同价值类型的评估值所表现的实际交易值与评估值的差异程度不同。评估价值与资产交易值之间存在差异是正常的现象，因为交易过程中的许多因素并非资产评估师所应考虑的内容，委托方使用评估价值时，应注意分析二者差异的原因。

四、价值类型的作用

价值类型在资产评估业务中具有重要的作用，具体表现在以下方面：

（一）价值类型是影响和决定资产评估价值的重要因素

资产评估价值是某项资产在特定条件下的价值表现，其价值含义不同，结果也不一样。资产评估价值不是资产本身的特定价值和内在价值。例如，一台机器设备，用于投资行为的评估和用于销售变现行为的评估，其价值含义不同，评估值也不一样。用于销售变现行为，该资产的使用价值取决于市场的交换条件和需求者对其使用价值的判断；用于投资行为的评估，则只是考虑该机器设备在新投资企业中是否有用及其有用程度。显然，这时需求者及其市场条件就会产生差异。

（二）价值类型制约资产评估方法的选择

价值类型实际上是评估价值的一个具体标准，为了获得某种标准的评估价值，需要通过评估方法获得。国际上通行的评估方法主要有三种：市场法、成本法和收益法。在现实工作中，我国更多地采用的是成本法，市场法和收益法的应用相对较少。事实上，评估方法本身只是估算评估价值的一种思路，价值类型确定后直接制约着方法应用中各种指标、参数的判断和选择。

（三）明确评估价值类型，可以更清楚地表达评估结果，避免报告使用者误用评估结果

任何评估结果都是有条件的、不同的，评估目的、市场条件决定其价值含义是不同的，评估价值也不相同。评估师在评估报告中明确其提出的评估价值的类型，可以使委托方更清楚地使用评估价值，这样也可以规避评估师的责任。

第五节 资产评估的假设和原则

一、资产评估的假设

资产评估假设是指对资产评估过程中某些未被确切认识的事物，根据客观的正常情况或发展趋势所作的合乎情理的推断。资产评估假设也是资产评估结论成立的前提条件。我国《资产评估准则——基本准则》第十七条规定："注册资产评估师自行开展资产评估业务，应当科学合理使用评估假设，并在评估报告中披露评估假设及其对评估结论的影响。"评估人员可以根据评估对象的具体情况做出相应不同的评估假设。一般评估假设包括以下四种：

（一）交易假设

交易假设是资产评估得以进行的一个最基本的前提假设，它是假定所有待评资产已经处在交易过程中，评估师根据待评估资产的交易条件等模拟市场进行估价。为了发挥资产评估在资产实际交易之前为委托人提供资产交易底价的专家判断的作用，同时又能够使资产评估得以进行，利用交易假设将被评估资产置于"交易"当中，模拟市场进行评估就是十分必要的。

交易假设一方面为资产评估得以进行"创造"了条件；另一方面它明确限定了资产评估的外部环境，即资产是被置于市场交易之中。资产评估不能脱离市场条件而孤立地进行。

（二）公开市场假设

公开市场假设是对资产拟进入的市场条件，以及资产在这样的市场条件下将受何种影响的一种假设或限定。公开市场假设的关键在于认识和把握公开市场的实质和内涵。就资产评估而言，公开市场是指充分发达与完善的市场条件，是指一个有自愿的买者和卖者的竞争性市场，在这个市场上，买者和卖者的地位是平等的，彼此都有获取足够市场信息的机会和时间，买卖双方的交易行为都是在自愿的、理智的、而非强制的条件下进行的。公开市场假设旨在说明一种充分竞争的市场条件，在这种条件下，资产的交换价值受市场机制的制约并由市场行情决定，而不是由个别交易决定。

公开市场假设是资产评估中的一个重要假设，其他假设都是以公开市场假设为基本参照。公开市场假设也是资产评估中使用频率较高的一种假设，凡是能在公开市场上交易、用途较为广泛或通用性较强的资产，都可以考虑按照公开市场假设前提进行评估。

（三）持续使用假设

持续使用假设也是对资产拟进入的市场条件，以及在这样的市场条件下的资产状态的一种假定性描述或说明。持续使用假设又细分为三种具体情况：一是在用续用；二是转用续用；三是移地续用。在用续用指的是处于使用中的被评估资产在产权发生变动或资产业务发生后，将按其现行正在使用的用途及方式继续使用下去。转用续用则是指被评估资产将在产权发生变动后或资产业务发生后，改变资产现时的使用用途，调换新的用途继续使用下去。移地续用则是说被评估资产将在产权变动发生后或资产业务发生后，改变资产现在的空间位置、转移到其他空间位置上继续使用。

（四）清算假设

清算假设是对资产在非公开市场条件下被迫出售或快速变现条件的假定说明。清算假设首先是基于被评估资产面临清算或具有潜在的被清算的事实或可能性，再根据相应的数据资料推定被评估资产处于被迫出售或快速变现的状态。

由于清算假设假定被评估资产处于被迫出售或快速变现条件之下，被评估资产的评估值通常要低于在公开市场假设前提下或持续使用假设前提下同样资产的评估值。因此，在清算假设前提下的资产评估结果的适用范围非常有限。当然，清算假设本身的使用也是较为特殊的。

二、资产评估原则

资产评估原则是指人们在资产评估的反复实践和理论探索中，在对资产价格形成和客观规律认识的基础上总结出来的，在评估活动中应当遵循的原则或标准。资产评估原则是规范资产评估行为和业务的准则，包括工作原则和经济技术原则。

（一）资产评估的工作原则

资产评估的工作原则是指评估机构和评估人员在执业过程中应遵循的基本原则，主要包括以下三项原则：

1. 独立性原则。独立性原则是指评估机构应始终坚持第三者立场，不为资产业务当事人的利益所影响。评估机构应是独立的社会公正性机构，不能为资产业务中任何一方所拥有，也不能隶属于任何一方。遵循这一原则可以从组织上保证评估工作不受有关利益方的干扰和委托者意图的影响。

2. 客观公正性原则。客观公正性原则要求评估结果应以充分的事实为依据。这就要求评估者在评估过程中以公正、客观的态度搜集有关数据与资料，并要求评估过程中的预测、推算等主观判断建立在市场与现实的基础之上。此外，为了保证评估的公正、客观性，按照国际惯例，资产评估机构收取的劳务费用应该只与工作量相关，不与被评估资产的价值挂钩。

3. 科学性原则。科学性原则是指在资产评估过程中，必须根据特定目的，选择适用的价值类型和科学的方法，制订科学的评估方案，使资产评估结果准确合理。在整个评估工作中必须把主观评价与客观测算、静态分析与动态分析、定性分析与定量分析相结合，使评估工作做到科学合理、真实可信。

（二）资产评估的经济技术原则

虽然在资产评估的工作原则中一再强调评估人员在对资产未来收益的预测和对市场信息资料的筛选过程中应采取客观、公正的态度，但是由于资产评估本身既有精确计算的科学一面，也有鉴定艺术的一面，而评估的鉴定艺术又是评估人员通过经验、创造性而又不失逻辑性的评估方案来体现的，因此资产评估结果或多或少总存在一定的主观性。事实上，即使是两个资质相同的评估师对同一项资产进行评估，其评估值也不可能完全相等。这就要求评估人员在具体操作过程中遵循资产的定价原则，或者说资产评估的经济技术原则，以保证评估结果相对公正、合理。

资产评估的经济技术原则是指在资产评估过程中进行具体技术处理的原则。它是在总结资产评估经验、国际惯例以及市场能够接受的评估准则的基础上形成的，主要包括以下几个原则：

1. 预期收益原则。预期收益原则是指资产评估中，资产的价值可以不按照其过去形成的成本或购买价格决定，但是必须充分考虑它在未来可能为其控制者带来的经济效益。资产的市场价格主要取决于其未来的有用性或获利能力，未来效用越大，评估值越大；反之，一项资产尽管在取得时花了很大的成本，但目前却无多大效用，则评估值不会高。预期原则要求在进行评估时，必须合理预测资产未来的获利能力和取得获利能力的有效期限。

2. 供求原则。供求原则在经济学中是指在其他条件不变的前提下，供求关系对商品价格影响的规律。供求规律同样适用于资产的定价，要求评估人员在给资产定价时应充分考虑评估时市场上被评估资产的供求状况。

3. 替代原则。替代原则是商品交换的普遍规律，即价格最低的同质商品对其他同质商品具有替代性。据此原理，资产评估的替代原则是指在评估中面对几种相同或相似资产的不同价格时，应取较低者为评估值，或者说评估值不应高于替代物的价格。这一原则要求评估人员从购买者的角度进行资产评估，因为资产评估值应是资产潜在购买者愿意支付的价格。

4. 贡献原则。贡献原则是指单项资产或资产的某一构成部分的价值，取决于它对其他相关的资产或资产整体价值的贡献，而不是孤立地根据其自身的价值来确定其评估值；也可以根据当缺少它时，对相关资产或资产整体价值下降的影响程度来确定其评估值。

资产评估的各项定价原则是相互联系、互为补充的有机整体，不能片面地强调某一方面而忽视另一方面。

5. 评估时点原则。市场是不断变化的，资产的价值会随着市场条件的变化而不断变化。为了使资产评估得以操作、同时保证资产评估结果可以被市场检验，在进行资产评估时，必须假定市场条件固定在某一时点，即评估基准日。

关键概念

资产评估　生产费用价值理论　效用价值理论　均衡价值理论
资产评估价值类型　资产评估假设　资产评估原则

思考题

1. 资产评估有哪些特点？
2. 资产评估的特定目的有哪些？
3. 资产评估机构和人员的义务与权利有哪些？
4. 为什么要做出资产评估的假设？
5. 资产评估应遵循的原则有哪些？

第二章
资产评估的基本方法

【案例导入】①

甲企业拥有一驰名商标，乙是生产与甲企业同类产品的企业。为了增加产品的竞争力，乙企业决定购买甲企业的商标使用权许可。乙企业因此委托评估机构对甲企业商标进行评估。评估机构搜集相关资料如下：

1. 乙企业使用甲企业商标后，产品的售价将提高200元/台。

2. 在将商标使用权售予乙企业后，甲企业同时将产品专利技术许可受让使用，不另收许可费用。乙企业执行甲企业的产品定价政策，产品现行售价1 000元/台。使用权转让费按年支付。

3. 乙企业年生产能力12万台。

4. 乙企业购买商标使用权的使用期限为5年。甲企业产量及销售不会因此受到影响。

5. 甲企业因转让商标需要对乙企业进行技术指导和质量监督，乙企业因此而增加费用100万元。

6. 分成率按甲企业产品资产利润率18%与月平均利润率12%测算，为2/3。此外，甲企业每年还将获得乙企业支付的使用权转让费40万元。

7. 折现率为8%。

采用收益法对驰名商标价值进行评估，价值是15 733 333元②。

本案例是采用收益法对无形资产——商标使用权转让进行评估。这种收益法又称"成本—收益模式"。除了无形资产外，现实的评估实践还会遇到房地产、机器设备、流动资产、长期投资资产等，那么这些资产的评估应该采用什么方法？要回答这一问题，首先要了解资产评估的三种基本方法：市场法、收益法、成本法。

---

① 本案例是根据中天恒会计师事务所编著的《资产评估案例分析》（第三版），中国时代经济出版社2008年版，第287页案例9-2修改而来。

② 乙企业使用驰名商标后的年净收益增加额为：120 000×200-1 000 000=24 000 000-1 000 000=23 000 000（元）。甲企业转让驰名商标的年分成额＝每年收取固定的使用权转让费＋净收益分成收入＝400 000＋23 000 000×2/3＝15 733 333.33（元）。

第一节 市场法

一、市场法的定义

市场法又称"市场比较法",是资产评估的基本方法之一,是指通过将评估对象与可比参照物进行比较,以可比参照物的市场价格为基础确定评估对象价值的评估方法的总称。市场法包括多种具体方法,如企业价值评估中的交易案例比较法和上市公司比较法等。

市场法是基于资产评估的替代原则,采用比较或类比的思路,将市场上同样或类似资产的近期交易价格调整而后作为被估资产的价值。市场法的基本思路是要在活跃的资产市场上找到同样或类似资产的价格作为参照物价格,对参照物价格通过参照物与被估资产之间差异的调整,调整后的价值作为被估资产的价值。市场法是资产评估中最为直接、最具有说服力的评估方法。然而,市场法的应用需要一定的前提条件。

二、市场法的使用前提与基本程序

(一) 市场法的使用前提

市场法的使用需要同时满足以下两个最为基本的前提条件:首先,资产评估行为所在的经济系统存在活跃的公开市场;其次,公开市场上存在同样或者类似的资产及其交易行为,交易及交易标的的必要信息是可以获得的。

"活跃的公开市场"是保证参照物价格属于公允价值,从而保证经调整后作为被评估资产价值的价格是贴近市场的,是确保评估价值为各方接受的条件之一。所谓的"公开市场",是指资产市场存在大量的、自愿的买卖双方,双方是在平等的基础上进行的交易。

"公开市场上存在同样或者类似的资产交易及其行为"是保证选择合适的参照物及其价格具有可比性,它是市场法应用的重要前提。参照物及其价格的可比性主要体现在以下几个方面:一是参照物与被估资产功能上的可比;二是参照物与被估资产面临的市场条件可比;三是参照物交易时间与评估基准日间隔不宜太长,应当在一个适度时间范围内,且时间对资产价值的影响是可以调整的。参照物及其价格的可比性可以减少参照物与被估资产的差异,从而减少差异调整的难度,使得市场法的评估结果更具有说服力。

(二) 使用市场法的基本程序

市场法的应用遵循以下基本程序:

1. 选择可比的参照物。选择可比的参照物主要涉及两个主要问题:一是确保选择的参照物在功能、市场条件、交易时间等方面与被估资产具有可比性；二是关于参照物数量的问题。不论参照物与被估资产如何相似，通常情况下一项资产采用市场法需要三个以上参照物交易案例。由于参照物与被估资产之间差异的存在，多选择几个参照物可以避免或者减弱单个参照物个别交易中的特殊因素或偶然因素对评估结果产生的影响。

2. 选择参照物与被估资产之间的比较因素。影响资产价值的因素可能是时间、功能、交易条件、成新率、区域等，但具体的资产存在影响其价值的主要因素是不同的。因此，应根据具体资产价值形成的特点选择参照物与被估资产之间的比较因素。

3. 量化参照物与被估资产比较因素的差异。选择好参照物与被估资产之间的比较因素后，量化二者比较因素之间的差异是市场法一个重要步骤。如何量化以及合理量化参照物与被估资产比较因素差异直接关系到评估结果的合理性，比较因素的差异量化应根据具体因素来寻找合理的方法，比如，参照物与被估资产交易时间差异可以通过物价指数调整法；参照物与被估资产存在区域因素差异可以通过专家打分法量化差异；参照物与被估资产存在功能差异可以通过功能系数法量化，等等。

4. 根据量化的比较因素差异调整参照物的价格。市场法的步骤接着是将参照物的价格根据量化的比较因素差异调增或者调减。参照物调整后的价值仅是初步评估结果。

5. 综合分析，确定最终评估结果。由于市场法要求选择三个以上的参照物，初步评估结果就有三个以上，因此综合分析初步评估结果是确定最终评估结果的必要步骤。综合分析出的最终结果在很大程度上取决于评估人员对所选参照物的认识与把握。当所有参照物与评估资产的可比性都较强时，评估行为较为规范，评估过程较为合理、完整，采用算数平均法或者加权平均法等将几个初步评估结果进行处理得出最终结果是可取的。

三、市场法的分类

市场法可以分为直接比较法和间接比较法两大类。直接比较法又可以分为单因素比较法和类比调整法。单因素比较法还可以细分为现行市价法、市价折扣法、功能价值类比法、价格指数法、成新率价格调整法。

（一）直接比较法

直接比较法是指将参照物与被估资产的某一因素或者若干因素进行比较，量化比较因素差异，并将参照物价格根据量化的比较因素差异进行调整，从而获得被估资产价值的方法。直接比较法主要应用于参照物与被估资产具有较强可比性的情况，换言之，参照物与被估资产的差异主要体现在单一因素或若干因素上。

直接比较法又可分为单一因素比较法和类比调整法。

1. 单因素比较法。单一因素比较法就是将参照物的价格根据量化的单一比较因素差异进行调整，从而获得被估资产价值的方法。单因素比较法的公式表示为：

$$被估资产价值 = 参照物价格 \times (被估资产某因素 / 参照物某因素) \quad (2.1)$$

单因素比较法又可分为现行市价法、市价折扣法、功能价值类比法、价格指数法、成新率价格调整法。

（1）现行市价法。现行市价法是指直接利用被估资产或者参照物在评估基准日的现

行市价作为评估价值的方法,比如上市流通的股票或债券的评估,其公式如下:

$$被估资产价值 = 参照物的现行市价 \quad (2.2)$$

(2)市价折扣法。市价折扣法是将参照物成交价格按照一个价格折扣率计算出被估资产价值的方法。价格折扣率要根据被估资产的销售条件与销售时限等方面的不利因素,凭借评估人员的职业经验或者有关部门的规定来确定。市价折扣法的计算公式如下:

$$被估资产价值 = 参照物成交价格 \times (1 - 价格折扣率) \quad (2.3)$$

(3)功能价值类比法。功能价值类比法是以参照物的成交价为基础,考虑参照物与被估资产之间的功能差异进行调整而获得被估资产价值的方法。按照资产功能与价值之间的关系,功能价值类比法的计算公式可以分为线性关系和指数关系两种。

①功能与价值为线性关系:

$$被估资产价值 = 参照物成交价格 \times (被估资产生产能力/参照物生产能力) \quad (2.4)$$

②功能与价值为指数关系:

$$被估资产价值 = 参照物成交价格 \times (被估资产生产能力/参照物生产能力)^x \quad (2.5)$$

(4)价格指数法。价格指数法又称"物价指数法",是以参照物成交价格为基础,考虑参照物的成交时间与被估资产的评估基准日之间的时间间隔对资产价值的影响,利用价格指数调整估算被估资产价值的方法。价格指数法的计算公式如下:

$$被估资产价值 = 参照物成交价格 \times (1 + 价格变动指数) \quad (2.6)$$

价格变动指数分为定基价格变动指数和环比价格变动指数。在定基价格变动指数下,公式 2.6 变为:

$$被估资产价值 = 参照物成交价格 \times (1 + 评估基准日同类资产定基价格变动指数)/(1 + 参照物交易日期同类资产定基价格变动指数) \quad (2.7)$$

在环比价格变动指数下,公式 2.6 变为:

$$被估资产 = 参照物成交价格 \times \prod_{i=1}^{n}(1 + a_i) \quad (2.8)$$

其中,a_i 表示参照物交易日至评估基准日各期的环比价格变动指数。

(5)成新率价格调整法。成新率价格调整法是以参照物成交价格为基础,考虑参照物与被估资产新旧程度的差异,通过成新率进行调整得到被估资产价值的方法。成新率价格调整法的计算公式如下:

$$被估资产价值 = 参照物成交价格 \times (被估资产成新率/参照物成新率) \quad (2.9)$$

2. 类比调整法。参照物与被估资产的差异往往不止体现在某一方面,类比调整法是将参照物成交价格根据量化的若干比较因素差异进行调整,从而获得被估资产价值的方法。类比调整法主要有以下几种:

(1)市场售价类比法。市场售价类比法是将参照物的成交价格按照量化的若干比较因素差异进行调整,从而获得被估资产价值的方法。市场售价类比法的计算公式如下:

$$被估资产价值 = 参照物成交价格 \times 功能差异修正系数 \times 时间修正系数 \times 区位修正系数 \times \cdots \times 交易情况修正系数 \quad (2.10)$$

或者如下:

被估资产价值 = 参照物成交价格 + 功能差异调整值 + 时间差异调整值

+ 区位差异调整值 + ⋯ + 交易情况差异调整值 (2.11)

（2）成本市价法。成本市价法是指以被估资产的现行合理成本为基础，利用参照物的成本市价比率来估算被估资产价值的方法。成本市价法的计算公式如下：

被估资产价值 = 被估资产现行合理成本 × 参照物成本市价比率 (2.12)

式中，

参照物成本市价比率 = 参照物成交价格/参照物现行合理成本

（3）市盈率倍数法。市盈率倍数法是以参照物的市盈率作为倍数，将被估企业相同口径的收益额与此相乘而获得被估企业价值的方法。市盈率倍数法的计算公式如下：

被估企业价值 = 参照物市盈率 × 被估企业相同口径收益额 (2.13)

（二）间接比较法

间接比较法是利用国家标准、行业标准或市场标准作为基准，分别将参照物和被估资产与基准对比进行整体的或者分项的打分，打分所获得分值与基准的比值作为调整系数，再将参照物的成交价格进行调整而获得被估资产价值的方法。间接法并不要求参照物与被估资产一样或者基本相似，只要二者在大方面基本相同或相似即可。但是，由于间接法需要利用国家、行业或市场标准，其应用有较多限制，因此间接法在实践中较为少用。

四、市价法的案例

（一）单因素比较法的案例

【例 2-1】被估企业持有某上市公司股票 1 万股，股票购入价格是 15 元/股。评估基准日该股票的开盘价是 12 元/股，收盘价为 14 元/股。采用现行市价法评估该股票的价值。

解：被估股票价值 = 14 × 10 000 = 140 000（元）

【例 2-2】被估企业打算快速变现一批库存商品，该库存商品的数量为 2 000 件，现行市价为 25 元/件。评估人员根据经验估计快速变现的价格折扣率为 30%。采用市价折扣法评估该库存商品的价值。

解：被估库存商品价值 = 25 × 2 000 × (1 - 30%) = 35 000（元）

【例 2-3】被估机器设备年生产能力为 5 000 件，参照物年生产能力为 6 000 件，评估基准日参照物的市场价格为 20 万元，机器设备功能与价值之间为线性关系，采用功能价值类比法评估机器设备的价值。

解：被估机器设备价值 = 20 × (5 000/6 000) = 16.67（万元）

【例 2-4】被估资产的参照物 1 年前的交易价格为 40 万元，1 年来该资产的价格上升了 10%，采用物价指数法评估被估资产的资产价值。

解：被估资产价值 = 40 × (1 + 10%) = 44（万元）

【例 2-5】被估资产为六成新，参照物为八成新，参照物的现行市价为 2 万元。采用成新率价格调整法评估被估资产的价值。

解：被估资产价值 = 20 000 × (6/8) = 15 000（元）

（二）类比调整法案例

【例 2-6】 被估土地为长方形，面积为 800 平方米，要求采用市场售价类比法评估 2012 年 10 月该土地的市场交易价格。评估人员选择 A、B、C 三个案例，其中交易案例 A 的单价为 8 000 元/平方米，交易案例 B 的单价为 8 800 元/平方米，交易案例 C 的单价为 8 600 元/平方米。其他资料如下：

（1）区域因素情况。交易案例 A 与被估土地处于同一地区。交易案例 B、C 与被估土地存在区域因素差异，假设被估土地的区域因素分值为 100，交易案例 B、C 通过专家对自然条件、社会环境、街道条件、交通条件、环境污染情况、公共设施完备情况、距离市中心路程、周围环境等因素进行打分，交易案例 B 得分 88，交易案例 C 得分为 98。

（2）交易情况（具体资料省略）。经过分析，交易案例 A 为正常交易的结果，所以 A 不需要进行交易情况修正。交易案例 B 较正常交易价格低 2%。交易案例 C 较正常交易价格低 4%。

（3）交易日期情况。交易案例 A 在 2012 年 4 月，交易案例 B 在 2012 年 3 月，交易案例 C 在 2011 年 10 月。调查结果显示，2011 年 10 月以来土地价格平均每月上涨 1%，所以交易日期修正率，A 为 6%，B 为 7%，C 为 12%。

（4）个别因素情况。假设只存在土地使用年限因素差异，且 B 交易案例土地剩余使用年限与被估土地相同，不需要调整。A 和 C 土地剩余使用年限为 35 年，被估土地为 30 年，假设折现率为 8%。因此，

A 和 C 年限修正系数 = $[1 - 1/(1 + 8\%)^{30}]/[1 - 1/(1 + 8\%)^{35}] = 0.966$

解：计算得到初步评估结果为：

交易案例 A 修正后的单价 = $8\ 000 \times (100/100) \times (100/100) \times (106/100) \times 0.966$
= 8 191.68（元/平方米）

交易案例 B 修正后的单价 = $8\ 800 \times (100/88) \times (100/98) \times (107/100)$
= 10 918.37（元/平方米）

交易案例 C 修正后的单价 = $8\ 600 \times (100/98) \times (100/96) \times (112/100) \times 0.966$
= 9 889.99（元/平方米）

采用算数平均法计算最终结果：

被估土地的单价 = (8 191.68 + 10 918.37 + 9 889.99)/3 = 9 666.68（元/平方米）

被估土地总价 = 800 × 9 666.68 = 7 733 344（元）

【例 2-7】 被估资产在评估基准日的现行合理成本为 15 万元，参照物的成交价为 20 万元，参照物现行合理成本为 16 万元，采用成本市价法估算被估资产价值。

解：被估资产价值 = 15 × (20/16) = 18.75（万元）

【例 2-8】 被估企业的年净利润为 1 200 万元，在评估基准日，同类企业平均市盈率为 15 倍，采用市盈率倍数法估算被估企业价值。

解：被估企业价值 = 1 200 × 15 = 18 000（万元）

第二节 收益法

一、收益法的定义

收益法又称"收益现值法",是指将评估对象的预期收益资本化或者折现,以确定其价值的各种评估方法的总称。收益法包括多种具体方法,例如企业价值评估中的现金流量折现法、经济利润折现法、调整现值模型,无形资产评估中的超额收益法、许可费节约法等。

严格地讲,收益法是资产评估的一种思路,它包含各种具体评估方法,用数学公式可概括为:

$$p = \sum_{i=1}^{n} R_i / (1 + r) \tag{2.14}$$

式中,P 表示被估资产现值;R_i 表示第 i 期收益额;r 表示折现率或资本化率;n 表示期限。

收益法的思路是通过估测被估资产的未来收益,然后确定合理的折现率或资本化率,再将各期资产收益折成现值并加总,以此获得被估资产价值。从理论上讲,收益法是较为科学、合理的资产评估方法,但收益法的使用需要具备一定使用前提,并按照一定程序进行。

二、收益法的使用前提与基本程序

(一)收益法的使用前提

收益法的使用前提主要包括以下三条:一是被估资产具有未来获利能力,且未来收益能够预测并用货币衡量;二是资产拥有者为获得未来收益所承担的各种风险可以预测并用货币计量;三是被估资产未来获利能力的期限可以预测。

1. 被估资产具有未来获利能力,且未来收益能够预测并用货币衡量。被估资产要有未来获利能力,因此采用收益法评估的被估资产一般是商业或生产经营使用的资产,非经营用的资产要采用收益法就需要在市场上寻找同样或者类似的经营用资产作为参照物,间接地获得其未来收益情况。被估资产的未来获利能力要能被合理预测,这需要其经营收益的变化较为稳定,如果被估资产与其经营收益之间关系是不确定的,那么采用收益法是有困难的。

2. 资产拥有者为获得未来收益所承担的各种风险可以预测并用货币计量。资产拥有者利用资产获得收益要承担各种风险,比如经济周期性风险、宏观经济政策变动风险、行业竞争风险、企业财务风险等。各种风险要能够被预测,并量化。各种风险如果无法预测并量化,那么采用收益法估算被估资产价值也不尽合理。

3. 被估资产未来获利能力的期限可以预测。被估资产未来获利能力的期限是影响资产价值和评估价值的重要因素。被估资产未来获利期限与资产所处行业、相关法律法规(比如土地使用权)、资产性质等相关。合理预测被估资产未来获利能力的期限是科学、合理使用收益法的重要前提之一。

(二)使用收益法的基本程序

使用收益法的基本程序主要包括以下五个步骤:

1. 为预测被估资产未来收益搜集相关资料。预测被估资产未来收益需要搜集的资料主要包括资产近几年的盈利状况、市场形势与未来趋势、国家产业政策变化趋势、资产未来几年可能存在的经营风险、通货膨胀等。

2. 预测被估资产未来收益额。资产未来收益额不是资产的历史收益或者现实收益,而是剔除偶然因素后资产长期可持续获取的客观收益,需要通过定性分析和定量分析相结合并科学、合理预测而获得。

3. 确定收益法的折现率或资本化率。折现率实质上是期望投资报酬率,而投资报酬率大小与风险程度一般呈现正相关关系,即风险越大,投资报酬率也越高,反之,投资报酬率越低。因此,资产拥有者在获取未来收益所承担的各种风险应反映在折旧率或资本化率当中。此外,折现率或资本化率同时要反映资本市场平均报酬率及同类资产的投资报酬率。

4. 确定被估资产的收益期限。资产的收益期限是指资产未来获利能力可能持续时间。不同资产的收益期限受到不同因素约束,比如,专利技术受到市场可替代技术的影响,土地使用权受到法律规定的制约,机器设备受到行业习惯、物理寿命及法律规定的约束等。合理确定被估资产的收益期限是科学使用收益法的重要条件之一。

5. 确定评估结果。在完成上述步骤后,收益法的基本参数就确定了,运用收益法的具体技术方法就可以确定评估结果。

三、收益法的基本参数

收益法的基本参数主要是未来收益额、折现率或资本化率、收益期限。

(一)未来收益额

未来收益额是收益法的基本参数之一。它具有以下两个方面的特点:一是收益额是资产未来收益额,而不是资产的实际收益或历史收益;二是收益额是客观收益,不一定是资产的实际收益额。客观收益额是剔除特殊、偶然因素带来的收益部分后的余额,通常代表资产持续且有规律的收益,甚至可以理解成社会平均收益。

未来收益额的指标在国外有四种类型:企业红利或分成、企业股权现金流、企业投资资本现金流及企业税后净利润;在国内主要有三种类型:利润总额、税后净利润、净现金流。利润总额包含属于政府的税收部分,因此它不适宜作为未来收益额。目前,企业整体资产评估实务主要是以企业税后净利润为未来收益额指标,但实际上净现金流更适宜作为未来收益额指标。净现金流将折旧作为未来收益的一部分是比较合理,折旧只是企业资产的内部保全手段,并未因此发生货币支付。此外,收益法是将未来各期收益折成现值并加总,以此作为被估资产价值。净现金流是根据收付实现制计算出来,而利润是根据权责发生制计算出来,利润指标包含应收及应付款项,因此,利润作为未来收益额,并将它折现加总作为被估资产价值是不尽合理的。

未来收益额的测算方法应将定性分析与定量分析相结合。被估资产的未来收益受到各种因素影响,许多因素的影响无法准确量化,且经济发展趋势实际上充满不确定性,因此定性分析是必要的,定量分析为定性分析提供支持。定量分析方法包括线性回归分析和时间序列分析等。

(二) 折现率或资本化率

折现率是将未来有限期的预期收益折成现值的比率。折现率实质上是一种期望投资报酬率,它由无风险报酬率和风险报酬率组成。无风险报酬率一般是用国库券或银行存款利率替代,它表示在没有投资限制与障碍的情况下,任何投资者都可以投资获得的报酬率。风险报酬率是指投资者承担投资风险所获得的相应的回报率,它是超过无风险报酬率的那部分投资回报率。

因此,折现率计算公式为:

$$\text{折现率} = \text{无风险报酬率} + \text{风险报酬率} \tag{2.15}$$

资本化率是将未来永续年金还原为现值的比率。资本化率在本质上与折现率是相同的,它同样反映无风险报酬率和风险报酬率。但同一资产在有限期和无限期所面临的风险是不同的,这是导致资本化率和折现率差异的关键所在。不过,资本化率的确定是以折现率为基础的,所以,折现率的确定就成为主要问题。折现率的确定方法主要有资本资产定价模型、资本成本加权法和市场比较法。

1. 资本资产定价模型。资本资产定价模型用公式表示如下:

$$r = R_f + \beta_i(R_m - R_f) \tag{2.16}$$

式中,r 表示折现率;β_i 表示某上市公司风险与资本市场平均风险的比率;R_m 表示资本市场平均报酬率;R_f 表示无风险报酬率。

因此,$(R_m - R_f)$ 表示资本市场平均风险报酬率,而 $\beta_i(R_m - R_f)$ 表示某上市公司风险报酬率。

资本资产定价模型的使用具有严格假设条件,比如资本市场是完美的、存在大量的投资者、所有投资者面临着统一风险利率、投资者信息同构、每一种资产无限可分等。严格的假设条件使得资本资产定价模型缺乏实际应用价值。

2. 资本成本加权法。采用资本成本加权法的思想就是将企业融资总成本作为企业最低投资报酬率。企业融资的方式不外乎两种:债务融资和股权融资。企业融资总成本是债务融资的利息(扣除企业所得税后的利息)和股权融资的股息红利。

假设企业不发行优先股股票,只发行普通股股票和举借债务融资,那么用资本成本加权法计算折现率的公式如下:

$$\text{折现率} = \text{债务资本}/(\text{债务资本} + \text{权益资本}) \times \text{债务利息率}(1 - \text{企业所得税})$$

+权益资本/(债务资本+权益资本)×权益成本 (2.17)

式中,权益成本是指每单位权益对应的股息红利。

如果企业发行优先股,或者债务融资的利率存在结构差异,那么上述公式就应当进行相应的修正。

3. 市场比较法。市场比较法的思路是将参照物的投资报酬率作为被估资产的投资报酬率,具体做法是在市场上寻找三个以上的参照物投资回报率,并将它们的简单算术平均数或者加权平均数作为被估资产的折现率。简单算术平均法下市场比较法的计算公式为:

$$\text{折现率} = 1/n \left(\sum \text{参照物的投资报酬率} \right) \quad (2.18)$$

式中,n 表示参照物的个数。

(三) 收益期限

收益期限是收益法另一基本参数,其确定因资产的性质差异而存在不同,比如无形资产的收益期限不仅要考虑法律保护期限,还应考虑技术更新周期;房地产的收益期限不仅要考虑建筑物的剩余经济寿命,还要考虑土地使用权剩余年限等。因此,评估人员应当根据被估资产的性质、功能、技术现状及相关条件,结合有关法律、法规、契约及合同等进行合理确定。

四、收益法的主要技术方法

收益法是资产评估的一种思路,它包括各种具体的技术方法,比如纯收益不变情况下、纯收益在若干年后保持不变情况下、纯收益按等差级数变化情况下、纯收益按等比级数变化情况下的收益法。为简便故,下面先定义各种技术方法公式中所用字符的含义:

P: 表示被估资产的现值;

i: 表示年序号;

R_i: 表示未来第 i 年的收益额;

r: 表示折现率或资本化率;

n: 表示收益期限;

A: 表示年金。

(一) 纯收益不变的情况

纯收益不变可分为收益期为有限期和永续两大类。

1. 纯收益不变且收益期为有限期,收益法的计算公式为:

$$P = \sum_{i=1}^{n} A/(1+r) = A \sum_{i=1}^{n} 1/(1+r)^i \quad (2.19)$$

式中,$\sum_{i=1}^{n} 1/(1+r)^i$ 表示年金折现系数,年金折现系数又可以表示为 $1/r[1-1/(1+r)^n]$,或者表示为 $(P/A, r, n)$。

2. 纯收益不变且收益期为无限期,收益法的计算公式为:

$$P = A/r \quad (2.20)$$

(二) 纯收益在若干年后保持不变的情况

纯收益在若干年后保持不变的情况,按照收益期限划分可分为有限期和无限期两大类。

1. 收益期限为有限期,纯收益在若干年后保持不变情况下的收益法计算公式为:

$$P = \sum_{i=1}^{t}\left[R_i(1+r)^i + A(P/A, r, n-t)/(1+r)^t\right] \tag{2.21}$$

式中,t 表示第 t 年之前纯收益每年是变化的,第 t 年之后纯收益每年保持不变。

2. 收益期限为无限期,纯收益在若干年后保持不变情况下的收益法计算公式:

$$P = \sum_{i=1}^{t}\left[R_i(1+r)^i + A/[r(1+r)^t]\right] \tag{2.22}$$

(三) 纯收益按等差级数变化

1. 收益期为有限期,纯收益按等差级数变化可分为递增和递减两种情况。

(1) 收益期为有限期,纯收益按等差级数递增,其计算公式如下:

$$P = (R_0/r + B/r^2)[1 - 1/(1+r)^n] - (B/r) \times n/(1+r)^n] \tag{2.23}$$

式中,R_0 为基期收益;B 为纯收益逐年递增额。

(2) 收益期为有限期,纯收益按等差级数递减,其计算公式如下:

$$P = (R_0/r - B/r^2)[1 - 1/(1+r)^n] - (B/r) \times n/(1+r)^n] \tag{2.24}$$

式中,R_0 为基期收益;B 为纯收益逐年递减额。

2. 收益期为无限期,纯收益按等差级数变化可分为递增和递减两种情况。

(1) 收益期为无限期,纯收益按等差级数递增,其计算公式如下:

$$P = R_0/r + B/r^2 \tag{2.25}$$

式中,R_0 为基期收益;B 为纯收益逐年递增额。

(2) 收益期为无限期,纯收益按等差级数递减,其计算公式如下:

$$P = R_0/r - B/r^2 \tag{2.26}$$

式中,R_0 为基期收益;B 为纯收益逐年递减额。

(四) 纯收益按等比级数变化

1. 收益期为有限期,纯收益按等比级数变化可分为递增和递减两种情况。

(1) 收益期为有限期,纯收益按等比级数递增,其计算公式如下:

$$P = (R_0/(r-s)[1-(1-s)^n/(1+r)^n] \tag{2.27}$$

式中,R_0 为基期收益;s 为纯收益逐年递增比率。

(2) 收益期为有限期,纯收益按等比级数递减,其计算公式如下:

$$P = (R_0/(r+s)[1-(1-s)^n/(1+r)^n] \tag{2.28}$$

式中,R_0 为基期收益;s 为纯收益逐年递减比率。

2. 收益期为无限期,纯收益按等比级数变化可分为递增和递减两种情况。

(1) 收益期为无限期,纯收益按等比级数递增,其计算公式如下:

$$P = R_0/(r-s) \quad (2.29)$$

式中，R_0 为基期收益；s 为纯收益逐年递增比率。

（2）收益期为无限期，纯收益按等比级数递减，其计算公式如下：

$$P = R_0/(r+s) \quad (2.30)$$

式中，R_0 为基期收益；s 为纯收益逐年递减比率。

五、收益法案例

【例 2-9】 评估人员预测某企业未来 4 年的净现金流分别是 12 万元、15 万元、20 万元、18 万元。假定企业可以持续经营下去，且自第 5 年后各年收益额较为稳定，为 16 万元，折现率和资本化率为 7%，试采用收益法评估该企业价值。

解：企业价值 $= [12/(1+7\%) + 15/(1+7\%)^2 + 20/(1+7\%)^3 + 18/(1+7\%)^4] +$
$\qquad 16/[7\%(1+7\%)^4]$
$\quad = 12 \times 0.9346 + 15 \times 0.8734 + 20 \times 0.8163 + 18 \times 0.7629 + 16/(0.07 \times 0.7629)$
$\quad = 11.215 + 13.101 + 16.326 + 13.732 + 299.625$
$\quad = 353.999$（万元）

第三节　成本法

一、成本法的定义

成本法又称"重置成本法"，是指按照重建或者重置被评估资产的思路，将评估对象的重建或者重置成本作为确定资产价值的基础，扣除相关贬值，以此确定资产价值的评估方法的总称。成本法是资产评估的基本方法之一，其应用较为广泛。

成本法是资产评估的一种思路，并非具体评估方法。成本法的思路首先是估算被估资产的重置成本，其次估算被估资产的各种贬值，再将重置成本扣除各种贬值得到被估资产价值。成本法的思路可以归结为以下公式：

被估资产价值 = 重置成本 - 实体性贬值 - 功能性贬值 - 经济性贬值 (2.31)

实体性贬值、功能性贬值、经济性贬值往往用"损耗"一词来替代。

二、成本法的基本要素与使用前提

（一）成本法的基本要素

成本法的应用需要具备基本要素，这些基本要素包括重置成本、实体性贬值、功能性贬值、经济性贬值。当然，在具体评估实践中，实体性贬值、功能性贬值、经济性贬值可能同时存在，也可能只存在其中一或二。

1. 资产重置成本。资产重置成本就是资产现行取得成本。重置成本的构成要素一般包括直接成本、间接成本、资金成本、税费及合理的利润。重置成本应当采用反映社会一般生产力水平的客观必要成本，不得选取个别、无效的成本。

重置成本可以分为更新重置成本和复原重置成本。

(1) 更新重置成本。更新重置成本是指采用新型材料、新型设计、新的规格、新的技术，根据现代建筑或制造标准，以现行价格构建与被估资产功能相同的全新资产所需发生的成本。

(2) 复原重置成本。复原重置成本是指采用与被估资产相同的材料、技术、规格、设计、建筑或制造标准，以现行价格水平重新购建与被估资产相同的全新资产所发生的费用。

更新重置成本与复原重置成本的相同点是二者都采用现行价格，然而二者在采用的材料、技术、规格、设计等方面存在很大差别。

在计算重置成本时，如果二者都可以求取，那么一般情况下首选的是更新重置成本。其理由如下：一是更新重置成本比复原重置成本要小，因为新技术的使用使得生产相同功能资产的社会必要劳动时间缩短；二是采用新的材料、设计、制造标准等，使得资产的性能和成本方面都比原有的要优越。

当选择更新重置成本时，在计算功能性贬值时，成本法的应用不需要计算超额投资成本，只需要计算超额运营成本。

2. 资产的贬值。资产的贬值包括实体性贬值、功能性贬值和经济性贬值。

(1) 资产的实体性贬值。实体性贬值又称"有形损耗"，是指资产因使用及自然力的作用而导致的物理性能的损耗或下降所引起的资产价值损失。

(2) 资产的功能性贬值。功能性贬值是指因技术进步而引起的资产功能相对落后而导致的资产价值损失。它包括新工艺、新材料和新技术的采用使得原有资产的建造成本超过现行建造成本部分，以及原有资产运营成本超过现有技术的同类资产运营成本的部分。简单地讲，功能性贬值包括超额投资成本和超额运营成本。

(3) 资产的经济性贬值。经济性贬值是指由于资产外部环境变化而导致的资产价值的损失。外部环境变化包括宏观经济的衰退而导致社会总需求不足；国家产业政策的调整导致资产利用率不足；国家环保政策的实施导致资产不符合新标准，资产的剩余寿命下降等。

(二) 成本法的使用前提

成本法的使用前提主要包括以下几点：

1. 被估资产处于继续使用状态或者被假定处于继续使用状态；被估资产若不能继续使用，那么采用成本法计算出来的重置成本也就无法被市场所接受。

2. 被估资产的预期收益能够支持其投入价值；如果被估资产的预期收益不能支持其投入价值，那么就意味市场无法接受该资产，因此采用成本法估算其价值的意义就不存在。

3. 具备可利用的真实的历史资料；成本法的使用需要大量历史资料来支持，因此其使用前提是具备可利用的真实的历史资料。

4. 形成资产价值的成本耗费是必要的。形成资产价值的成本应当是必要的，否则成本法将高估被估资产的价值。一般而言，资产的重置成本是体现社会或者行业平均成本水平，而非个别成本。

三、资产重置成本的估算方法

资产重置成本的估算方法较多，比如重置核算法、价格指数法、功能价值类比法、统计分析法等。评估人员根据被估资产的性质以及可搜集的资料，具体决定被选择方法。

（一）重置核算法

重置核算法又称"核算法"或"细节分析法"，是利用成本核算原理，根据重新取得资产所需的费用项目逐项按照现行市价计算，然后累加得到被估资产重置成本的方法。

根据资产的来源，重置核算法在实际应用中可分为自建资产的和外购资产的重置成本核算。对自建资产，重置成本就是将重建资产所需要的料、工、费、必要的资金成本以及合理利润相加。对外购资产，重置成本就是将重新购买同样资产所需的现行购买价款、运杂费、安装调试费及其他必要费用相加。

重置核算法计算的重置成本除了直接成本（购买价款、运输费、安装费等），还包括间接成本，比如企业管理费用。一般情况下，间接成本的计算方法如下：

$$\text{间接成本} = \text{人工成本总额} \times \text{分配率} \tag{2.32}$$

$$\text{间接成本} = \text{直接成本} \times \text{间接成本占直接成本的比例} \tag{2.33}$$

【例 2-10】 某企业 2010 年购置机器设备一台，购买价款为 10 万元，运杂费 2 500 元，安装费 900 元，其中，原材料 400 元，人工费用 500 元。评估基准日的机器设备现行购买价为 11 万元，运杂费 3 000 元，安装费 1 000 元，其中，原材料 500 元，人工费 500 元。间接成本为安装人工成本的 0.6 倍。采用重置核算法计算机器设备重置成本。

解： 直接成本 = 110 000 + 3 000 + 1 000 = 114 000（元）

间接成本 = 500 × 0.6 = 300（元）

重置成本 = 114 000 + 300 = 114 300（元）

（二）价格指数法

价格指数法是利用与资产有关的价格变动指数，将被估资产的历史成本调整为重置成本的方法。价格指数法可以分为定基价格指数和环比价格指数，定基价格指数法的计算公式如下：

$$\text{重置成本} = \text{被估资产的历史成本} \times \text{评估时物价指数} / \text{购建时物价指数} \tag{2.34}$$

式中，物价指数是指该类资产或个别资产物价指数。

环比价格指数法的计算公式如下：

$$\text{重置成本} = \text{被估资产的历史成本} \times \prod (1 + a_i) \tag{2.35}$$

式中，a_i 表示第 i 年资产的环比价格变动指数，$i=1,2,3,\cdots,n$。

【例 2-11】某资产购置于 2009 年，资产的账面价值为 6 万元，2009 年该类资产的价格指数为 90%。评估基准日该类资产的定基价格指数为 140%，采用价格指数法估算资产的重置成本。

解：重置成本 = 60 000 × 140%/90% = 93 333.33（元）

【例 2-12】某资产购置于 2008 年，其账面价值为 25 万元，2012 年对该资产进行评估，经评估人员调查得到环比价格指数分别为：2009 年为 6%，2010 年为 8%，2011 年为 10%，2012 年为 12%。采用价格指数法估算资产的重置成本。

解：重置成本 = 250 000 × (1 + 6%)(1 + 8%)(1 + 10%)(1 + 12%)
       = 352 598.40（元）

（三）功能价值类比法

功能价值类比法是指利用资产的功能变化与其价格变化呈现线性或者指数关系计算功能差异调整系数，将参照物的重置成本按照功能差异调整系数进行调整而获得被估资产重置成本的方法。

资产功能与其价格成线性关系的功能价值类比法公式如下：

被估资产重置成本 = 参照物重置成本 ×（被估资产年产量/参照物年产量） (2.36)

资产功能与其价格成指数关系的功能价值类比法公式如下：

被估资产重置成本 = 参照物重置成本 ×（被估资产年产量/参照物年产量）^{x}

(2.37)

公式中的 x 为规模经济效益指数。目前，在我国资产评估实践中，x 通常是采用经验数据而非统计分析所得。在美国，x 的经验数据在 0.4~1.2 之间，具体数值随着社会经济与行业发展发生变化。由于我国缺乏统一的经验数据，在资产评估实践中规模经济效益指数法应慎用。

【例 2-13】某机器设备在 2005 年购置，账面价值为 150 000 万元，年产量为 5 000 件。参照物的重置成本为 200 000 万元，年产量为 6 000 件。假设机器设备的功能和价格成线性关系，采用功能价值类比法估算被估机器设备的重置成本。

解：被估机器设备的重置成本 = 200 000 × (5 000/6 000)
                  = 166 666.67（万元）

（四）统计分析法

统计分析法主要应用于价值低、数量多的资产评估。该方法简化了这类资产评估业务，从而节约大量时间。统计分析法的具体步骤为：

1. 将被估资产按照一定标准分类。
2. 在各类资产中抽样选择代表性的资产，并计算其重置成本。
3. 计算分类资产的调整系数。其计算公式为：

$$K = \sum 某类抽样资产的重置成本 / \sum 某类抽样资产的历史成本 \quad (2.38)$$

4. 计算某类资产的重置成本。其计算公式为：

$$\text{某类资产的重置成本} = K \times \sum \text{某类资产的历史成本} \tag{2.39}$$

【例 2-14】评估人员对某类资产采用统计分析法评估，抽样选择代表性资产 10 件，经调查分析所得出这 10 件代表性资产的重置成本为 25 万元，而其账面成本为 18 万元，该类资产的账面价值 900 万元。采用统计分析法估测资产重置成本。

解：调整系数 = 25/18 = 1.39

该类资产的重置成本 = 900 × 1.39 = 1 251（万元）

四、资产贬值的估算方法

（一）实体性贬值的估算方法

资产实体性贬值又称"有形损耗"，是指由于使用及自然力的作用导致资产的物理性能损耗或者下降引起的资产价值损失。衡量实体性贬值程度通常采用实体性贬值率表示。实体性贬值率是资产实体性贬值占资产重置成本的比重。实体性贬值的估算方法主要有以下三种：

1. 观察法。观察法是指具有专业知识和丰富经验的工程技术人员对被估资产实体各主要部位进行技术鉴定，综合分析资产的设计、制造、使用、磨损、维护、修理、大修理、改造情况和物理寿命等因素，确定资产的成新率，从而确定被估资产的实体性贬值率的方法。其计算公式为：

$$\text{资产实体性贬值} = \text{重置成本} \times \text{实体性贬值率} \tag{2.40}$$

或者：

$$\text{资产实体性贬值} = \text{重置成本} \times (1 - \text{实体性成新率}) \tag{2.41}$$

2. 使用年限法。使用年限法是利用被估资产实际已使用年限与总使用年限的比值来衡量资产实体性贬值的方法。使用年限法是应用较为广泛的一种评估技术方法，在实际应用中，评估人员可以将使用年限法拓展为资产实际已经完成作用量与资产设计总工作量之间关系，或者车辆行驶里程数与设计总里程数之间关系。

使用年限法的计算公式如下：

$$\text{资产实体性贬值率} = \text{实际已使用年限}/\text{总使用年限} \tag{2.42}$$

$$\text{资产实体性贬值} = \text{资产重置成本} \times \text{实体性贬值率} \tag{2.43}$$

其中：

$$\text{总使用年限} = \text{实际已使用年限} + \text{尚可使用年限}$$

实际已使用年限不是名义使用年限，是考虑资产实际使用程度的已使用年限。实际已使用年限可以通过资产利用率对名义使用年限进行调整获得，具体计算公式如下：

$$\text{实际已使用年限} = \text{名义使用年限} \times \text{资产利用率} \tag{2.44}$$

资产利用率可能出现以下三种情况：①资产利用率大于 1，表示资产超负荷运转；②资产利用率等于 1，表示资产满负荷运作；③资产利用率小于 1，表示资产利用不足。

【例 2-15】某固定资产于 2005 年初购入并投入使用，2012 年初进行资产评估，名义使用年限 6 年。根据固定资产设计技术标准，该资产每天使用 8 小时，其寿命为 15 年，然而在过去的 6 年里该固定资产实际每天使用只有 6.5 小时。该固定资产的账面成本为 8 万元，重置成本为 10 万元，采用使用年限法估算该固定资产的实体性贬值。

资产评估的基本方法

解：资产利用率 = 360×6.5×6/360×8×6 = 0.8125
资产实体性贬值率 = 6×0.8125/15 = 0.325
资产实体性贬值 = 10×0.325 = 3.25（万元）

3. 修复费用法。修复费用法是利用恢复资产功能所支出的费用来估算资产实体性贬值的方法。当资产出现有形损耗，有些有形损耗可以通过零部件的更换、修复或者改造等加以修复，这种有形损耗称为"可修复损耗"。但是有些有形损耗无法修复，它们被称为"不可修复损耗"。可修复损耗可以用支付的修复费用来计量，不可修复费用需要通过使用年限法进行估算。修复费用法的实体性贬值率计算公式为：

实体性贬值率 = (可修复性损耗 + 不可修复损耗)/重置成本　　　　(2.45)

(二) 功能性贬值的估算方法

功能性贬值是指由于技术的进步带来资产技术相对落后而导致的贬值。功能性贬值包括超额投资成本和超额运营成本两类。

产生超额投资成本的原因是：资产生产、制造技术的进步导致同样资产的生产、制造成本下降，相比较而言，原有技术生产、制造的资产的成本较高。超额投资成本的计算公式如下：

超额投资成本 = 复原重置成本 − 更新重置成本　　　　(2.46)

超额运营成本产生的原因是：新技术生产、制造的资产在运营中所需的成本要低于原有技术生产、制造的资产。超额运营成本的计算公式如下：

超额运营成本 = ∑ 被估资产年净超额运营成本折现值　　　　(2.47)

其中，被估资产年净超额运营成本折现值计算步骤如下：
(1) 选择功能与被估资产相同，但技术更为先进的参照物；
(2) 将被估资产的年运营成本与参照物的年运营成本相比，求取年超额运营成本；
(3) 求取年净超额运营成本。

其计算公式为：

年净超额运营成本 = 年超额运营成本×(1 − 企业所得税率)

由于年超额运营成本属于税前扣除的，年超额运营成本将引起企业应纳税所得额减少，从而降低企业所得税税额，最终使得企业负担的运营成本低于其实际支付额，所以年净超额运营成本是年超额运营成本扣除相应企业所得税后的余额。

(4) 估计被估资产的剩余寿命，选择合适的折现率将被估资产每年的年净超额运营成本折现。

【例2-16】 被估机器设备需要3人操作，技术先进的同类设备只需要2人操作。评估基准日为2012年10月1日。相关资料如下：被估机器设备和技术先进同类设备月产量均为800件，工人的底薪为1 200元，单件产品工资为5元，被估机器设备每月多出日常维护费用50元。假设被估机器设备尚有4年使用年限，折现率为7%，根据资料计算被估设备的超额运营成本。

解：被估机器设备月超额运营成本 = 1 200 + 50 = 1 250（元）
被估机器设备年超额运营成本 = 1 250×12 = 15 000（元）

被估机器设备年净超额运营成本 = 15 000 × (1 − 25%) = 11 250（元）
被估机器设备的超额运营成本 = 11 250 × (P/A,7%,4) = 11 250 × 3.3872
　　　　　　　　　　　　　　= 38 106（元）

（三）经济性贬值的估算方法

经济性贬值的估算方法主要有两种：一是外部因素变化导致资产的利用率下降，从而导致资产经济性贬值；二是收益减少导致经济性贬值。

1. 资产利用率下降导致的经济性贬值：间接估算法。其计算公式为：

$$\text{经济性贬值率} = [1 - (\text{资产预计可被利用生产能力}/\text{资产原设计生产能力})^x] \times 100\% \tag{2.48}$$

式中，x 是规模经济效益指数。

2. 收益减少导致经济性贬值：直接估算法。其计算公式为：

$$\text{经济性贬值额} = \text{资产年收益损失额} \times (1 - \text{企业所得税率}) \times (P/A,r,n)$$

【例 2–17】 因经济环境发生变化，市场需求结构随之而变，被估生产线在未来可使用年限内每年产量估计要减少 2 000 台左右，被估生产线设计生产能力为 1 万台。假设规模经济效益指数为 0.7。根据上述资料估算经济性贬值率。

解： 经济性贬值率 = $\{1 - [(10\,000 - 2\,000)/10\,000]^{0.7}\} \times 100\%$
　　　　　　　　　= $[1 - (0.8)^{0.7}] \times 100\%$
　　　　　　　　　= 14.46%

【例 2–18】 某企业的生产线年产量 15 万台，2012 年由于市场经济不景气，企业只好降价销售产品保住销量 15 万台，产品销售价从 6 000 元/台降为 5 800 元/台。假设企业的生产线尚可使用 5 年，折现率为 8%。根据上述资料估算经济性贬值额。

解： 经济性贬值额 = (6 000 − 5 800) × 150 000 × (1 − 25%)(P/A,8%,5)
　　　　　　　　　= 22 500 000 × 3.9927
　　　　　　　　　= 89 835 750（元）

第四节　资产评估方法的选择

一、资产评估方法之间的联系与区别

（一）资产评估方法之间的联系

资产评估方法是服务资产评估目的的手段。资产评估目的因资产评估业务类型不同存在一定的差异，比如资产交易业务的资产评估，它需要为交易的资产估算一个市场价值。对于企业清算的资产评估，它需要为资产估算一个清算价值。因此，不同的资产评估业务

可能需要对资产评估方法有所选择。

然而，对于特定经济行为，在相同的市场条件下，对处在相同状态下的同一资产进行评估，其评估结果应该是客观的。换言之，对于特定资产评估业务，资产的评估价值不会因为评估人员所选择的资产评估方法不同而出现截然不同的结果。基于这一点，资产评估人员可以运用多种评估方法评估同一条件下的同一资产，并做相互验证。

有一点需要说明：对同一资产采用不同的评估方法进行评估必须保证评估目的、评估前提、被估对象状态的一致，以及运用不同评估方法所选择的经济技术参数合理。否则，不同评估方法得出的结果将存在较大差异。当然，不同评估方法得出的评估结果存在较大差异的原因还有其他，比如评估人员的职业判断、搜集信息不准确、分析过程有缺陷、职业道德等因素。

（二）资产评估方法之间的区别

市场法、收益法、成本法三种基本方法以及由此衍生出的其他评估方法，它们的评估思路、基本参数、所需资料信息、评估步骤等都存在明显差异。各种方法有自己适用的范围。而资产评估业务的差异、资产评估假设前提的差异、资产的市场条件差异等因素，对资产评估方法的选择产生了各种影响，换言之，并非每种评估方法都适合特定资产评估业务。因此，评估人员应根据具体的评估业务、评估目的、需要评估的价值类型以及相应的信息基础等因素，采用最为直接且最为有效的评估方法来完成评估任务（见表2–1）。

表2–1　　　　　　　　　资产评估三种基本方法的比较

评估方法	主要适用范围	主要优点	主要缺点
市场法	产权交易、投资参股、税基评估中重置成本法、收益法应用有困难等	估算程序较为简单估算结果较为合理	合适的参照物及相应基本参数数据资料搜集存在困难
收益法	持续经营使用的资产、整体资产评估、具备独立获利能力的单项资产评估等	估算结果较为合理、准确	基本参数的估算与选择存在一定困难、估算程序复杂；
成本法	主要是用于对无法估算预期收益的资产及无参照物的专用资产，也包括有参照物的资产价值评估	实用性强、应用范围较广、考虑的价值影响因素较为全面	估算程序复杂、计算量较大

二、资产评估方法的选择

在评估实践中，一项评估业务选择两种以上评估方法是一般性规定，只需要选择一种评估方法的是特殊情形。以下几种特定情形可以采用一种评估方法：①基于相关法律、行政法规、规章的要求或者限制而采用一种方法；②由于评估对象仅满足一种评估方法的适用条件而采用一种评估方法；③因操作条件限制而采用一种评估方法；④由于特定的评估目的采用一种评估方法已满足评估目的的要求而采用一种评估方法。第三种情形提出的"操作条件限制"界定为"应当是资产评估行业通常的执业方式普遍无法排除的,而不应以个别资产评估机构或者个别资产评估专业人员的操作能力及条件作为判断标准"[①]。

资产评估方法的选择是一个多层面的行为过程。首先,它必须解决资产评估技术思路的问题。这一问题主要由资产评估业务、资产评估目的、资产评估价值类型等决定。其次,它必须在实现资产评估技术思路的各种具体方法中进行选择。市场法、收益法、成本法是资产评估三种基本技术思路,由这三种思路衍生各种具体方法组成资产评估方法体系,资产评估方法选择的第二层面问题就是选择具体评估方法。再次,各种资产评估方法基本参数和估算方法的选择。各种资产评估方法都有具体的基本参数,这些参数可能有不同指标或者不同估算方法,比如收益法的预期收益额,其指标有利润总额、净利润、净现金流量;成本法重置成本的估算方法有重置核算法、价格指数法、功能价值类比法等。资产评估方法的选择是个复杂过程,在具体选择过程中应考虑以下几个因素:

1. 资产评估方法选择要符合评估业务、评估目的、评估价值类型需要。资产评估业务种类繁多,不同的评估业务有不同的评估目的与不同的评估价值类型。资产评估方法的选择要围绕评估业务、评估目的、评估价值类型,尽可能选择最为有效、最为直接的方法。当资产评估价值类型为资产市场价值时,评估人员可以考虑按照市场法、收益法、成本法的顺序进行选择。

2. 资产评估方法的选择与被估资产类型相适应。被估资产类型是多种多样的,比如整体资产、单项资产,或者是房地产、无形资产、机器设备、资源性资产、流动资产等。被估资产的类型差异对各种评估方法的使用产生了各种限制或者影响。评估人员要根据具体情况做出选择。

3. 资产评估方法的选择要充分考虑可搜集的数据资料与基本参数的可获得性。资产评估方法的应用是基于所需的数据资料及相应基本参数,比如成本法的使用,它需要重置成本、实体性损耗、功能性损耗、经济性损耗三个基本参数。而重置成本的估算方法各异,假设采用重置核算法估算重置成本,那么被估资产的各项投入情况以及各项投入的现时市价资料是必须搜集到的数据信息。因此,资产评估方法选择的适当性不仅取决于方法本身的科学与合理性,还取决于实际可操作性。

4. 资产评估方法的选择要充分考虑三种基本评估方法的适用性。资产评估的各种方法各有优缺点,根据评估方法的内在联系,评估人员应尽可能考虑三种基本评估方法在具体评估项目中的适用性。如果在同一具体评估项目中三种基本方法都可采用,评估人员应将应用各种评估方法取得的评估结果加于比较,分析各自存在的问题,确定最终评估结果。

资产评估方法的选择实际上是专业评估人员根据实际条件约束下的资产价值进行理性分析、论证和比较的过程,并以此做出有足够理由支持的价值判断。因此,资产评估方法的选择不是简单、机械地应用评估公式或评估模型的问题,而是评估人员根据专业知识和经验对各种影响因素综合考虑的结果。

---

① 参见2017年《资产评估执业准则——资产评估方法(征求意见稿)》。

第二章 资产评估的基本方法

关键概念

市场法　　收益法　　成本法　　直接比较法　　单一因素比较法　　类比调整法
现行市价法　　市价折扣法　　功能价值类比法　　价格指数法　　成新率价格调整法
市场售价类比法　　成本市价法　　市盈率倍数法　　间接比较法　　折现率
更新重置成本　　复原重置成本　　实体性贬值　　功能性贬值　　经济性贬值
重置核算法　　价格指数法　　功能价值类比法　　统计分析法　　观察法
使用年限法　　修复费用法

思考题

1. 简述市场法的使用前提。
2. 简述市场法的基本程序。
3. 简述收益法的使用前提。
4. 简述收益法的基本程序。
5. 折现率的确定方法有哪些。
6. 简述成本法的使用前提。
7. 简单比较资产评估三种基本方法的优缺点。
8. 选择资产评估方法应注意哪些影响因素。
9. 某企业预计前4年的净收益分别为50万元、60万元、62万元、58万元，从第5年起每年净收益为60万元，折现率为7%，资本化率为8%。请采用收益法评估企业价值。
10. 2008年12月评估一台设备，该设备在2005年12月购建，设备账面原值50万元，设若环比物价指数2006年为0.04，2007年为0.05，2008年为0.06，求设备的重置成本。
11. 某被估机组购建于2008年3月，账面价值80万元，其中主机占70%，辅助装置占20%，工艺管道占10%。评估基准日，被估机组主机价格提高4%，辅助装置价格提高3%，工艺管道价格提高2%。请采用重置核算法计算被估机组重置成本。
12. 某企业设备生产能力为20万台，每台市价为1 000元，2010年因市场竞争加剧，企业如果生产20万台并将产品销售，每台产品市价必须降至800元。预计企业设备寿命还有2年，折现率为8%，试计算设备的经济贬值是多少。

第三章
机器设备评估

【案例导入】

二手车评估①

评估车型：现代酷派 2.0（2 005 款）

登记日期：2005 年 11 月。

行情评估价格：13.8 万～14 万元。

新车包牌价格：新款车型包牌价格 18 万元。

行驶里程：2 万公里。

此车手续：①购置附加税：有效；②养路费：2007 年 11 月，全险缴至 2007 年 11 月。成交后立即过户。

该车配置：发动机：直列 4 缸 2.0 升汽油发动机；变速箱：4 挡自动变速箱；前后悬：挂前后独立悬挂；刹车系统：四轮盘式刹车＋ABS。

评估说明：现代酷派作为韩系进口车中的主力车型销量一直不错，但是由于国产车的高档化和进口车型的逐渐丰富，酷派系列新车价格一路下滑，从最开始的 36 万多元下降到现在的 16 万多元，5 年的时间价格缩水了 55%，造成二手车价格快速贬值。

静态检查：车辆整体外观良好，全车身红色油漆没有大面积修补痕迹，左前侧有轻微的剐蹭修复痕迹，修复工艺良好，右侧反光镜上方有轻微的剐蹭痕迹，其他部分基本正常。驾驶舱内空间略显局促，整体内部采用棕黄色设计感觉比较高档，但是做工略显粗糙，一部分常规磨损痕迹出现，需要彻底进行翻新。发动机舱内线路正常，关键部件没有发现渗漏和修补痕迹，紧固部分没有明显的松动，一些常规的液体需要补充。底盘系统中轮毂有轻微的磨损，轮胎磨损正常，刹车盘片正常，其他底盘系统正常。

动态检查：车辆启动后发动机抖动和噪音正常，自动变速箱动力结合相对平顺，换挡过程中比较迟钝，总体操控感觉一般，没有明显的跑车感觉，轮胎抓地能力一般，转向正常，高速操控稳定性一般，制动性能良好。

---

① 资料来源：《北京青年报》，2007 年 8 月。

第三章 机器设备评估

综合评定：我们评估的这款酷派属于2 005款，在外观上与2 002款有了明显的区别，被行业内形象地称作"鲨鱼跑"，流线型设计更贴近现代感，但是动力和变速箱等部件的运动化匹配一般，属于跑车外观轿车设计，因此女性用户购买比较多，男性用户比较少，二手车认知程度比较个性化。根据市场行情分析，这款车的近期评估价格应该在13.8万～14万元之间比较合理。

第一节 机器设备评估概述

一、机器设备的定义与分类

（一）机器设备的定义

自然科学中的机器设备是指将机械能或非机械能转换为便于人们利用的机械能，以及机械能转换为某种非机械能，或利用机械能来做一定工作的装备或器具。

《资产评估执业准则——机器设备》（2017）第二条对机器设备的定义为：机器设备是指人类利用机械原理以及其他科学原理制造的（自然属性）、特定主体拥有或控制的有形资产（资产属性），包括机器、仪器、器械、装置以及附属的特殊建筑物等资产。

机械作为机器和机构的泛称，其共同特征是：①由零件和部件组成；②零件、部件之间有确定的相对运动和力的传递；③有机械能的转换或机械能的利用。

在资产评估中，机器设备不仅包括利用机械原理制造的装置，而且包括利用电子、电工、光学等各种科学原理制造的装置。

机器设备评估是指资产评估机构及其资产评估专业人员遵守法律、行政法规和资产评估准则，根据委托，对评估基准日特定目的下单独的机器设备、资产组合或者作为企业资产组成部分的机器设备价值进行评定和估算，并出具资产评估报告的专业服务行为。机器设备是企业固定资产的重要组成部分，是企业生产能力的基本标志，也是决定企业价值和效益的基本因素。因此，机器设备评估在整个资产评估中占有重要地位。

（二）机器设备的分类

在评估中对机器设备进行分类，其目的一是考虑到机器设备的技术特点，为评估中的专业技术检测创造条件；二是利于搜集市场和其他方面的相关资料，有效地选择参照物；三是适应评估委托方的要求，与财务会计处理的惯例相适应；四是便于评估人员合理分工，专业化协作，提高评估工作的质量和效益。在资产评估中可根据需要选择不同的标准对机器设备进行分类。

1. 固定资产管理中使用的国家分类标准。国家标准GB/T 14885-1994《固定资产分类与代码》规定了固定资产的分类、代码及计算单位，主要适用于任何机构（包括企业、事业单位、社会团体、行政机关、军队及各管理部门等）的固定资产管理、清查、登记、统计等工作。该标准分为大类（2 位）、中类（1 位）、小类（1 位）、细目（2 位）共四层，其中第四层为间断流水代码，供用户实用时增加同类属性的新固定资产目录。这种分类方法是资产评估中使用的最基本的分类方法，共包括 10 个门类，具体如下：

（1）土地、房屋及构筑物：土地，房屋，构筑物。

（2）通用设备：锅炉及原动机，金属加工设备，起重设备，输送设备，给料设备，装卸设备，泵，风机，气体压缩机，气体分离及液化设备，制冷空调设备，真空获得及其应用设备，分离及干燥设备，减速机及传动装置，金属表面处理设备，包装及气动工具等通用设备。

（3）专用设备：探矿、采矿、选矿和造团设备，炼焦和金属冶炼轧制设备，炼油、化工、橡胶及塑料设备，电力工业专用设备，非金属矿物制品工业专用设备，核工业专用设备，航空航天工业专用设备，兵器工业专用设备，工程机械，农业和林业机械，畜牧和渔业机械，木材采集和加工设备，食品工业专用设备，饮料加工设备，烟草加工设备，粮油作物和烟草加工设备，纺织设备，缝纫、服饰、制革和毛皮加工设备，造纸和印刷机械，化学药品和中成药制炼设备，医疗器械，其他行业专用设备武器装备。

（4）交通运输设备：铁路运输设备，汽车、电车（含地铁车辆）、摩托车及非机动车辆，水上交通运输设备，飞机及其配套设备，工矿车辆。

（5）电气设备：电机，变压器、整流器、电抗器和电容器，生产辅助用电器，生活用电器和照明设备，电器机械设备，电工、电子专用生产设备。

（6）电子产品及通信设备：雷达和无线电导航设备，通信设备，广播电视设备，电子计算机及其外围设备。

（7）仪器仪表、计量标准器具及量具、衡器：仪器仪表，电子和通信测量仪器，专用仪器仪表，计量标准器具及量具、衡器。

（8）文艺体育设备：文艺设备，体育设备，娱乐设备。

（9）图书文物及陈列品：图书资料，文物，陈列品。

（10）家具用具及其他类：家具用具，被服装具，实验用优良品种及观赏动植物。

2. 按现行会计制度规定分类。根据我国现行会计制度，机器设备按其使用性质分为六类：

（1）生产用机器设备：直接为生产经营服务的机器设备，包括生产工艺设备、辅助生产设备、动力能源设备等。

（2）非生产机器设备：在企业所属的福利部门、教育部门等非生产部门使用的设备。

（3）未使用机器设备：企业尚未投入使用的新设备、库存的正常周转用设备、正在修理改造尚未投入使用的机器设备等。

（4）不需用机器设备：已不适合本单位使用，待处理的机器设备。

（5）租出机器设备：企业出租给其他单位使用的机器设备。

（6）融资租入机器设备：企业以融资租赁方式租入使用的机器设备。

3. 按机器设备的组合形式分类。《资产评估执业准则——机器设备》（2017）中，按照机器设备的组合形式，将机器设备分为单台机器设备和机器设备组合。单台机器设备是指以独立形态存在,可以单独发挥作用或者以单台的形式进行销售的机器设备。机器设备组合是指为了实现特定功能,由若干机器设备组成的有机整体。

机器设备组合的价值不必然等于单台机器设备价值的简单相加。

4. 按机器设备的来源分类。通常可分为自制设备和外购设备,其中外购设备包括国内购置和国外引进设备之分。

机器设备还有许多分类方式,在此不一一列举。但值得注意的是,上述分类并不是独立的,分类之间可以有不同程度的关联。如外购设备中,可能是通用设备,也可能是专用设备,还可能是进口通用设备或进口专用设备;成套设备中可能部分是外购的,部分是自制的。在资产评估中,评估人员应根据评估目的、评估要求和评估对象的特点,选择不同的分类方法,灵活进行分类处理。如按会计制度规定分类,有利于根据机器设备实际用途确定需要考虑的因素评估价格;按机器设备在生产中的作用或工程技术特点分类,有利于组织有关专业人员进行分工,选择相应的评估方法,采用适当的技术检测手段,择取适当的评估比较参照物;按机器设备价值的高低分类,有利于提高评估效率和保证评估的质量。不论在资产评估中采用什么标准进行分类,最后都要按评估结果汇总的要求进行统计。在评估时,既可先按生产车间进行清查评估;也可按通用设备、专用设备等分类清查评估;还可按自制设备、外购设备、国内设备和进口设备分类清查评估等。

二、机器设备评估的特点与基本程序

(一) 机器设备评估的特点

1. 机器设备类资产一般是企业整体资产的一个组成部分,它通常与企业的其他资产,如房屋建筑物、土地、流动资产、无形资产等,共同完成某项特定的生产目的。一般不具备独立的获利能力。所以在进行机器设备评估时,收益法的使用受到很大限制,通常采用成本法和市场法。

2. 对于整体性的机器设备,它是为了实现某种功能,由若干机器设备组成的有机整体,整体的价值不仅仅是单台设备价值的简单相加。

3. 在机器设备中,一部分机器设备属于动产,它们不需安装就可以移动使用;一部分属于不动产或介于动产与不动产之间的固置物,它们需要永久的或在一段时间内以某种方式安装在土地或建筑物上,移动这些资产将可能导致机器设备的部分损失或完全失效。

4. 影响机器设备磨损的因素很多,设备的磨损、失效规律不易确定,个体差异较大。确定贬值往往需要逐台地对设备的实体状态进行调查、鉴定。

5. 设备的贬值因素比较复杂,除实体性贬值外,往往还存在功能性贬值和经济性贬值。因为机器设备中依附着许多无形资产,存在无形资产就存在功能性贬值。功能性贬值是技术相对落后而造成的一种贬值。经济性贬值是由机器设备以外的环境引起的,例如宏观政策因素、国家的一些调控措施都能引起机器设备的经济性贬值。

(二) 机器设备评估的基本程序

1. 签订评估委托协议,明确评估目的、评估对象和评估范围。
2. 指导委托方填写待评机器设备清册、准备机器设备产权资料及有关经济技术资料,

即待评机器设备清册及分类明细表的填写、待评机器设备的自查及盘盈盘亏事项的调整、机器设备产权资料及有关技术资料的准备等。

3. 分析研究委托方提供的有关资料，明确评估、清查重点，制订评估方案。注意要明确落实人员安排，并设计主要设备的评估技术路线。

4. 广泛搜集与评估相关的资料，为机器设备的评定估算做好准备。

5. 在现场工作中，按评估重点和人员安排，核实评估对象并进行分类。当被评估设备种类、数量较多时，为了突出重点以及发挥具有专长的评估人员的作用，可对待评设备进行必要的分类。一种分类方法是按设备的重要性划分，如 ABC 分类法，把单位价值大的重要设备作为 A 类；把单位价值小且数量多的设备作为 C 类；把介于 A 类和 C 类之间的设备作为 B 类。根据委托方对评估时间的要求，对 A、B、C 三类机器设备投入不同的精力和时间进行评估。另一种分类方法是按设备的性质分为通用设备和专用设备，以便有效地搜集数据资料，合理地配备评估人员。

6. 对设备进行技术状况、使用情况、设备质量、磨损程度等鉴定。这是现场工作的重点。

对设备进行技术状况的鉴定主要是对设备满足生产工艺的程序、生产精度和废品率，以及各种消耗和污染情况的鉴定。判断设备是否有技术过时和功能落后情况存在。

对设备使用情况鉴定主要是了解设备是处于在用状态还是闲置状态，使用中设备的运行参数、故障率、零配件保证率，设备闲置的原因和维护情况等。

对设备质量进行鉴定主要是了解设备的制造质量，设备所处环境、条件对设备质量的影响，设备现时的完整性和外观、内部结构等情况。

对设备的磨损程度鉴定主要了解和掌握设备的有形损耗，以及无形损耗等。

现场工作要有现场工作记录，特别是设备的鉴定工作要有详细的鉴定记录。这是评估设备的重要数据，也是工作底稿的重要组成内容。

7. 确定设备评估经济技术参数。评估的目的、评估的价值类型和运用的评估方法不同，评估所需要的经济技术参数也有区别。根据评估的目的和评估项目对评估价值类型的要求，以及评估所选用的途径和方法，科学合理地确定评估所需要的各类经济技术参数。这个环节是体现评估师执业水平和执业技巧的阶段。评估所需的经济技术参数不仅要在性质上与评估目的、评估价值类型、评估的假设前提保持一致，而且在量上也要恰如其分。另外，对产权受到某种限制的设备，包括已抵押或作为担保品的设备、将要强制报废的设备等，其有关数据资料要单独处理。

8. 评估计算。根据评估目的、评估价值类型的要求，以及评估时的各种条件，选择适宜的评估途径和方法，运用恰当的经济技术参数对待评估设备的价值进行评定估算。在评估中，应尽可能地选择高效、直接的评估途径和方法，使机器设备评估实现快速、合理、低成本、低风险。在机器设备评定估算阶段，要注意与委托方有关人员进行信息交流，沟通评估中遇到的问题和困难。在保证资产评估独立性的前提下，可以听取和吸纳委托方的合理化建议，以保证评估结论的相对合理性。

9. 撰写评估报告。按照当前有关部门及行业管理组织对评估报告撰写的要求，在评定估算过程结束后，应及时撰写评估报告书和评估说明。

10. 评估报告的审核和发出。评估报告完成后，要有必要的审核，包括复核人的审核、项目负责人的审核和评估机构负责人的审核。在三级审核确认评估报告无重大纰漏后，再将评估报告送达委托方及有关部门。

第二节 机器设备评估中市场法的应用

市场法也称"市场价格比较法"，是指根据公开市场上与被评估资产相似的或可比的参照物的价格来确定被评估资产的价格。市场法是一种简单、有效的方法，因为评估过程中的资料直接来源于市场，同时又为即将发生的资产行为评估。但是，市场法的应用与市场经济的建立和发展、资产的市场化程度密切相关。在我国，随着社会主义市场经济的建立和完善，为市场法提供了有效的应用空间，市场法日益成为一种重要的资产评估方法，也是最为直接、最具说服力的评估方法之一。

市场法的运用需具备一定的前提条件：一是需要有一个充分发育、活跃的资产市场。市场经济条件下，市场交易的商品种类很多，资产作为商品，是市场发育的重要方面。在资产市场上，资产交易越频繁，与被评估资产相类似资产的价格越容易获得。二是参照物及其与被评估资产可比较的指标、技术参数等资料是可搜集到的。运用市场法，重要的是能够找到与被评估资产相同或相类似的参照物。但与被评估资产完全相同的资产是很难找到的，这就要求对类似资产参照物进行调整，有关调整的指标、技术参数能否获取是决定市场法运用与否的关键。

运用市场法进行评估，其基本步骤如下：

第一，选择参照物。不论评估对象是单项资产还是整体资产，运用市场法评估时都需要经历选择参照物这样一个程序。选择参照物的关键要求是具有可比性，包括功能、市场条件及成交时间等。另外就是参照物的数量问题，不论参照物与评估对象如何相似，通常参照物应选择三个以上。因为运用市场法评估资产价值，被评估资产的评估值高低在很大程度上取决于参照物成交价格水平，而参照物成交价不仅仅是参照物功能自身的市场体现，它还受买卖双方交易地位、交易动机、交易时限等因素的影响。为了避免某个参照物个别交易中的特殊因素和偶然因素对成交价及评估值的影响，运用市场法评估资产时应尽可能选择多个参照物。

第二，在评估对象与参照物之间选择比较因素。从理论上讲，影响资产价值的基本因素大致相同，如资产性质、市场条件等，但具体到某一种资产时，影响资产价值的因素又各有侧重。如影响房地产价值的主要是地理位置因素，而技术水平则在机器设备评估中起主导作用。所以，应根据不同种类资产价值形成的特点，选择对资产价值形成影响较大的因素作为对比指标，在参照物与评估对象之间进行比较。

资料链接

一般来讲,设备的比较因素可分为四大类,即个别因素、交易因素、地域因素、时间因素四大类。

(一) 个别因素

设备的个别因素一般是指反映设备在结构、形状、尺寸、性能、生产能力、安装、质量、经济性等方面差异的因素。不同的设备,差异因素也不同。在评估中,常用于描述机器设备的指标一般包括:

1. 名称;
2. 型号规格;
3. 生产能力;
4. 制造厂家;
5. 技术指标;
6. 附件;
7. 设备的出厂日期;
8. 役龄;
9. 安装方式;
10. 实体状态。

(二) 交易因素

设备的交易因素是指交易的动机、背景对价格的影响,不同的交易动机和交易背景都会对设备的出售价格产生影响。

交易数量也是影响设备售价的一个重要因素,大批的购买价格一般要低于单台购买。

(三) 时间因素

不同交易时间的市场供求关系、物价水平等都会不同,评估人员应选择与评估基准日最接近的交易案例,并对参照物的时间影响因素做出调整。

(四) 地域因素

由于不同地区市场供求条件等因素的不同,设备的交易价格也会受到影响,评估参照物应尽可能与评估对象在同一地区。如评估对象与参照物存在地区差异,则需要做出调整。

第三,指标对比、量化差异。根据前面所选定的对比指标,在参照物及评估对象之间进行比较,并将两者的差异进行量化。例如资产功能指标,尽管参照物与评估对象功能相同或相似,但在生产能力、产品质量以及在资产运营过程中的能耗、料耗和功耗等方面都可能有不同程度的差异。运用市场法的一个重要环节就是参照物与评估对象对比指标之间的上述差异的数量化和货币化。

第四,在各参照物成交价格的基础上,调整已经量化的对比指标差异。市场法是以参照物的成交价格作为评定估算评估对象价值的基础,这个基础上将已经量化的参照物与评估对象对比指标差异进行调增或调减,就可以得到以每个参照物为基础的评估对象的初步评估结果。初步评估结果与选择的参照物数量密切相关。

第五，综合分析确定评估结果。按照一般要求，运用市场法通常应选择三个以上参照物，所以运用市场法评估的初步结果也在三个以上。根据资产评估的一般惯例和要求，正式的评估结果只能是一个，这就需要评估人员对若干评估初步结果进行综合分析，以确定最终的评估值。确定最终的评估值，主要是取决于评估人员对参照物的把握和对评估对象的认识。当然，如果参照物与评估对象的可比性都很好，评估过程中没有明显的遗漏或疏忽，采用算术平均法或加权平均法等方法将初步结果转换成最终评估结果也是可以的。

运用市场法评估机器设备常用的方法有三种：直接比较法、因素调整法和成本比率调整法。

一、直接比较法

直接比较法是利用参照物的交易价格，以评估对象的某一或者若干基本特征与参照物的同一及若干基本特征进行比较，得到两者的基本特征修正系数或基本特征差额，在参照物交易价格的基础上进行修正，从而得到评估对象价值的方法。这种方法适用于参照物与评估对象之间达到相同或者基本相同的程度，或者二者的差异主要体现在某一或多个明显的因素上。直接比较法直观简洁，便于操作。其计算公式为：

$$P = P' \pm \Delta_i \tag{3.1}$$

式中，P 为机器设备评估值；P' 为参照物的市场价值；Δ_i 为差异调整。

【例 3-1】 对一辆小汽车评估时，评估人员从市场获得的参照物在型号、购置日期、行驶里程、基本配置、发动机型号、底盘等主要系统状况基本相同，但有几点不同：①参照物为卤素大灯，被评估小汽车改装氙气大灯，费用约 800 元；②被评估小汽车右后翼子板破损，更换喷漆费用约为 1 000 元；③被评估小汽车加装真皮座椅和全车贴膜，价值约为 7 500 元。评估人员得知参照物的市场价值为 18 万元，则被评估小汽车价值为：

解： $P = 180\,000 + 800 - 1\,000 + 7\,500 = 187\,300$（元）

注意：如果被评估对象与参照物差异较大时，则不能使用直接比较法。

二、因素调整法

因素调整法是通过比较分析相似的市场参照物与被评估设备的可比因素差异，并对这些因素逐项做出调整，由此确定评估设备的价值。因素调整法是市场法中最基本的具体评估方法，该法并不要求参照物与评估对象必须一样或者基本一样，只要参照物与评估对象在大的方面基本相同或相似就可以了。

因素调整法具有适用性强、应用广泛的特点。但该法对信息资料的数量和质量要求较高，而且要求评估人员要有较丰富的评估经验、市场阅历和评估技巧。由于因素调整法可能要对参照物与评估对象的若干可比因素进行对比分析和差异调整，没有足够的数据资料，以及对资产功能、市场行情的充分了解和把握，很难准确地评定估算出评估对象的价值。

为保证评估结果的准确性，所选择参照物应尽可能与评估对象相似。时间上，参照物的交易时间应尽可能与评估基准日接近；地域上，尽可能与评估对象在同一地区。此外，选择参照物时应保证与评估对象具有较强的可比性，实体状态方面比较接近。

【例3-2】采用市场法对某车床进行评估。

(1) 评估人员对评估对象鉴定的基本资料如下：

设备名称：普通机床。

规格型号：LD 7810×2 500。

制造厂家：海西机床厂。

出厂日期：2003年3月。

投入使用时间：2003年3月。

安装方式：未安装。

附件：齐全（包括仿形车削装置、后刀架、快速换刀架、快速移动机构）。

实体状态：评估人员通过对车床的传动系统、导轨、进给箱、溜板箱、刀架、尾座等部位进行检查、打分，确定其综合分值为6.1分。

(2) 评估人员对二手设备市场调研，选择确定与被评估对象较接近的三个市场参照物，见表3-1。

表3-1

	评估对象	参照物1	参照物2	参照物3
名称	普通机床	普通机床	普通机床	普通机床
规格型号	LD 7810×2 500	LD 7810×2 500	LD 7810×2 500	LD 7810×2 500
制造厂家	海西机床厂	海西机床厂	红星机床厂	红星机床厂
出厂日期/役龄	2003年/8年	2003年/8年	2003年/8年	2003年/8年
安装方式	未安装	未安装	未安装	未安装
附件	齐全	齐全	齐全	齐全
状况	良好	良好	良好	良好
实体状态描述	综合分值6.1	综合分值5.7	综合分值6.0	综合分值6.6
交易市场		评估对象所在地	评估对象所在地	评估对象所在地
市场状况		二手设备市场	二手设备市场	二手设备市场
交易背景及动机	正常交易	正常交易	正常交易	正常交易
交易数量	单台交易	单台交易	单台交易	单台交易
交易日期	2011年4月30日	2011年3月10日	2011年2月25日	2011年4月10日
转让价格		23 000元	27 100元	32 300元

(3) 确定调整因素，进行差异调整。

①制造厂家调整。所选择的3个参照物中，1个与评估对象生产厂家相同，另两个不同。在新设备交易市场，海西和红星两个制造厂商某相同产品的价格分别为4万元和4.44万元。海西机床厂生产的该产品市场价格与红星机床厂生产的该产品市场价格之比为0.9，以此作为被评估旧设备的调整比率。

机器设备评估

课堂讨论

本题中价格差异率 =(4.0-4.44)/4.44×100% = -10%

即意味着生产同样的产品，A厂家（评估对象一方）的市场价格比B厂家（参照物一方）低10%。则：

调整比率 =1-10% =90%

但有些书上这样处理：价格差异率 =(4.44-4.0)/4.0=11%，即认为B厂家生产的该产品市场价格比A厂家高11%，以此算出调整系数为0.89(1-11%)。

这两种计算方法哪种更为合理呢？

②出厂年限调整。被评估对象的出厂年限是8年，3个参照物的出厂年限均为8年，故无须调整。

③实体状态调整。实体状态调整见表3-2。

表3-2

参照物	实体状态描述	调整比率
1	传动系统、导轨、进给箱、溜板箱、刀架、尾座等部位工作正常，无过度磨损现象，状态综合分值为5.7分	+7%
2	传动系统、导轨、进给箱、溜板箱、刀架、尾座等部位工作正常，无过度磨损现象，状态综合分值为6.0分	+2%
3	传动系统、导轨、进给箱、溜板箱、刀架、尾座等部位工作正常，无过度磨损现象，状态综合分值为6.6分	-8%

调整比率计算过程见表3-3。

表3-3

参照物	调整比率
1	(6.1-5.7)÷5.7×100% =7%
2	(6.1-6.0)÷6.0×100% =2%
3	(6.1-6.6)÷6.6×100% = -8%

（4）计算评估值。计算评估值见表3-4。

表3-4

	参照物1	参照物2	参照物3
交易价格	23 000	27 100	32 300
制造厂家因素调整	1	0.9	0.9
出厂年限因素调整	1	1	1
实体状态因素调整	1.07	1.02	0.92
调整后结果	24 610	24 877.80	26 744.40

根据表3-4所示，被评估对象的评估值 =(24 610 +24 877.80 +26 744.40)÷3 ≈25 411（元）

三、成本比率调整法

成本比率调整法是通过对大量市场交易数据的统计分析，掌握相似的市场参照物的交易价格与全新设备售价的比率关系，用此比率作为确定被评估机器设备价值的依据。例如，评估人员在评估甲公司生产的 6 米直径的双柱立式机床，但是市场上没有相同的或相似的参照物，只有其他厂家生产的 8 米和 12 米直径的立式机床。统计数据表明，与评估对象使用年限相同的设备的售价都是重置成本的 55%~60%，那么可以认为，评估对象的售价也应该是其重置成本的 55%~60%。

第三节 机器设备评估中收益法的应用

收益法是指通过估测被评估资产未来预期收益的现值来判断资产价值的各种评估方法的总称，即采用资本化和折现的途径及其方法来判断和估算资产价值。收益法是依据资产未来预期收益经折现或本金化处理来估测资产价值的，它涉及三个基本要素：①被评估资产的预期收益；②折现率或资本化率；③被评估资产取得预期收益的持续时间。因此，能否清晰地把握上诉三个要素就成为能否运用收益法的基本前提。

运用收益法的基本步骤是：①搜集并验证与评估对象未来预期收益有关的数据资料，包括经营前景、财务状况、市场形势以及经营风险等；②分析测算被评估对象的未来收益；③确定折现率和资本化率；④用折现率和资本化率将评估对象的未来预期收益折算成现值；⑤分析确定评估结果。

运用收益法进行评估涉及许多经济参数，其中最主要的参数有三个，分别是收益额、折现率和收益期限。

收益额是适用收益法评估资产价值的基本参数之一。在资产评估中，资产的收益额是指投资回报，即资产在正常情况下所能得到的归其产权主体的所得额。资产评估中的收益额有两个比较明确的特点：①收益额是资产未来预期收益额，而不是资产的历史收益额或现实收益额；②用于资产评估的收益额通常是资产的客观收益，而不一定是资产的实际收益。

折现率，从本质上讲是一种期望投资报酬率，是投资者在投资风险一定的情况下，对投资所期望的回报率。习惯上人们把将未来有限期预期收益折算成现值的比率称为"折现率"，而把未来永续性预期收益折算成现值的比率称为"资本化率"。至于折现率与资本化率在量上是否相等，主要取决于同一资产在未来长短不同的时期所面临的风险是否相同。确定折现率，首先应该明确折现的内涵。折现作为一个时间优先的概念，认为将来的收益或利益低于现在的同样收益或利益，并且随着收益时间向将来推迟的程度而有序地降低价值。同时，折现作为一个算术过程，是把一个特定比率应用于预期的收益，从而得到当前的价值。

收益期限是指资产具有获利能力持续的时间，通常以年为时间单位。它由评估人员根据被评估资产的自身效能及相关条件，以及有关法律、法规、契约、合同等加以测定。

本书主要介绍收益法在评估租赁机器设备中的应用。

对于租赁的设备，其租金收入就是收益，如果租金收入和资本化率是不变的，则设备评估值可用以下公式计算：

$$P = \frac{A}{(1+r)^1} + \frac{A}{(1+r)^2} + \cdots + \frac{A}{(1+r)^n} = A \frac{1-\frac{1}{(1+r)^n}}{r} \tag{3.2}$$

式中，P 为评估值；A 为收益年金；r 为资本化率；n 为收益年限。

在公式中，年金现值系数的倒数 $\dfrac{r}{1-\dfrac{1}{(1+r)^n}}$ 被称为"投资回收系数"，可用 r_A 来表示。由此公式 3.2 可重新表示为：

$$P = \frac{A}{r_A} \tag{3.3}$$

$$r_A = \frac{A}{P} \tag{3.4}$$

用收益法评估租赁设备的价值，首先，要对租赁市场上类似设备的租金水平进行市场调查，分析市场参照物设备的租金收入，经过比较调整后，确定被评估机器设备的预期收益。调整的因素可能包括时间、地点、规格和役龄等。其次，根据被评估机器设备的实际状况，估计其剩余使用寿命，作为确定收益年限的依据。最后，根据类似设备的租金及市场售价确定折现率，并根据被评估设备的收益年限计算评估值。当然，也可查表得到相应年限的投资回收系数，用公式 3.3 计算评估值。

【例 3-3】用收益法评估某租赁机器设备。

（1）评估师根据市场调查，被评估机器设备的年租金净收入为 19 200 元。

（2）评估师根据被评估机器设备的现状，确定该租赁设备的收益期为 9 年。

（3）评估师通过对类似设备交易市场和租赁市场的调查，得到市场数据如表 3-5 所示。

表 3-5　　　　　　　　　　市场数据

市场参照物	使用寿命（年）	市场售价（元）	年收入（元）	投资回收系数（%）	资本化率（%）
1	10	44 000	10 500	23.86	20.01
2	10	63 700	16 700	26.22	22.85
3	8	67 500	20 000	29.63	24.48

解： 根据公式 3.4 分别计算上述三个市场参照物的投资回收系数，分别为 23.86%，26.22%，29.63%。

由于三个参照物寿命各不相同，分别查对应年限复利系数表，并用内插法计算出对应的资本化率：

查10年期复利系数表并运用内插法得到资本化率为20.01%，22.85%。

查8年期复利系数表并运用内插法得到资本化率为24.48%。

取20.01%，22.85%，24.48%三者的均值为22.45%，该数值作为被评估机器设备的资本化率。则：

$$该设备评估值 P = 19\,200\,\frac{1 - \frac{1}{(1 + 22.45\%)^9}}{22.45\%} \approx 71\,705.05 \text{（元）}$$

第四节 机器设备评估中成本法的应用

成本法是通过估算被评估机器设备的重置成本和各种贬值，用重置成本扣减各种贬值作为资产评估价值的一种方法，它是机器设备评估中最常使用的方法之一。就一般意义上讲，成本法的运用涉及四个基本要素，即资产的重置成本、资产的实体性贬值、资产的功能性贬值和资产的经济性贬值。

第一，资产的重置成本。简单地说，资产的重置成本就是资产的现行再取得成本。具体来说，重置成本又分为复原重置成本和更新重置成本两种。

复原重置成本是指采用与评估对象相同的材料、建筑或制造标准、设计、规格及技术等，以现时价格水平重新购建与评估对象相同的全新资产所发生的费用。

更新重置成本是指采用新型材料、现代建筑或制造标准、新型设计、规格和技术等，以现行价格水平购建与评估对象具有同等功能的全新资产所需的费用。

第二，资产的实体性贬值。资产的实体性贬值亦称"有形损耗"，是指资产由于使用及自然力的作用导致的资产的物理性能的损耗或下降而引起资产的价值损失。

第三，资产的功能性贬值。资产的功能性贬值是指由于技术进步引起的资产功能相对落后而造成的资产价值损失，包括由于新工艺、新材料和新技术的采用，而使原有资产的建造成本超过现行建造成本的超支额，以及原有资产超过体现技术进步的同类资产的运营成本的超支额。

第四，资产的经济性贬值。资产的经济性贬值是指由于外部条件的变化引起资产闲置、收益下降等而造成的资产价值损失。

由上所述，机器设备评估成本法的计算公式为：

$$P = R_c - D_p - D_f - D_e \tag{3.5}$$

式中，P 为机器设备评估值；R_c 为重置成本；D_p 为实体性贬值；D_f 为功能性贬值；D_e 为经济性贬值。

运用成本法的基本前提有两个：一是被评估资产处于继续使用状态或被假定处于继续使用状态；二是被评估资产的预期收益能够支持其重置及其投入价值。成本法适用于持续使用假设前提下的机器设备评估以及一般不易评估非续用状态下的机器设备。

一、机器设备重置成本的估算

采用成本法评估机器设备的第一步是确定机器设备的重置成本。机器设备的重置成本通常是指按现行价格购建与被评估机器设备相同或相似的全新设备所需的成本。机器设备的重置成本可分为复原重置成本和更新重置成本两种。复原重置成本是指按现行的价格购建一台实际上完全相同的设备所需的成本。更新重置成本是指按现行的价格购建一台不论何种类型,但能提供同样服务和功能的新设备替代现有设备所需的成本。

复原重置成本和更新重置成本虽然都属于重置成本范畴,但二者在成本构成因素上是有差别的。复原重置成本基本上是在不考虑技术条件、材料替代、制造标准等因素变化的前提下,仅考虑物价因素对成本的影响,即将资产的历史成本按照价格变动指数或趋势转换成重置成本或现行成本。更新重置成本是在充分考虑了技术条件、建筑标准、材料替代以及物价变动等因素变化的前提下确定重置成本或现行成本。两种重置成本在成本构成要素上的差别,要求评估人员在运用成本法对机器设备估价时,准确把握所使用的重置成本的确切含义,特别注意两种重置成本对机器设备功能性贬值及成新率的不同影响。

在实践中,复原重置成本在评估中较少采用。因为无论是机器设备还是房屋建筑物,其制造工艺、材料、制造技术的发展非常迅速,新工艺、新材料、新技术的采用使资产的成本大大降低,而功能和效用完全可以替代评估对象,在这种情况下复原重置并无太大的实际意义,应使用更新重置成本。此外,有一些资产也不允许采用复原重置成本,例如对输油管线的评估。

对于一些特殊的机器设备或建筑,如某些专用机器,它们的制造工艺、所用的材料、技术无任何改进,功能和效用也完全能满足生产需要,在这种情况下,使用复原重置成本是比较合适的。但对于技术上比较先进的资产,它们的更新重置成本和复原重置成本可能没有区别,例如一些较先进的机器设备,其生产工艺无任何改变,功能也无改进,生产厂家仍在继续生产、出售,这时机器设备的现行购置价既是复原重置成本,也是更新重置成本。

机器设备的重置成本在构成上包括设备的直接费用和设备的间接费用。设备的直接费用是指设备的购置价或建造价,它构成了机器设备重置成本的基础。设备的运杂费、安装调试费和必要的配套装置费也构成机器设备的直接费用。对于进口设备,还要包括进口关税、银行手续费等其他费用。设备的间接费用通常是指为购置、建造设备而发生的各种管理费用、总体设计制图费用、资金成本,以及人员培训费用等。

在机器设备评估中,其重置成本的构成及其数额,还要根据取得评估目的所要求状态下的机器设备需花费的全部费用来决定。当产权交易双方有协议或合同,明确规定机器设备的某些费用由某一方承担,那么评估该设备时就应按双方的协议或合同处理,并在评估报告中予以说明。

由于设备取得的方式和渠道不同,其重置成本构成也不完全一样。按照设备取得的方式分类,设备分为自制设备和外购设备,其中外购设备又包括国产设备和进口设备。下面按此介绍机器设备重置成本的估算。

(一) 自制机器设备重置成本估算

1. 自制机器设备价值的构成。自制设备重置成本构成项目一般包括：

（1）制造费用，包括消耗掉的原材料、辅料的购价和运杂费、应分摊的管理费和财务费用；

（2）安装调试费；

（3）大型自制设备合理的资金成本；

（4）合理利润；

（5）其他必要合理费用，如设计费、制图费等。

上述各项费用的确定，有些可参照外购设备。

2. 自制机器设备重置成本的估算。自制机器设备包括自制标准设备、自制非标准设备和大型复杂自制设备。

（1）自制标准设备重置成本的估算。自制标准设备应参考专业生产厂家的通用设备价格，在充分考虑自制设备和通用设备质量因素的前提下，运用替代原则合理确定评估值。

（2）自制非标准设备重置成本的估算。自制非标准设备是指设备中不定型、不成系列、需先进行设计再进行单台或小批量自行制造或委托加工制造的设备。由于这类设备往往是为满足企业自身特殊需要自行设计建造或委托加工建造的非标准设备，资产通用性较差，很难采用市场法估算其重置成本。如果市场上存在功能相同的替代品，可以作为自制设备的参照物，则可采用功能价值法估算其重置成本；也可以自制设备的历史成本为基础，根据同类设备的价格指数将其调整为现行成本。但实务中对自制设备重置成本的估算往往采用重置核算法。其计算公式为：

$$自制设备的重置成本 = 制造成本 + 制造利润 + 税金 + 设计费 + 安装调试费 \quad (3.6)$$

制造成本包括直接成本和间接成本；制造利润一般是以行业平均成本利润率计算的利润；税金为增值税及其附加；设计费为评估对象应分摊的设计费用；设备的安装调试费包括人工费用和材料费用等。

【例3-4】某评估事务所受托对某企业一台自制非标准设备进行评估。经评估人员调查核实得知，该设备有关料、工、费等成本要素的核算资料如表3-6、表3-7所示。该企业适用增值税税率为17%，城市维护建设税税率为增值税额的7%，教育费附加为增值税额的3%。

表3-6　　　　　　　　　　　　　　制造费用核算表

料、工、费消耗	数量	单价（元）	金额（元）
钢材	30吨	4 500	135 000
铸铁	40吨	2 800	112 000
外协件	20吨	2 500	50 000
工时	10 000	7	70 000
管理费用		3.5（每定额工时分摊的费用数）	35 000
合计			402 000

表 3-7　　　　　　　　　　安装调试费用核算表

料、工、费消耗	数量	单价（元）	金额（元）
水泥	10 吨	400	4 000
钢材	5 吨	4 500	22 500
工时	500	7	3 500
管理费用		3.5（每定额工时分摊的费用数）	1 750
合计			31 750

经评估人员市场调查和测算评估时钢材价格为每吨 5 000 元，铸铁价格为每吨 3 000 元，外协件价格为每吨 2 700 元，水泥价格为每吨 420 元，每定额工时成本为 10 元，每定额工时分摊管理费用为 5 元。

解：① 计算制造成本。

制造成本 = 30 × 5 000 + 40 × 3 000 + 20 × 2 700 + 10 000 × 10 + 10 000 × 5
　　　　 = 150 000 + 120 000 + 54 000 + 100 000 + 50 000
　　　　 = 474 000（元）

② 计算制造利润。假定行业平均成本利润率为 10%，则：

制造利润 = 474 000 × 10% = 47 400（元）

③ 计算税金。

增值税 =（474 000 + 47 400）× 17% = 88 638（元）

城市维护建设税 = 88 638 × 7% = 6 204.66（元）

教育费附加 = 88 638 × 3% = 2 659.14（元）

税金合计 = 88 638 + 6 204.66 + 2 659.14 = 97 501.8（元）

④ 计算设计费。假定该企业共建造该类设备 2 台，总设计费为 2 万元，则评估对象设备应分摊的设计费为：

设计费 = 20 000 ÷ 2 = 10 000（元）

⑤ 计算安装调试费。

安装调试费 = 10 × 420 + 5 × 5 000 + 500 × 10 + 500 × 5 = 36 700（元）

⑥ 计算该设备重置成本。

重置成本 = 474 000 + 47 400 + 97 501.8 + 10 000 + 36 700
　　　　 = 665 601.8（元）

（3）大型复杂自制设备重置成本的估算。大型复杂的自建工程项目的设备，如系统成套设备、生产线等，可以通过搜集项目的决算资料，根据各行业机械设备工程定额和各地取费标准，采用概算方法估算重置成本。

（二）外购机器设备重置成本估算

1. 外购国产机器设备重置成本估算。外购国产机器设备是指企业购置的由国内厂家生产的各种通用设备及专用设备。外购国产机器设备重置成本构成项目包括：设备自身购置价格、设备运杂费、设备安装调试费、大型设备一定期限内的资金成本、其他费用

(手续费、验车费、牌照费)等。该类设备在企业的机器设备中占的比重最大，是机器设备评估中最主要的内容。对该类设备重置成本的估测应根据不同的情况采取相应的方法。

(1) 重置核算法。对于能够取得设备现行购置价格或建造成本的机器设备，可采取这种方法确定被评估机器设备的重置成本。该方法是通过市场调查，从生产厂家或销售部门取得设备购买价格或建造费，在此基础上再加上合理的运杂费、安装调试费及其他费用估测被评估机器设备的重置成本。如果设备安装调试周期较长，则需要考虑设备购置、建造及安装调试所占用的资金成本。设备的资金成本用购置设备所花费的全部资金总额乘以现行相应期限的银行贷款利率计算。

①外购单台不需安装国产设备重置成本计算公式为：

重置成本 = 全新设备基准日的公开市场价格 + 运杂费 (3.7)

②外购单台需安装国产设备重置成本计算公式为：

重置成本 = 全新设备基准日的公开市场价格 + 运杂费 + 安装调试费 (3.8)

③外购成套需安装国产设备重置成本的计算公式为：

重置成本 = 单台未安装国产设备重置成本总和 + 工器具重置成本
+ 软件重置成本 + 设计费 + 贷款利息 + 安装工程费 + 工程监理费 (3.9)

④外购国内车辆重置成本计算公式为：

重置成本 = 车辆价格 + 购置附加费 + 证照费及其他费用 (3.10)

【例 3-5】2012 年某评估机构受托对某企业 2010 年购建的一台机器设备进行评估，该设备账面原值为 25 万元，评估人员经调查得知，该设备 2012 年市场销售价格为 265 000 元，运杂费 650 元，设备安装调试费为 2 400 元。计算该设备的重置成本。

解：重置成本 = 265 000 + 650 + 2 400 = 268 050（元）

【例 3-6】某评估师对某企业一辆国产轿车进行评估，经市场询价得知评估时该款轿车现行市场销售价格为 89 500 元，车辆购置附加费为车价的 10%，证照费 120 元，该轿车的重置成本为：

重置成本 = 89 500 + 89 500 × 10% + 120 = 98 570（元）

(2) 功能价值类比法。对于无法取得设备现行购置价格或建造费用的设备可采用功能价值类比法估测重置成本。该方法是根据被评估机器设备的具体情况，寻找现有同类设备的市价、建造费用，或市价、建造费用加运杂费和安装调试费得到同类设备的现行重置成本，然后根据该同类设备与被评估设备功能比较，调整得到被评估机器设备的重置成本。采用此方法应重点对被评估对象与所选择的机器设备之间的功能与重置成本之间的关系进行分析判断，根据不同的情况采取不同的计算方法。

①当资产的功能与资产的成本之间的内在联系呈线性等比关系或近似于等比关系时，可采用功能价值法。其计算公式为：

$$重置成本 = \frac{参照物机器设备现行成本 \times 被评估机器设备功能}{参照物机器设备功能}$$ (3.11)

②当资产的功能与其成本的内在联系呈指数关系时，可采用规模经济效益指数法。其计算公式为：

重置成本 = 参照物机器设备现行成本

$$\times (被评估机器设备功能/参照物机器设备功能)^x \qquad (3.12)$$

式中，x 为规模效益指数，也称"功能价值指数"，是用来反映资产成本与其功能之间指数关系的具体指标。在国外经过大量数据的测算取得的经验数据是 x 的取值范围在 0.4~1 之间，在机器设备评估中一般取值 0.6~0.8。

【例3-7】被评估机器设备的年生产能力为2 400台，选择的与被评估对象具有相同性质和用途的全新参照物机器设备的年生产能力为3 200台，参照物机器设备的现行成本为5万元。评估人员经分析认定，资产的功能与成本间呈线性关系。则被评估机器设备重置成本为：

$$重置成本 = 500\,000 \times \frac{2\,400}{3\,200} = 375\,000（元）$$

【例3-8】假定上例评估人员经分析认定资产的功能与成本间呈指数关系，且该类设备规模效益指数为0.7。则被评估机器设备重置成本为：

$$重置成本 = 500\,000 \times \left(\frac{2\,400}{3\,200}\right)^{0.7} \approx 408\,801.88（元）$$

在运用功能价值类比法估测机器设备重置成本时，应注意尽可能地考虑参照物的所在地点和购建时间与被评估对象及评估基准日相同。如果上述两项要求不能满足，则应对时间和地点因素做必要的调整。时间因素的调整可利用价格指数法进行，地点差异主要考虑在运输费或其他费用方面做出必要的调整。

（3）物价指数法。对于无法取得设备现行购置价格或建造成本，也无法取得同类设备重置成本的，可采用物价指数法估测被评估机器设备的重置成本。该方法是根据被评估机器设备的原始成本和该类机器设备的物价变动指数，按现行价格水平计算重置成本。物价指数法通常适用于技术进步速度不快、技术进步因素对设备加工影响不大的设备的重置成本估测。其计算公式为：

$$重置成本 = 机器设备原始成本 \times \frac{评估时机器设备的价格指数}{购建时机器设备的价格指数} \qquad (3.13)$$

【例3-9】某被评估机器设备于2008年购建。经评估人员调查了解，该设备账面原始价值为85 000元，购建时该类资产的价格指数为120%，2012年进行评估时，该类资产的价格指数为140%，则被评估机器设备的重置成本为：

$$重置成本 = 85\,000 \times \frac{140\%}{120\%} = 99\,166.67（元）$$

2. 进口机器设备重置成本的估算。进口机器设备重置成本的估算与国产机器设备重置成本估算在方法上没有大的区别。但由于进口机器设备的生产厂家在国外，进口机器设备的进口渠道比较多，其重置成本不仅受到国际市场价格变化的影响，而且还受国家政策、税收制度、汇率变化等因素的影响，因此进口设备重置成本的估算比国产机器设备更为复杂。在估算进口机器设备重置成本时，应根据进口机器设备的具体情况以及搜集掌握的相关加工数据资料情况，用不同的方法进行重置成本的估算。

（1）重置核算法。对于可查询到进口设备现行离岸价格（FOB）或到岸价格（CIF）的，可采用这种方法。其计算公式为：

$$重置成本 = CIF 价或(FOB 价 + 境外运费 + 境外运输保险费) \times 现行外汇汇率$$

+ 进口关税 + 消费税 + 增值税 + 其他费用 + 国内运杂费

+ 安装调试费 (3.14)

式中，境外运费 = FOB 价 × 海运费率。远洋海运费率一般取 5% ~ 8%，近洋海运费率一般取 3% ~ 4%。

$$境外运输保险费 = FOB 价 × 保险费率 \qquad (3.15)$$

$$进口关税 = CIF 价 × 关税税率 \qquad (3.16)$$

$$消费税 = \frac{(关税完税价格 + 关税) × 消费税税率}{1 - 消费税率} \qquad (3.17)$$

$$增值税 = (关税完税价格 + 关税 + 消费税) × 增值税率 \qquad (3.18)$$

其他费用一般包括银行财务费、外贸手续费等一般以 CIF 价为基数乘以适当的费率计算。

国内运杂费与安装调试费可以根据实际发生额估算，也可根据国内机械行业相关规定以设备 CIF 价为基数，按一定费率计算。

【例 3 - 10】 某资产评估事务所受托对某企业一台从美国进口的设备进行评估。经评估人员调查了解，现今该设备从美国进口 FOB 价为 50 万美元，境外运输费为 2 万美元，保险费为 FOB 价的 0.4%，进口关税税率为 15%，增值税税率为 17%，其他费用约占 CIF 价的 2%，国内运杂费及安装调试费为人民币 3 万元。评估基准日美元与人民币汇率中间价为 1:6.3，则该进口设备的重置成本为：

保险费 = 50 × 0.4% = 0.2（万美元）

CIF 价 = 50 + 2 + 0.2 = 52.2（万美元）

折算为人民币 CIF 价 = 52.2 × 6.3 = 328.86（万元）

进口关税 = 328.86 × 15% = 49.329（万元）

进口增值税 = (328.86 + 49.329) × 17% = 64.29（万元）

其他费用 = 328.86 × 2% = 6.577（万元）

重置成本 = 328.86 + 49.329 + 64.29 + 6.577 = 449.056（万元）

(2) 功能价值类比法。对于无法查询进口机器设备现行 FOB 价格或 CIF 价格的、但能获得国外替代产品现行购建成本或重置成本的，可采用功能价值类比法估算被评估进口机器设备的重置成本。该方法的评估原理同国产机器设备重置成本估算中的功能价值类比法基本相同。需注意的是，所选择的参照物必须是和被评估对象功能相同或相似的进口设备；参照物的购建成本或重置成本应和评估基准期日相一致，否则应通过价格因素和汇率因素的调整，调整为评估基准期日的价格；要注意参照物购建成本或重置成本的构成是否与被评估对象重置成本的构成相一致，如果不一致，应进行必要的调整。

(3) 物价指数法。对于无法使用以上两种方法估算重置成本的，可以考虑采用物价指数调整法估算被评估对象的重置成本。该方法的基本思路是以被评估机器设备的账面原值为基础，通过对汇率、价格、关税税率及其他税费率变化因素的调整，来确定被评估进口设备的重置成本。

物价指数法的使用应该注意的是：一是在被评估进口机器设备的现行 FOB 价或 CIF 价无法查询，也无法获得国外替代设备的现行 FOB 价或 CIF 价时考虑使用；二是技术已更新的进口设备不适用于该法;三是外币支付部分的调整应使用设备生产国的物价指数,国内费用则按国内物价指数调整。其具体计算公式为:

$$\begin{aligned}重置成本 =\ &CIF 价调整后价值 + 调整后的关税 + 调整后的消费税\\ &+ 调整后的增值税 + 调整后的其他费用 + 国内运杂费调整后价值\\ &+ 安装调试费调整后价值\end{aligned} \tag{3.19}$$

如果设备进口采用 FOB 价,则按可确定设备价格、境外运费和境外保险费的各自的价格变动指数分别调整。

【例 3 – 11】某企业 2008 年从美国引进一条生产线,该生产线当年安装试车成功正式投入生产。设备进口总金额为 90 万美元,2012 年进行评估。经评估人员对该生产线进行现场查勘和技术鉴定,以及向有关部门进行调查了解,认为该生产线的技术水平在国内仍居先进行列,在国际上也属普通使用的设备,故决定采用指数调整法对该机组重置成本进行估测。按照国内及国外价格变动对生产线的不同影响,评估人员先将生产线分成进口设备主机、进口备件、国内配套设施、其他费用四大部分,分别考虑国外、国内不同部分价格变化率予以调整。经调查询价了解到,从设备进口到评估基准日,进口设备主机在其生产国的价格变化率上升了 50%,进口备件的价格变化率上升了 30%,国内配套设施价格上升了 60%,其他费用上升了 50%。按评估基准日的国家有关政策规定,该进口设备的进口关税等税收额为 30 万元人民币。评估时点美元对人民币的汇率为 1:6.3。从被评估机组进口合同中得知,进口设备主机原始价值 75 万美元,进口备件 15 万美元。另外从其他会计凭证中查得国内配套设施原始价值 45 万人民币,其他费用原值 18 万元人民币。根据上述数据,估算被评估机组的重置成本如下:

解:重置成本 = $(75 \times 1.5 + 15 \times 1.3) \times 6.3 + 45 \times 1.6 + 18 \times 1.5 + 30$
       = 960.6(万元)

对进口机器设备重置成本的估测还会有其他的情况,如被评估对象是以进口设备为主机,与国产设备相配套的一条生产线或生产机组,在评估时如果有设备构成及功能相同或相类似的生产线或生产机组的重置成本及生产能力资料,可采用功能价值法进行估测;也可采用指数调整法,把整条生产线或生产机组合理分解成几个构成部分,如进口设备主机、进口备件、国内配套设施、其他费用等,根据每一部分价格变动情况,把原始成本调整为按现行价格计算的重置成本,具体计算可根据前面所讲的方法进行。

二、机器设备贬值估算

(一)机器设备实体性贬值估算

实体性贬值也称"有形损耗贬值",它是指设备由于运行中的磨损和暴露在自然环境中的侵蚀,造成设备实体形态的损耗,引起的贬值。机器设备的实体性贬值是因为使用和存放造成的。设备在使用过程中,由于零部件配合表面的相对运动所产生的摩擦,造成机体的磨损;设备运行过程中的冲击、振动也使得材料的内部缺陷不断扩展;另外,工作环境中的酸、碱物质也对设备的材质产生侵蚀。这样就使得设备的使用功能逐步下降,故障率不断上升,精度逐渐降低,维修费用不断上升,直至设备完全丧失使用价值。

实体性贬值率相当于由于使用磨损和自然损耗造成的贬值与机器设备重置成本之比,

也可理解为机器设备实体损耗状况与全新状态的比率。其计算公式为：

$$机器设备实体性贬值率 = \frac{机器设备实体性贬值额}{机器设备重置成本} \quad (3.20)$$

在评估实务中，通常通过成新率来反映评估对象现时的新旧程度，也可以理解为机器设备的现时状态与设备全新状态的比率。其计算公式为：

$$成新率 = 1 - 实体性贬值率 \quad (3.21)$$

估测成新率常用的方法有以下几种方法：

1. 观察法。观察法也称"观测分析法"，是指评估人员根据对设备的现场技术检测和观察，结合设备的使用时间、实际技术状况、负荷程度、制造质量等经济技术参数，经综合分析估测设备成新率的方法。评估人员通过观察，凭借视觉、听觉、触觉，或借助少量的检测工具，对设备进行检查，根据经验对评估对象的状态、损耗程度做出判断。在不具备测试条件的情况下，这是最常使用的方法。

观察法的重点是在全面了解被评估设备基本情况的基础上，对机器设备进行技术检测和鉴定。进行技术检测和鉴定时，应根据设备的不同类型，确定检测的项目和重点。

运用观察法估测机器设备的成新率，在具体操作中可采用以下两种做法：

（1）直接观测法。该方法是首先确定和划分不同档次的成新率标准，然后根据被评估对象的实际情况，经观测、分析、判断，直接确定被评估机器设备的成新率。这种办法的特点是相对简便、省时、易行，但主观性强，精确度较差。该法一般适用于单位价值小，数量多，技术性不是很强的机器设备成新率的确定。

（2）打分法。打分法又称"分部分鉴定法"，是按机器设备的构成部分分项，按各项的价值比重或贡献度定分（满分100），然后根据对设备各部分实际状况的技术鉴定，通过打分来确定被评估机器设备的成新率。这种方法的特点是使单项设备的成新率的确定定量化，在一定程度上克服了主观随意性，使成新率的确定更加科学合理。

2. 年限法。年限法是假设机器设备在整个使用寿命期间，实体性贬值与寿命缩短是成正比的，于是就可用设备的尚可使用年限与总的寿命年限的比率确定设备的成新率。其计算公式为：

$$成新率 = \frac{设备尚可使用年限}{设备实际已使用年限 + 设备尚可使用年限} \times 100\% \quad (3.22)$$

运用年限法估测机器设备的成新率取决于两个基本因素：实际已使用年限和尚可使用年限。但由于机器设备的具体情况不尽相同，如有的机器设备的投资是一次完成的，有的投资可能分次完成，有的可能进行过更新改造和追加投资，因此，应采取不同的方法测算其已使用年限和尚可使用年限。

（1）简单年限法。简单年限法是假定机器设备的投资是一次完成的，没有更新改造和追加投资等情况的发生，这对于许多机器设备在某一特定时期的情况是相符的。

①已使用年限的确定。机器设备已使用年限是指机器设备从开始使用到评估基准日所经历的时间。由于资产在使用中负荷程度及日常维护保养差别的影响，已使用年限可分为名义已使用年限和实际已使用年限。名义已使用年限是指会计记录记载的资产的已提折旧的年限。实际已使用年限是指资产在使用中实际磨损的年限。其计算公式为：

$$\text{实际已使用年限} = \text{名义已使用年限} \times \text{设备利用率} \tag{3.23}$$

$$\text{设备利用率} = \frac{\text{评估基准日设备累计实际使用时间}}{\text{评估基准日累计法定使用时间}} \tag{3.24}$$

设备利用率取值可以大于1,也可小于1。大于1说明设备超负荷运转,小于1说明设备相对使用不足。

②尚可使用年限的测定。机器设备尚可使用年限是指从评估基准日开始到机器设备报废所经历的时间,即机器设备的剩余寿命。机器设备的已使用年限加上尚可使用年限就是机器设备总使用年限。如果机器设备总使用年限已确定,尚可使用年限就是总使用年限扣除已使用年限的余额。机器设备的尚可使用年限受到已使用年限、使用状况、维修保养状况以及设备运行环境的影响,评估人员应对上述因素进行全面分析和审慎考虑,以便合理确定机器设备的尚可使用年限。确定尚可使用年限的方法主要有以下几种:

第一,法定年限法。该方法是参照国家规定的机器设备的折旧年限,扣除已使用年限,即为机器设备的尚可使用年限。折旧年限是国家财务会计制度以法律的形式规定的机器设备计提折旧的时间跨度。它是综合考虑了机器设备物理使用寿命、技术进步因素、企业承受能力以及国家税收状况等因素确定的。从理论上讲,折旧年限并不等同于机器设备的总寿命年限,机器设备已折旧年限并不一定能全面反映出机器设备的磨损程度,因此,采用此法求取机器设备的尚可使用年限及成新率时,一定要注意法定年限与机器设备的经济寿命、已折旧年限与设备的实际损耗程度是否相吻合,并注明使用前提和使用的条件。法定年限法一般适用于较新的机器设备尚可使用年限及成新率的确定。对于国家明文规定限期淘汰禁止超期使用的设备,其尚可使用年限不能超过国家规定禁止使用的日期,而不论设备的现时技术状态如何。

第二,预期年限法。预期年限法也称"技术鉴定法",是要求应用工程技术手段现场检测资产的各项性能指标,确定资产的磨损程序,并与现场操作人员和设备管理人员共同调查,凭借专业知识判断确定尚可使用年限。对于已使用时间较长、比较陈旧的机器设备以及超龄服役的机器设备尚可使用年限的确定一般采用此方法。预期年限法主观性较强,难度也较大,需要评估人员具有较强的专业水准和丰富的评估经验。

第三,寿命年限平均法。该方法是根据企业已报废的机器设备使用寿命年限的记录,按加权平均法确定机器设备的平均寿命年限,并以此作为被评估机器设备的总寿命年限,扣除已使用年限后即得尚可使用年限。该方法的运用前提是企业机器设备报废资料记录比较完整,且具有一定数量;企业的机器设备使用保养情况正常,或被评估对象与退役的机器设备使用情况、维修保养情况以及运行环境状况基本相同;被评估机器设备与退役的机器设备类型、规格型号、制造质量等方面基本相同等。

【例3-12】某资产评估事务所受托评估某企业一台设备,该设备已使用5年。评估人员经调查发现,该企业长期使用该类型设备,查阅其近3年设备报废记录得知,3年内共报废该类设备15台,其中寿命10年的有5台;寿命12年的有8台;寿命13年的有2台。经分析得知报废设备与被评估设备在使用、维修、保养等方面大致相同,则被评估设备总寿命年限为:

$$\text{解:总寿命年限} = \frac{10 \times 5 + 12 \times 8 + 13 \times 2}{15} \approx 11 \text{(年)}$$

尚可使用年限 = 11 - 5 = 6（年）

成新率 = 6 ÷ 11 × 100% = 54.55%

（2）综合年限法。综合年限法根据机器设备投资是分次完成、机器设备进行过更新改造和追加投资，以及机器设备的不同构成部分的剩余寿命不相同等一些情况，经综合分析判断，并采用加权平均计算法，确定被评估机器设备的成新率。

①综合已使用年限的确定。一台机器设备由于分次投资、更新改造追加投资等情况，使不同部件的已使用年限不同，要确定整个设备的已使用年限，应按各部件重置成本的构成作权重，对各部件已使用年限进行加权平均，确定使用年限。其计算公式为：

$$成新率 = \frac{尚可使用年限}{加权投资年限 + 尚可使用年限} \times 100\% \tag{3.25}$$

$$加权投资年限 = \frac{\sum 加权投资成本}{\sum 投资成本} \tag{3.26}$$

$$加权投资成本 = 已使用年限 \times 投资成本 \tag{3.27}$$

【例 3-13】被评估设备购于 2000 年，原始价值 5 万元，2003 年和 2005 年进行两次更新改造，主要是添置一些电子仪器，当年投资分别为 3 000 元和 2 500 元，2008 年进行一次大修，更换了一些原来的部件，投资额为 18 500 元。假设从 2000 年至 2010 年每年的价格上升率为 10%，估测该设备 2010 年评估时的已使用年限。

解：首先，用物价指数法计算被评估设备的现行成本。用各年的原始投资额乘以相应的价格变动系数，得出各年投资的现行成本，再把各年投资的现行成本相加，即得到该设备的现行成本（见表 3-8）。

表 3-8　　　　　　　　　　　设备各年的现行成本表

投资日期（年）	原始投资额（元）	价格变动系数	现行成本（元）
2000	50 000	2.6	130 000
2003	3 000	1.95	5 850
2005	2 500	1.61	4 025
2008	18 500	1.21	22 385
合计	74 000		162 260

其次，扣减重复计算的原始成本，调整现行成本。计算重置成本应以资产各部件的现实存在为基础，当各期投资更替了投入的部件时，应扣减该部件投入期的原始成本。本例中 2008 年大修时换掉的那部分部件的成本计算了两次，为了对此进行调整，可采用逆向价格变动趋势分析，把重复投资部分去掉。把 2005 年大修理费用按 2000 年价格重新计算如下：

$$18\,500 \times \frac{1.21}{2.6} = 8\,610 \text{（元）}$$

据此，表 3-8 重新调整为表 3-9。

机器设备评估

表3-9　　　　　　　　　　　设备调整后的成本表

投资日期（年）	原始投资额（元）	价格变动系数	现行成本（元）
2000	41 390	2.6	107 614
2003	300	1.95	5 850
2005	2 500	1.61	4 025
2008	18 500	1.21	22 385
合计	65 390		139 874

再次，计算加权投资成本（见表3-10）。

表3-10　　　　　　　　　　设备各年加权投资成本表

投资日期（年）	现行成本（元）	投资年限	加权投资成本（元）
2000	107 614	10	1 076 140
2003	5 850	7	40 950
2005	4 025	5	20 125
2008	22 385	2	44 770
合计	139 874		1 181 985

最后，确定设备的综合已使用年限。用设备的加权投资成本除以设备的现行成本得：

设备综合已使用年限 = 1 181 985 ÷ 139 874 = 8.45（年）

②综合尚可使用年限的确定。同已使用年限一样，一台设备各部件的尚可使用年限也可能有长有短，在评估时，可按重置成本对各部件的尚可使用年限进行加权平均，求得整个设备的尚可使用年限。各部机件尚可使用年限可用简单年限法进行评估。

3. 修复费用法。这种方法的使用前提是设备的实体性损耗是可补偿性的，那么用于修复实体性损耗的费用就是设备的实体性贬值。比如，一台机床的电机损坏，如要修复该机床，必须更换电机，更换电机的费用即为机床的实体性贬值。其计算公式为：

$$成新率 = \left(1 - \frac{修复费用}{重置成本}\right) \times 100\% \tag{3.28}$$

使用这种方法，评估人员要注意区分可补偿性损耗和不可补偿性损耗。这里所说的可补偿性损耗，是指可以用经济上可行的方法修复的损耗。有些损耗尽管也是可以修复的，但是从经济上来讲是不划算的，对这种损耗不可用修复费用的方法来测定损耗。对于大多数情况，设备的可修复性损耗和不可修复性损耗是并存的，评估人员应灵活运用各种方法来计算它们的贬值。

【例3-14】某台设备重置成本为150万元，已使用2年，其经济使用寿命约20年，现该机器数控系统损坏，估计修复费用约人民币16.5万元，其他部分工作正常。该设备存在可修复性损耗和不可修复性损耗，数控系统损坏是可修复性损耗，用修复费用法计算其贬值，贬值额等于机器的修复费用，约16.5万人民币；该机器运行2年，用年限法来确定由此引起的实体性贬值，此项贬值率为2/20。

解： 则该设备实体性贬值及贬值率为：

实体性贬值 = 16.5 + 150 ÷ $\frac{2}{20}$ = 31.5（万元）

贬值率 = 31.5 ÷ 150 = 21%

（二）机器设备功能性贬值估算

功能性贬值是指新技术的推广和运用，使企业原有资产与社会上普遍推广和运用的资产相比较，技术明显落后，性能降低，其价值也就相应减少。机器设备的功能性贬值是由于技术进步的结果而引起的设备价值的贬值。它包括两个方面，即超额投资成本造成的功能性贬值和超额运营成本造成的功能性贬值。

评估人员在估算机器设备的功能性贬值前，应该对应经确定的重置成本和实体性贬值进行分析，看其是否已经扣除了功能性贬值的因素。如果已经扣除了功能性贬值就不要重复计算；如果未扣除功能性贬值且其功能性贬值存在，则应采取相应的方法估算，不可漏评。事实上，采用价格指数法确定的设备重置成本中含有功能性贬值因素；采用功能价值法确定的设备重置成本已经扣除了功能性贬值；采用年限法确定的成新率，没有扣除功能性贬值因素；而采用修复费用法可能扣除了全部或部分功能性贬值。

1. 超额投资成本引起的功能性贬值的估算。由于新技术引起的布局、设计、材料、产品工艺、制造方法、设备规格和配置等方面的变化和改进，使购建新设备比老设备的投资成本降低，从而形成原有设备的功能性贬值。超额投资成本造成的功能性贬值等于设备的复原重置成本与更新重置成本之间的差额。其计算公式为：

功能性贬值 = 设备复原重置成本 - 设备更新重置成本 (3.29)

在评估中，如果使用的是复原重置成本，则应考虑是否存在超额投资成本造成的功能性贬值；如果估算的重置成本是更新重置成本，实际就已经将被评估设备价值中所包含的超额投资成本部分剔除掉了，不必再刻意去寻找设备的复原重置成本，然后再减掉设备的超额投资成本。因此，选择重置成本时，在同时可得复原重置成本和更新重置成本情况下，应选用更新重置成本。

2. 超额运营成本引起的功能性贬值的估算。超额运营成本是由于新技术的发展，使得新设备在运营费用上低于老设备。超额运营成本引起的功能性贬值也就是设备未来超额运营成本的折现值。

分析研究设备的超额运营成本，应考虑下列因素：新设备与老设备相比，生产效率是否提高；新设备与老设备相比，维修保养费用是否降低；新设备与老设备相比，材料消耗是否降低；新设备与老设备相比，能源消耗是否降低；新设备与老设备相比，操作工作数量是否降低，等等。

计算超额运营成本引起的功能性贬值的步骤如下：

（1）分析比较被评估机器设备的超额运营成本因素。

（2）选择参照物，确定被评估设备的尚可使用寿命，计算每年的超额运营成本，其计算公式为：

年超额运营成本 = 评估对象的未来年运营成本 - 参照物的未来年运营成本

(3.30)

(3) 计算净超额运营成本,其计算公式为:

年净超额运营成本 = 年超额运营成本 × (1 - 所得税税率)　　　　(3.31)

(4) 确定折现率,计算超额运营成本的折现值。其计算公式为:

功能性贬值 = 年净超额运营成本 × 年金现值系数　　　　(3.32)

【例 3-15】 被评估的生产控制装置正常运行需要 6 名技术操作员,而目前的新式同类控制装置仅需要 4 名操作员。假定待评估装置与新装置的运营成本在其他方面相同,操作人员的人均年工资福利费为 12 000 元,待评估资产还可以使用 3 年,所得税税率为 25%,适用折现率为 10%。

解:根据上述调查资料,待评估资产相对于同类新装置的功能性贬值测算过程如下:

① 待评估资产的年超额运营成本 = (6-4) × 12 000 = 24 000 (元)

② 年净超额运营成本 = 24 000 × (1 - 25%) = 18 000 (元)

③ 将待评估资产在剩余使用年限内的净超额运营成本折算为现值 = 18 000 × (P/A, 10%, 3) = 16 080 × 2.4869 = 44 764.2 (元)

(三) 机器设备经济性贬值估算

机器设备的经济性贬值是由于外部因素引起的贬值。这些因素包括:由于市场竞争的加剧,产品需求减少,导致设备开工不足,生产能力相对过剩;原材料、能源等提价,造成成本提高,而生产的产品售价没有相应提高;国家有关能源、环境保护等限制或削弱产权的法律、法规使产品生产成本提高或者使设备强制报废,缩短了设备的正常使用寿命等。

具体来说,经济性贬值包括三种情况:一是生产能力相对过剩引起的经济性贬值;二是收益减少引起的经济性贬值;三是缩短资产的使用寿命引起的经济性贬值。

1. 生产能力相对过剩引起的经济性贬值。设备利用率下降而使设备相对闲置造成收益损失的,其计算公式为:

$$经济性贬值率 = \left[1 - \left(\frac{设备预计可被利用生产能力}{设备原设计生产能力}\right)^x\right] \times 100\% \quad (3.33)$$

式中,x 为规模效益指数,实践中多用经验数据。机器设备的 x 指数一般选取 0.6~0.7。

【例 3-16】 某产品生产线根据购建时的市场需求,设计生产能力为年产 1 000 万件,建成后由于市场发生不可逆转的变化,每年的产量只有 400 万件,60% 的生产能力闲置。该生产线的重置成本为 160 万元,规模经济效益指数为 0.8,如不考虑实体性磨损,计算生产线的经济性贬值。

解:经济性贬值 $= 160 \times \left[1 - \left(\frac{400}{1\ 000}\right)^{0.8}\right] \times 100\% = 83$ (万元)

2. 收益减少引起的经济性贬值。引起机器设备运营成本增加的外部因素包括原材料成本增加、能源成本增加等。其中,国家对超过排放标准排污的企业要征收高额的排污费,主要用能设备能耗超过限额的,按超限额浪费的能源量加价收费,导致高污染、高能耗设备运营成本提高。运营成本提高导致收益减少,从而产生经济性贬值。

如果收益减少额能够直接测算出来的话，可直接按设备继续使用期间每年的收益损失额折现累加得到设备的经济性贬值。其计算公式为：

经济性贬值 = 设备年收益损失额 × (1 − 所得税税率) × (P/A, R, N)　　　(3.34)

式中，(P/A, R, N) 为年金现值系数。

【例 3-17】某生产线生产能力为 1 万吨，评估时，由于受某政策调整影响，产品销售不景气，若不降价销售，企业必须减少 4 000 吨的产量。假设该政策调整将持续 3 年，降价造成的每吨产品净损失为 100 元，该企业正常投资报酬率为 10%，所得税税率为 25%。计算该生产线的经济贬值额。

解：10 000 × 100 × (1 − 25%) × (P/A, 10%, 3) = 1 865 175（元）

3. 缩短资产的使用寿命引起的经济性贬值。引起机器设备使用寿命缩短的外部因素主要是国家有关能源、环境保护等方面的法律、法规。近年来，由于对环境保护方面的问题日益重视，国家对机器的环保要求越来越高，对落后的、高能耗的机电产品施行强制淘汰制度，缩短了设备的正常使用寿命。

【例 3-18】某汽车已使用 10 年，按目前的技术状态还可以正常使用 10 年，按年限法，该汽车的贬值率为：

贬值率 = 10/(10 + 10) = 50%

但由于环保、能源的要求，国家新出台的汽车报废政策规定该类汽车的最长使用年限为 15 年，因此该汽车 5 年后必须强制报废。在这种情况下，该汽车的贬值率为：

贬值率 = 10/(10 + 5) = 66.7%

由此引起的经济性贬值率为 16.7%（66.7% − 50%）。如果该汽车的重置成本为 20 万元，经济性贬值额为 20 万 × 16.7% = 3.34（万元）。

三、机器设备成本法评估案例

某进口机器设备评估案例[①]

某公司欲以公司拥有的进口机器设备等资产对外联营投资，故委托某评估机构对该进口设备的价值进行评估，评估基准日为 2010 年 11 月 30 日。

设备名称：图像设计系统。

规格型号：STORK。

设备产地：A 国××厂家。

启用日期：2008 年 7 月。

账面价值：1 100 万元。

账面净值：900 万元。

案例分析过程：评估人员根据掌握的资料，经调查分析后，决定采用成本法进行评估。

---

① 案例来源：评估师信息网，http://www.imcpv.com/html/9/zichanpinggubaogao/2 006/1 020/1 462.html。

机器设备评估

(一) 计算公式

CIF 价 = FOB 价 + 国外运输费 + 国外运输保险费

重置现价 = CIF 价 + 银行财务费 + 外贸手续费 + 海关监管手续费 + 商检费 + 国内运杂费 + 国内安装调试费

重置全价 = 重置现价 + 资金成本

评估价值 = 重置全价 × 综合成新率

(二) 重置全价的估算

(1) FOB 价为 EUR（欧元）56 万元。该价格系向 A 国××厂家询得，按评估基准日汇率计算，折合 USD（美元）57.1 万元，评估基准日美元与人民币汇率中间价为 8.2789。

(2) 国外运输费率取 5.5%。

(3) 国外运输保险费[①]率取 0.4%。

(4) CIF 价 = FOB 价 + 国外运输费 + 国外运输保险费
   $= 571\ 000.00 \times (1 + 5.5\%) \times (1 + 0.4\%) \times 8.2789$
   $= 604\ 814.62$（元）

(5) 关税及增值税：被评估设备根据《当前国家重点鼓励发展的产业、产品和技术目录》及《中华人民共和国上海海关公告——外商投资项目不予免税的进口商品目录》规定，除设备控制系统中的微型计算机不予免关税外，其余机器设备均予免税，由于微型计算机所占金额很少，故计算中未计关税与增值税项目。

(6) 银行财务费率取 0.4%。

(7) 外贸手续费率取 1.5%。

(8) 海关监管手续费率取 0.3%。

(9) 商检费率取 0.3%。

(10) 国内运杂费率取 3%。

(11) 设备基础费：该设备不需专门建设设备基础，故略计此费用。

(12) 国内安装调试费率取 3%。

(13) 资金成本：评估基准日一年期贷款利率 5.85%，半年期贷款利率 5.58%。从合同签订至设备安装调试完毕 12 个月。付款方式为：首期支付 CIF 价的 30%（计息期 12 个月），设备进关开始安装调试支付 60%（计息期 6 个月），安装调试费均匀投入（计息期 3 个月），余款 10% 于调试运行后支付（计息期为零）。

进口设备重置现价 = FOB 价 + 国外运输费 + 国外运输保险费 + 银行财务费 + 外贸手续费 + 海关监管手续费 + 商检费 + 国内运杂费 + 安装调试费

= [FOB 价 × (1 + 国外运输费率) × (1 + 保险费率) × 基准日外汇汇率] × (1 + 银行财务费率 + 外贸手续费率 + 海关监管手续费率

[①] 国外运输保险费 =（FOB 价 + 国外运输费）× 国外运输保险费费率

　　　　+ 商检费率 + 国内运杂费率 + 安装调试费率)

　　　　= [571 000.00 × (1 + 5.5%) × (1 + 0.4%) × 8.2789] × (1 + 0.4%
　　　　+ 1.5% + 0.3% + 0.3% + 3% + 3%)

　　　　= 5 432 812.00(元)(取整)

资金成本 = CIF 价 × 30% × 5.85% × 12/12 + (CIF 价 × 60% + 银行财务费 + 外贸手续
　　　　费 + 海关监管手续费 + 商检费 + 国内运杂费) × 5.58% × 6/12 + 安装调试
　　　　费 × 5.58% × 3/12

　　　　= 604 814.62 × 30% × 5.85% × 12/12 + [604 814.62 × 60% + 604 814.62 ×
　　　　(1 + 0.4% + 1.5% + 0.3% + 0.3% + 3%)] × 5.58% × 6/12 + 604 814.62
　　　　× 3% × 5.58% × 3/12

　　　　= 10 614.50 + 12 478.82 + 265.36

　　　　= 23 358.68(元)

进口设备的重置全价 = 重置现价 + 资金成本
　　　　　　　　= 5 430 892.00 + 23 358.68
　　　　　　　　= 5 454 250.68 (元)

评估价值 = 重置全价 × 综合成新率

(三) 综合成新率的确定

1. 确定实体性损耗率

(1) 该设备经济使用寿命为 16 年 (属印刷设备类)。

(2) 已使用日历年限为 3 年 (从 2007 年 11 月开始试车至 2010 年 11 月评估基准日)。

(3) 该机调整因素系数及综合值:

原始制造质量——1.10 (进口设备)

设备时间利用率——1.05 (1 班/日)

维护保养——1.0 (正常)

修理改造——1.0 (无)

故障情况——1.0 (无)

运行状态——1.0 (正常)

环境状况——1.05 (良好)

七项调整因素系数综合值为 1.10 × 1.05 × 1.0 × 1.0 × 1.0 × 1.0 × 1.05 = 1.21

(4) 已使用年限经七项因素调整后为 3 ÷ 1.21 = 2.5 年

(5) 实体性损耗率 = 2.5 ÷ 16 × 100%
　　　　　　　　= 15.62%

2. 确定功能性损耗率

功能性损耗率从新旧工艺及相应设备的生产率 (印染速度)、耗损及原材料 (未加工纸) 价格三项因素比较, 分别对每项因素估算其功能性损耗, 估算均按下列步骤进行:

　　第一步, 将被评估设备的年生产率 (或损耗、原材料价格) 与功能相同, 但性能更好的新设备的年生产率 (或损耗、原材料价格) 进行比较。

机器设备评估

第二步，计算二者的差异，分别确定净超额工资、净超额损耗及净超额原材料成本。

第三步，估测被评估设备的剩余寿命。

第四步，以适当的折现率将被评估设备在剩余寿命内每年的净超额费用折现，这些折现值之和即为被评估设备的功能性损耗（贬值），其计算公式如下：

$$被评估资产功能性损耗 = \sum (被评估资产年净超额成本 \times 折现系数)$$

被评估设备功能性损耗具体测算如下：

（1）根据委托方提供的资料，已知：

①被评估设备生产率（印染速度）为 30 米/秒，新设备为 90 米/秒；

②被评估设备损耗为 30%，新设备为 10%；

③被评估设备使用原材料加工纸的价格为 3 000 美元/吨，新设备为 2 000 美元/吨；

④月均印染产量（自经销、代加工、卖模纸）共计 51 600 米；

⑤印染模纸 1 000 米/吨；

⑥设备剩余年限 13.5 年；

⑦所得税税率 33%；

⑧评估基准日美元与人民币汇率的中间价为 8.2789；

⑨折现率取 7%。

（2）功能性损耗测算。生产率（印染速度）因素影响值如下：

①旧设备月工资额：

A. 经销 11 000 米，单位工资 1.11 元/米，月工资额 12 210 元。

B. 代加工 17 800 米，单位工资 0.28 元/米，月工资额 4 984 元。

C. 卖花纸 22 800 米，单位工资 0.31 元/米，月工资额 7 068 元。

旧设备月工资 $\sum$ = 24 262（元）

②新设备印染速度 90 米/秒，旧设备为 30 米/秒，新设备月工资成本为：

A. 经销：1.11 × 1/3 = 0.37，0.37 × 11 000 = 4 070（元）。

B. 代加工：0.28 × 1/3 = 0.093，0.093 × 17 800 = 1 655（元）。

C. 卖花纸：0.31 × 1/3 = 0.103，0.103 × 22 800 = 2 348（元）。

新设备月工资 $\sum$ = 8 073（元）

③月差异额：24 262 − 8 073 = 16 189（元）

④年工资成本超支额：16 189 × 12 = 194 268（元）

⑤减所得税（33%）：194 268 × 33% = 64 108（元）

⑥扣除所得税后年净超额工资：194 268 − 64 108 = 130 160（元）

⑦资产剩余使用年限：13.5 年。

⑧折现率取 7%：13.5 年年金折现系数 8.5547。

⑨功能性损耗额：130 160 × 8.5547 = 1 113 480（元）

（3）按上述步骤测算，得出：

①因第一项因素（生产率）得出的功能性损耗为 1 113 480 元。同理，按新旧设备损耗率和使用纸的成本不同，计算出第二、第三项因素的损耗；

②因第二项因素（损耗）得出的功能性损耗为 1 113 685 元；

③因第三项因素（原材料）得出的功能性损耗为 2 938 205 元；
④上述三因素之和为 5 165 370 元。
功能性损耗率 = 功能性损耗/重置价格 × 100%
       = 5 165 370/20 995 772 × 100%
       = 24.60%

3. 确定综合成新率
①经济性损耗率 = 0%
②综合损耗率 = 实体性损耗率 + 功能性损耗率 + 经济性损耗率
       = 15.62% + 24.60% + 0% = 40%（取整）
③综合成新率 = 1 − 综合损耗率 = 1 − 40% = 60%

（四）评估价值的确定

评估价值 = 重置全价 × 综合成新率
    = 5 454 250.68 × 60%
    = 3 272 550 元（取整）

（五）分析说明

（1）该案例是进口机器设备评估的案例。在计算重置全价时，资金成本的计算值得关注。资金成本的计算关键要确定两个因素：一是资金量的大小和投入时间的长短；二是资金的单位使用成本。前者根据实际情况来确定，后者就要具体分析资金的平均投资收益率，通常用银行的存贷款利率来计算。本案例即根据资金投入时间的长短，分别选用了银行一年期贷款利率和半年期贷款利率来计算资金成本。

（2）确定设备实体性损耗率常用的方法有使用年限法、观察法和修复费用法。修复费用法的使用有一定的条件，其他两种方法的适用范围更大。本案例采用的是进行因素调整后的使用年限法，是使用年限法和观察法在一定层面上的结合。

（3）功能性损耗是由技术进步引起的。通过将被评估设备与功能相同、但性能更好的新设备进行比较，分析二者在运营上的差异并量化，即可得到被评估设备的功能性损耗。在这个过程中，差异分析是很关键的一步。本案例中新旧设备的差异主要是人工成本的差异，在得到人工成本年超支额后，还应扣除所得税。因为人工成本超支将会增加被评估设备的运营成本，降低被评估设备的运营收益，从而减少应计的所得税。在评估中确定的差异应是设备之间的净差异，因此要扣除所得税的影响。

（4）根据有关部门的规定，自 2005 年 2 月起取消海关监管手续费，因此在今后的进口机器设备评估中将不再涉及海关监管手续费。

关键概念

重置成本　　复原重置成本　　更新重置成本　　直接比较法　　因素调整法
成本比率调整法　　重置核算法　　功能价值类比法　　物价指数法

第三章

机器设备评估

实体性贬值　　功能性贬值　　经济性贬值

思考题

1. 机器设备1台，3年前购置，据了解，该设备尚无替代产品。该设备的账面原值为10万元，其中，买价为8万元，运输费为0.4万元，安装费用（包括材料）为1万元，调试费用为0.6万元。经调查，该设备的现行价格为9.5万元，运输费、安装费、调试费分别比3年前上涨了40%、30%、20%。求该设备的重置成本。

2. 评估资产为一台年产量为8万件甲产品的生产线。经调查，市场上现有的类似生产线成本为24万元，年产量为12万件。如果规模经济规模指数为0.8，求该资产的重置全价。

3. 某评估机构采用统计分析法对某企业的100台某类设备进行评估，其账面原值共计1 000万元。评估人员经抽样选择了10台具有代表性的设备进行评估，其账面原值共计150万元，经估算其重置成本之和为180万元，则该企业被评估设备的重置成本是多少？

4. 甲评估机构对进口成套设备A进行评估，评估基准日为2018年12月31日。A设备由美国生产，于2004年进口，并于当年12月31日正式投入使用。A设备账面原值为8 500万元人民币，其中64%以外汇支付，36%以人民币支付。支付的外汇部分由设备离岸价、国外运费、国外运输保险费构成，其中，国外运费（按体积及重量标准计算）为30万美元，国外运输保险费为25万美元。支付的人民币部分由关税、增值税、外贸及银行手续费、国内运输费、国内保险费、设备安装调试费等组成，其中，运输费为165万元，保险费为10万元，设备安装调试费用289万元。在运输费用中由于企业人员失误，错填运输单致运输费用比正常运输费用多支出50万元，进口设备时美元对人民币的汇率为1:8。

经评估人员调查，在评估基准日时，美国已停止生产A设备，但获知美国同类设备的价格指数比进口时上升了10%，国外运费仍为30万美元，国外运输保险费为27.5万美元，关税税率为18%，增值税税率为17%，外贸及银行手续费为设备到岸价的2%，国内运输费用价格指数上升了2%，国内保险费上升了1%，同类设备安装调试费用价格上涨了5%，美元对人民币的汇率为1:6.8。

评估人员进一步调查得知，A设备自投入使用时起至评估基准日一直按照设计标准满负荷运转。由于A设备生产的产品受市场替代产品的影响，要保证在价格不变的前提下不造成产品积压，自评估基准日后每年的产量只能保持在设计生产能力的80%的水平上，并一直保持下去。经现场鉴定，A设备如果按照设计生产能力生产尚可使用8年。

假设设备的价格与生产能力成线性关系，设备的实体性贬值在重置成本扣除功能性贬值或经济性贬值后的基础上计算。

计算评估进口成套设备A的价值。

5. 被评估设备购建于2007年11月，账面原值为100万元，其中，设备购置价80万元，基础及安装费用18万元，运杂费2万元。2010年11月对该设备进行评估，现搜集到以下数据资料：

（1）2010年该类设备的购置价比2007年上涨了50%，基础及安装费的物价上涨了30%，该设备的运杂费用达到3万元。

（2）由于开工不足，该设备的实际利用率仅为正常利用率的60%，尚可使用5年。

（3）与同类技术先进设备相比，该设备预计每月工人超支额为1 000元。

（4）该企业的正常投资报酬率为10%，所得税税率为25%。

计算机器设备的重置成本和各项贬值指标及被估设备的评估值。

6. 被评估对象为甲企业于2010年月2月31日购入的一台设备，该设备生产力为年产值100万件，设计使用年限为10年，当时的设备价格为120万元。甲企业在购入该设备后一直未将该设备安装使用，并使设备保持在全新状态。评估基准日为2013年12月31。经评估人员调查获知，目前该设备已经改型，与改型后原设备相比，被评估设备在设计生产能力相同的条件下，需要增加操作工人2人，在达到设计生产能力的条件下，每年增加的设备运转耗费4万元。同时，由于该设备生产的产品市场需求下降，要使产品不积压，每年只能生产80万件。经调查，根据有关规定，该种设备自投入使用之日起，10年内必须报废，该类设备的经济效益指数为0.8，评估基准日之前5年内，该设备的价格指数每年递增4%，行业内操作工人的平均工资为每人每月1 200元，行业适用折现率为10%，所得税税率为25%。

计算该设备于评估基准日的评估值。

第四章 房地产评估

【案例导入】

待估建筑物为砖混结构单层住宅,宅基地500平方米,建筑面积为400平方米,月租金为4 500元,土地资本化率为7%,建筑物资本化率为8%。评估时,建筑物的剩余使用年限为25年,取得租金收入的年总费用为8 000元,评估人员用市场法取得土地使用权价格1 000元/平方米。采用建筑物残余估价法估测建筑物的价值为91 666.67元[①]。

建筑物残余估价法是房地产收益法的派生方法,它的应用前提是评估对象能够获得正常收益,且建筑物的用途、使用强度及使用状态等与土地最佳用途不存在较大差异。在实践中,房地产的评估显然更为复杂多样。为此,评估人员必须了解房地产的特性、房地产价格的影响因素、房地产各种价格的含义等,了解并掌握房地产评估的基本方法与派生方法。

第一节 房地产评估概述

一、房地产的定义

房地产就是《资产评估执业准则——不动产》规定的"不动产",包括土地、建筑物及其他土地定着物。土地是指地球表面及其上下一定范围内的空间。建筑物是指人工建筑

---

① 建筑物和土地合一的年总收入 = 4 500×12 = 54 000(元);年总费用 = 8 000(元);建筑物和土地合一的年净收入 = 54 000 - 8 000 = 46 000(元);土地的年收益 = 1 000×500×7% = 35 000(元);建筑物的年收益 = 46 000 - 35 000 = 11 000(元);建筑物折旧率 = (1/25)×100% = 4%;建筑物价值 = 11 000/(8% + 4%) = 91 666.67(元)。

而成，由建筑材料、建筑构配件和建筑设备等组成的整体物，包括房屋和构筑物两大类。其他土地定着物是指固定在土地或建筑物上，与土地、建筑物不可分离的物；或者可以分离，但是分离后会破坏土地、建筑物的完整性、使用价值或功能，或者会使土地、建筑物的价值明显受到损害，比如围墙、绿化植被以及地下管线设施等。

房地产是实物与权益的结合体。房地产权益是指房地产的权利、利益和收益。房地产的权益以房地产权利为基础。目前，我国房地产的权利主要是所有权、使用权、租赁权、抵押权、典权等权利。其中，所有权主要是指建筑物的所有权，是建筑物的所有权人对建筑物的占有、使用、收益和处分的权利；使用权主要是指土地使用权，是以开发利用、生产经营、社会公益事业为目的，在国家所有或者集体所有的土地上营造建筑物或者其他附着物并进行占有、使用、收益的权利。

房地产资产评估，一般包括土地评估和房地合一的评估，包括单独的房地产评估和企业价值评估中的房地产评估。

二、土地和房地产的特性

对房地产评估而言，土地是指陆地表面及其上下一定范围的空间。各国法律规定不同，关于土地向上及向下延伸空间的规定也存在差异。土地的特性包括自然特性和经济特性两个方面。

（一）土地的自然特性

从自然特性角度看，土地具有位置的不可移动性、地理条件的差异性、资源的不可再生性及效用的永续性与相对性。

1. 土地位置的不可移动性。土地具有位置的固定性，不随着土地产权转移而发生空间移动。随着自然、经济、社会等因素的变化，土地位置的不可移动性对其价值产生影响。

2. 土地地理条件的差异性。各宗土地之间存在自然差异，比如有的依山，有的靠海，有的临街，有的远离城市中心，等等。土地的自然差异对其经济价值产生较大影响，比如写字楼适宜建在热闹的城市中心，别墅适合建在风景优美的郊区，商铺适合临街，反之，房地产的价值就可能会因此产生负面影响。

3. 土地资源的不可再生性。土地作为自然资源，其总数是固定的、不可再生的。随着社会经济的发展，土地的稀缺性将越发凸显，土地的价值必然因此增加。

4. 土地效用的永续性与相对性。不同于其他资产，土地不会因为使用年限的增加而发生各种损耗。只要使用得当，土地的效用可以持续发生。诚然，由于我国土地的公有制度，相对于具体企业、单位与个人，其拥有土地的使用年限是有限的，比如居住用地70年；工业用地50年；商业、旅游、娱乐用地40年；综合或者其他用地50年；教育、科技、文化、卫生、体育用地50年。就此而言，土地效用又是相对的。

（二）土地的经济特性

从经济特性角度看，土地具有供给的稀缺性、产权的可垄断性、用途的多样性、收益的级差性。

1. 土地供给的稀缺性。土地供给的稀缺性是指经济活动产生的土地需求大于土地供给矛盾，土地供需矛盾因土地总量固定、位置的不可移动性、地理条件的差异性等而无法得到解决。随着社会经济活动的发展，土地的稀缺性会变得更加突出，土地价格将因此而不断上涨。

2. 土地产权的可垄断性。由于土地的稀缺性，土地的所有权和使用权都可以垄断。在让渡土地所有权和使用权时，土地所有权人或使用权人就会要求垄断利益的实现。为了实现土地市场的效率，政府有必要出台一系列相关法律法规减少土地垄断带来的负面影响。

3. 土地用途的多样性。土地的用途是多样化的，可以建写字楼、别墅、商业住宅区，可以建医院、学校、政府办公楼，还可以建厂房等，但是土地评估要求按照最有效使用原则进行。

4. 土地收益的级差性。因土地不同区位的自然、经济、社会等条件差异，其价格也存在级差性。

为了区别上述土地的特性，这里将要谈的房地产特性是专指包括土地、房屋及其权属的房地产。房地产具有位置的固定性、供求的区域性、使用的长期性、投资的大量性与风险性、资产的保值与增值性、影响价值因素的多样性与复杂性等特性。

第一，位置的固定性。房地产位置的固定性是由土地位置的不可移动性所决定的。严格地讲，世界上不存在两宗完全相同的土地，因此，两处在材料、设计、结构与功能等方面完全相同的建筑物也是异质的房地产。土地位置的不可移动性决定了不同房地产存在各种条件差异，比如周边的自然环境、经济环境与社会环境差异。这些差异最终要体现在房地产的价格差异当中。

第二，供求的区域性。一般而言，市场供求关系的变动将影响产品的价格，价格变动将调节供求关系之间矛盾。然而，土地位置的不可移动性、总量的固定性、地理条件的差异性等因素决定房地产的供给具有很强的区域性，比如中西部城市的房地产较东部城市的房地产，供求矛盾相对要弱些，但中西部城市房地产无法供给东部城市。随着城市经济、政治及文化水平的提高，房地产需求也不断增加，其价格不断攀升，但各城市之间的房地产需求存在明显的区域性。房地产供求的区域性使得房地产价格存在明显的区域性差异。

第三，使用的长期性。在我国，土地的使用权一般长达几十年，而建筑物也是耐用品，其寿命也能达到几十年，有的通过修缮还可延长使用年限。房地产的总使用年限、已使用年限、尚可使用年限对房地产价值有很大的影响。

第四，投资的大量性与风险性。房地产的生产与经营是一个复杂的系列过程，包括了取得土地、土地开发和再开发、建筑设计与施工、房地产销售等环节。房地产的每个环节都需要大量的人力、物力、财力投入，而且必须获得金融行业的支持。房地产的投资风险主要来自三个方面：①房地产无法移动，又不易改变用途，如果房地产销售不对路，那么长期的空置与积压将占用大量资金；②房地产的生产周期较长，从土地的取得到房屋建成出售，通常需要 3～5 年时间。在生产周期内，影响房地产的各种经济因素都可能发生变化；③自然灾害、战争、社会动荡等非经济因素也都有可能出现，并对房地产投资产生重创。

第五，资产的保值与增值性。不考虑非经济因素（自然灾害、战争、社会动荡等）与经济系统性危机因素，一般情况下，房地产资产的价值会随着市场经济的发展而不断增加。因为随着市场经济的发展，房地产的需求在较长时期会呈现出不断增长，而土地总量的固定性制约了房地产的供给，房地产供需矛盾的加剧将抬升其价值；此外，城市经济的发展推动基础设施建设逐步完善，房地产的价值也因此增加。

第六，影响价值因素的多样性与复杂性。影响房地产价值的因素是多样且复杂的，包括经济、政治、文化与社会、战争等因素，比如国家与区域的经济发展水平、居民收入水平、通货膨胀、货币信贷政策、税收政策、城市规划、政治稳定、社会治安状况、人口数量与家庭结构、城市基础设施、房地产周边自然与社会环境、战争的可能性等因素。因此，房地产评估必须充分考虑到这些影响因素的作用。

三、房地产评估的原则

房地产的评估原则包括供求原则、替代原则、合法原则、最佳有效使用原则等。

（一）房地产评估的供求原则

与其他类资产的评估一样，房地产评估也要遵循供求原则，即房地产价值评估要充分考虑市场的供给与需求关系状况对房地产价格的影响。资产评估是评估资产在某一时点的价值，如果房地产评估是属于现实性评估（评估资产的现时价值），那么评估就要关注房地产市场现时的供给与需求关系状况；如果房地产评估是属于前瞻性评估（评估资产在未来某一时点的价值），那么评估就要关注并预测房地产市场未来时点的供求关系。

（二）房地产评估的替代原则

房地产评估要遵循替代原则，即价格最低的同质商品对其他同质商品具有替代性。按此原则，在采用市场法时，房地产评估面对几种相同或相似的房地产的不同价格时应取较低价格为评估值。诚然，不同的房地产存在明显的差异性，因此，在几种相同或相似房地产的不同价格中最低价格并不一定是最合适的替代价格。

（三）房地产评估的合法原则

房地产评估的合法原则是指房地产评估应以评估对象的合法产权、合法使用和合法处分等为前提进行，比如测算房地产的净收益，房地产的经营用途必须是合法用途，临时建筑或违章建筑的净收益不作为净收益的测算依据。

（四）房地产评估的最佳有效使用原则

房地产可用于商业经营、居住使用以及工业厂房等，不同用途房地产的收益是不同的。为了获得最大收益，房地产的权利人总是希望房地产达到最佳使用。不过，城市的房地产用途总是受到一系列法律、法规的限制。因此，房地产评估在应用最佳有效使用原则时，还必须遵循合法原则。换言之，房地产评估采用收益法时，要在合法范围内考虑房地产最佳使用所能带来的收益,并依此评估房地产的价值。

四、房地产评估的程序

房地产评估涉及法律、工程、经济等方面的知识与技术,其过程较为复杂。执行房地产评估业务的评估人员应当具备房地产评估的专业知识和实践经验,否则应当采取弥补措施,包括利用专家工作及相关报告等。为了做好评估工作,房地产评估一般遵循以下程序:明确评估基本事项、签订评估合同、制订评估工作计划、实地勘察与资料搜集、测算被估房地产的价值、综合分析确定评估结果和撰写评估报告。

(一) 明确评估基本事项

房地产评估首先要了解评估基本事项。基本事项包括评估的目的、评估对象的基本情况、评估基准日、评估报告的提交日期。了解评估基本事项是拟订房地产评估方案、选择评估方法的前提。

1. 明确评估的目的。房地产评估的目的各种各样,如土地使用权出让评估、房地产转让价值评估、房地产租赁价值评估、房地产抵押评估、房地产保险评估、房地产课税评估、征地和房屋拆迁补偿评估等。各种房地产评估目的所对应的评估价值内涵、评估方法存在差异。因此,委托方应将房地产评估目的在委托书或协议中明确,受托方根据评估目的展开评估,并将评估目的明确写在评估报告上。

2. 了解评估对象的基本情况。了解评估对象的基本情况对房地产评估后续程序的进行是很有必要的。评估人员首先要弄清评估对象是房地产对应的全部权益还是部分权益,是土地还是房产。如果评估对象是土地,那么评估人员要了解土地面积、土地形状、临街状态、土地开发程度、地质、地形及水文状况等信息;如果评估对象是房产,那么评估人员要了解建筑物的类型、结构、面积、楼层、朝向、平面布置、工程质量、新旧程度、装修和室内外的设施等。此外,评估人员还要了解土地权利性质、权属、土地使用权的年限、建筑物的权属,评估对象设定的其他权利状况等。其中,资产评估人员尤其要关注房地产的权属,搜集相关的权属证明文件,对于没有权属证明文件的房地产应当要求委托人或其他相关当事人对其权属做出承诺或说明。确定房地产的用途、面积、高度、建筑密度、容积率年限等条件应以有关部门法律法规的规定为依据。

3. 确定评估基准日。确定评估基准日就是确定待估对象的评估时点,通常要具体到年、月、日。由于市场价格是处在不断变动之中,现实性的资产评估只有先确定评估基准日才能评估资产在这一时点的价值。因此,确定评估基准日是进行房地产评估后续程序的必要步骤。

4. 明确评估报告的提交日期。明确评估报告的提交日期有利于合理制订评估作业计划,合理安排评估人员按时、按质完成评估任务。

(二) 签订评估合同

委托方和受委托方签订房地产评估合同或协议,用法律的形式明确双方的权利与义务,具体包括评估对象、评估目的、评估时点、评估收费、双方责任、评估报告及报告的提交日期等事宜。房地产评估合同或协议一旦签订，双方必须按照合同履行各自义务。

（三）制订评估工作计划

制订评估工作计划就是对评估工作日程、人员组织等做出安排。合理的评估工作计划是控制评估进度，按时有效地完成评估任务的保障。

（四）现场调查与资料搜集

《资产评估执业准则——不动产》规定，执行不动产评估一般要进行现场调查。现场调查就是评估人员亲临委估房地产现场，对评估对象进行实地勘察，以便充分了解房地产的特性和所处区域环境，搜集房地产评估所需的资料。现场调查是房地产评估的一项重要步骤，现场调查和搜集资料的质量直接影响到房地产评估的可靠性与合理性。实地勘察所做的工作记录是评估工作的底稿。

评估人员通过现场调查与必要的访问搜集评估所需资料，资料主要包括评估对象的基本情况，评估对象所在地段的环境和区域因素资料，与评估对象有关的市场资料（比如市场供需状况、建造成本、售价等），国家和地方涉及房地产的法律、法规与政策等。

（五）测算被估房地产的价值

评估人员利用搜集到的资料，根据选定的评估方法进行评估。房地产评估的基本方法有收益法、成本法和市场法。鉴于被估房地产性质和资料获取的难易存在差异，评估人员应根据实际情况选择一种方法为主进行评估，同时可以其他方法评估为辅助，再将各种方法的评估结果进行对照与修正。评估人员对各种评估方法所涉及的资料必须进行认真分析检验，对评估方法所涉及的参数，比如收益法的每期净收益额与折现率、成本法的损耗、市场法的各类修正系数，评估人员要根据经验以及职业技术进行合理的判断与选择。

（六）综合分析确定评估结果

评估人员对同一宗房地产采用几种评估方法进行评估，评估结果可能存在一定的差别。考虑到各种评估方法各有优劣，其次是各种方法所涉及资料的合理性与准确性各不相同，再次是对各种评估方法参数的职业判断与选择的正确性各不相同等因素，评估人员对各种评估结果进行综合分析是很有必要，根据分析情况，评估人员确定一个尽可能合理的最终结果。

（七）撰写评估报告

评估报告是评估过程和评估结果的综合反映。评估程序的最后阶段就是撰写评估报告，评估人员通过评估报告反映了房地产评估的最后结果，还介绍了评估过程的技术思路、评估方法和评估依据等内容。

资料链接

1. 土地的分类。(1) 按社会经济用途分，土地分为耕地、园地、林地、草地、商服用地、工矿仓储用地、住宅用地、公共管理与公共服务用地、特殊用地、交通运输用地、水域及水利设施用地、其他土地；(2) 按经济地理位置分类，土地分为市中心区、一般市区、市区边缘区和郊区、经济特区、开发区、出口加工区、保税区；(3) 按照所有权归属分类，土地分为国家所有土地、集体所有土地；(4) 按开发程度，土地分为生地、毛地、熟地；等等。

2. 建筑物的分类：(1) 按照结构分类，建筑物分为砖木结构、砖混结构、钢筋混凝土结构、钢结构和其他结构；(2) 按照建筑物用途分类，建筑物分为居住建筑、公共建筑、农业建筑；(3) 按照经济功能分类，建筑物分为生产经营类和非生产经营类。

第二节 房地产价格及其影响因素

一、房地产价格的种类

房地产价格较为复杂，比如按照房地产形态可以分为土地价格、建筑物价格、房地产价格；按照房地产权益可以分为所有权价格、使用权价格、抵押权价格、租赁权价格等；按照房地产价格的形成方式可以分为市场交易价格和评估价格；按照房地产价格的表示单位可以分为总价格、单位价格和楼面地价；按照房地产的出让方式可以分为协议价格、招标价格、挂牌价格和拍卖价格等。

（一）按照房地产形态分类

1. 土地价格。土地价格简称"地价"，通常是指空地的价格，具体又可以分为基准地价、标定地价、出让底价、转让价格。(1) 基准地价是按照城市土地级别或均质地域分别评估的商业、住宅、工业等各类用地和综合土地级别的土地使用权的平均价格。(2) 标定地价是市、县政府根据需要评估的，正常地产市场中具体宗地在一定使用年限期内的价格。标定地价可以以基准地价为依据，根据土地使用年限、地块大小、土地形状、容积率、微观区位等条件，通过系数修正进行评估，也可以通过市场交易资料直接进行评估。(3) 出让价格是政府根据土地出让的年限、用途、地产市场行情等因素确定的待出让宗地或成片土地在某时点的价格。(4) 转让价格是指土地使用者在使用期内，将已取得的土地使用权再转让的价格。

2. 建筑物价格。建筑物价格是指建筑物部分的价格。换言之，建筑物价格是等于房地产价格扣除土地价格后的余额。

3. 房地产价格。房地产价格是指建筑物价格连同其占用的土地价格之和。

（二）按照房地产权益分类

1. 所有权价格。房地产所有权价格是指房屋建筑物所有权和土地所有权价格。目前，我国土地制度是土地国家所有和土地集体所有。土地国家所有权和土地集体所有权不允许转让，国家一般并不按照土地集体所有权市场价格对农民集体所有土地进行征收，因此土地所有权价格评估不存在。

2. 使用权价格。房地产使用权价格包括房产建筑物的使用权价格和土地使用权价格，房产建筑物使用权价格就是租金价格。土地使用权价格是指土地使用权有偿出让的价格。

3. 抵押权价格。房地产抵押价格是指房地产被以抵押方式作为债权担保而评估的价格。

4. 租赁权价格。房地产租赁价格是指房地产权利人将其合法房地产出租给承租人所形成的价格。

（三）按照房地产价格的形成方式分类

1. 市场交易价格。市场交易价格是房地产在正常市场条件下实际成交的价格。

2. 评估价格。评估价格是对市场交易价格的模拟，是评估人员根据搜集的资料，采用一定的评估方法，结合自身职业经验评估出来的房地产价格。评估方法、评估人员的职业素质及其他影响因素可能使得同一宗房地产的评估出现不同的结果，通常来说，各种评估结果的差异不应太大。

（四）按照房地产价格的表示单位分类

1. 总价格。房地产总价格是指一宗房地产的整体价格。房地产的总价格一般不能反映房地产价格水平的高低。

2. 单位价格。房地产单位价格是指房地产的单位面积价格。它可以是土地单位面积价格，也可以是建筑物单位面积价格，还可以是房地合一的单位面积价格。房地产单位价格一般可以反映房地产价格水平的高低。

3. 楼面地价。房地产楼面地价又称"单位建筑面积地价"，是平均到每单位建筑面积的土地价格。

$$\begin{aligned}楼面地价 &= 土地总价/总建筑面积\\&=(土地总价/土地总面积)\times(土地总面积/总建筑面积)\\&=土地单价/容积率\end{aligned} \quad (4.1)$$

> **知识链接**
>
> 容积率＝建筑物总面积/土地总面积。
>
> 容积率与楼面地价的关系是，容积率越大，楼面地价越低。

(五) 按照房地产出让方式分类

1. 协议价格。房地产协议价格是交易双方通过协议而形成的房地产价格。这一般是受行政干预而形成的优惠性价格。通常，市政工程、公益事业、福利设施、基础建设及国家重点扶持发展的产业用地采用协议形式。

2. 招标价格。房地产招标价格是指采用招标方式而形成的房地产价格。

3. 挂牌价格。房地产挂牌价格是指采用挂牌出让方式而形成的房地产价格。挂牌出让是指出让人发布挂牌公告，接受竞买人的报价申请并更新挂牌价格，根据挂牌期限截止时的出价结果确定土地使用者的行为。

4. 拍卖价格。房地产拍卖价格是指采用拍卖方式而形成的房地产价格。

二、房地产价格的特征

房地产价格通常是由土地取得成本、土地开发成本、管理费用、投资利息、销售税费和开发利润构成。房地产价格的特征主要表现为房地产价格具有个别性、可比性、是权益价格、受用途的影响。

1. 房地产价格具有个别性。房地产价格的个别性是受土地和房地产特性以及交易主体之间的个别性所决定。房地产市场是个不完全竞争市场，与其他商品不一样，各宗房地产交易具有明显的个别性，其价格也具有明显的个别性。

2. 房地产价格具有可比性。房地产价格的个别性并不意味着各宗房地产价格之间没有联系，也是受供求关系以及其他因素影响。房地产价格的可比性可通过对各宗房地产价格影响因素之间差异的比较显现出来。

3. 房地产价格是权益价格。房地产具有位置不可移动的特性，房地产的交易所引起的是各种权益的转移，比如所有权、使用权、抵押权、租赁权等。不同内涵的房地产交易形成不同的房地产权益转移，从而形成不同的房地产权益价格。

4. 房地产价格受用途的影响。在不同的用途下，同一宗房地产产生的收益是不一样的，比如商业用途与住宅用途，显然商业用途的房地产产生的收益较大。尤其是土地，其用途对价格的影响特别明显。

三、房地产价格的影响因素

房地产价格的影响因素复杂而多样，比如房地产的区位因素、实物因素、权益因素、人口因素、制度政策因素、经济因素、社会因素等。不同的影响因素对房地产价格产生影响的程度与方向是不一样的。随着时间推移，许多因素对房地产价格的影响是动态的，有的次要影响因素会转化为重要影响因素，有的重要影响会转化为主导影响因素，有的因素的影响会逐渐减弱。有的因素对房地产价格的影响是可以量化，有的因素对房地产价格的影响是不可量化。图4-1有利于我们对房地产价格影响因素有个大概的了解。

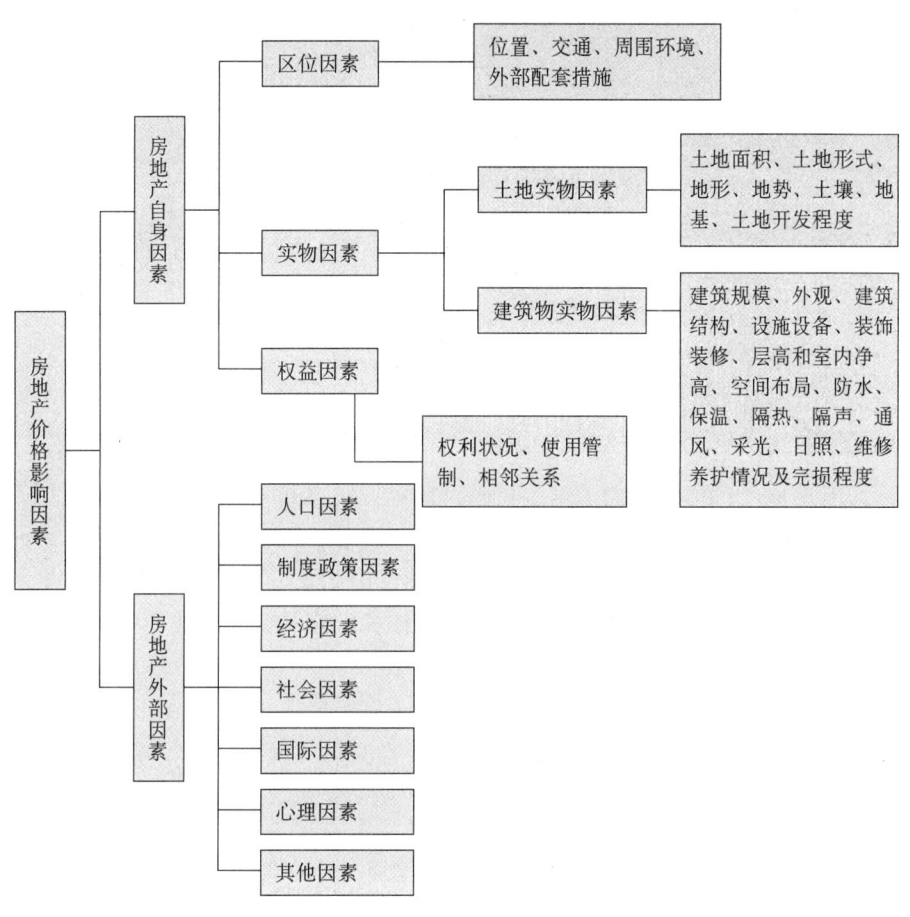

图 4-1

（一）房地产自身因素

房地产自身因素包括以下几种：

1. 区位因素。区位因素主要包括位置、交通、周围环境和景观、外部配套措施。

（1）影响房地产价格的位置因素。位置主要包括房地产所处的方位、距离、朝向、楼层等。

①方位因素。房地产方位的影响主要是来自风向、水流等原因。一般而言，位于城市上风、上游房地产的价格要高于下风、下游房地产的价格。这与传统文化的"风水"理论有关，但也与现代建筑规划理论相联系。客观地讲，处于城市上风、上游位置的房地产所受空气污染、水污染要比下风、下游房地产的小。

②距离因素。距离是目前用于衡量房地产区位好坏最常见、最简单的指标，是指房地产离城市中心、火车站、机场、码头、汽车客运站、政府机关办公地、工作地点、教育机构、居住地等的距离。通常，距离越近的房地产价格就越高，反之，价格就越低。

③朝向因素。对于住宅而言，朝向是很重要的位置因素，住宅的朝向主要影响采光、通风。在房地产评估中，住宅的朝向可以细化为南北向、东西向、东南向、东北向、西北

向、西南向等。

④楼层因素。住宅的楼层对价格也会产生影响,通常,没有电梯的传统多层住宅的中间楼层最优,顶层较劣。有电梯的中高层较优(见表4-1)。

表4-1　　　　　　　　　　　建筑物的层数与分类

序号	名称	范围
1	低层	1~3层
2	多层	4~6层
3	中高层	7~9层
4	高层	10层以上(含10层)
5	超高层	建筑高度超过100米

(2) 影响房地产价格的交通因素。交通因素主要包括可利用的交通工具、道路状况、交通管制情况、停车方便程度和收费标准等。公共汽车、轻轨、地铁等交通工具的便利与否对房地产价格产生影响,甚至城市之间的动车开通与否都会对房地产价格产生影响。当然,房地产如果处在交通要道旁边,那么交通的噪音可能对住宅房地产价格产生一定的负面影响。

对房地产价格产生影响的交通管制主要包括实行单行道、禁止掉头、左拐弯、禁止某时间段所有车辆或某类车辆通行。这些交通管制措施在一定程度上对房地产价格产生负面影响。当然,其影响程度与房地产的用途也有很大关联。

(3) 影响房地产价格的周围环境和景观因素。影响房地产价格的周围环境和景观因素主要包括大气环境、水文环境、声觉环境、视觉环境、卫生环境、人文环境等。

(4) 影响房地产价格的外部配套设施因素。外部配套设施主要包括房地产周边具有较高教育质量的中小学、医疗水平较高的医院以及购物中心、休闲娱乐场所等。完善的房地产外部配套设施将提高房地产的价格。

课堂讨论

你认为传统"风水"理论是否科学?举例说明,现实中各种"风水"对房地产价格产生什么影响?

2. 实物因素。实物因素包括土地实物和建筑物实物因素。

(1) 土地实物因素主要包括土地面积、土地形状、地形、地势、土壤、地基、土地开发程度。一般而言,土地面积过于狭小不利于经济使用,因而其价格较低;平坦的土地价格较高,高低不平的土地价格较低;地势较高的房地产价格要高于地势较低的房地产;土壤如果受到污染,房地产价格较低;地质坚实、承载力较大的土地则有利于建筑使用,其价格较高;"七通一平"的土地价格要高于"五通一平"土地价格,"五通一平"土地的价格要高于"三通一平"土地。

(2) 建筑物实物因素。建筑物实物因素主要包括建筑规模、外观、建筑结构、设施设备、装饰装修、层高和室内净高、空间布局、防水、保温、隔热、隔声、通风、采光、日照、维修养护情况及完损程度。一般而言,建筑物规模过小或过大可能降低其价格;建筑物外观新颖优美，其价格较高，反之价格较低；建筑物结构直接影响建筑物的稳固性和耐久性，稳固性和耐久性将反映到建筑物的价格上；设施设备齐全、完好的建筑物价格较高；精装修、粗装修与毛坯房的价格各不相同；建筑物的层高和室内净高过低将使人感到压抑，因此其价格较低；平面布置合理、交通联系方便、有利于使用的建筑物价格较高；防水、保温、隔热、隔声、通风、采光、日照条件好的建筑物价格较高；实物维护较完好的建筑物价格较高。

3. 权益因素。权益因素主要包括权利状况、使用管制、相邻关系。房地产的所有权、使用权、抵押权等权利具有不同的价格，权利越完整、越清晰，房地产价格就越高；房地产的使用管制主要是耕地转为非耕地、农用地转为建设用地以及城市规划对土地用途、建筑高度、建筑密度、容积率等规定，这些管制对房地产价格产生一定影响；相邻关系是指房地产相邻权利人依照法律、法规的规定或者按照当地习惯，相互之间应当提供必要的便利或者接受必要限制的权利与义务关系，这些权利与义务必然对房地产价格产生影响。

（二）房地产外部因素

房地产外部因素主要包括以下几种：

1. 人口因素。人口因素主要包括人口数量、人口素质、人口结构。通常，人口数量的增加对住宅房地产需求产生正面的影响，房地产价格因需求增加而提高；人口素质的提高将要求房地产品质的提升，房地产品质的提升将导致价格的升高；家庭人口结构的简单化将导致家庭数量的增加，家庭数量增加将导致住宅房地产需求的增加，房地产价格将因需求增加而提高。

2. 制度政策因素。制度政策因素主要包括土地制度、住房制度、城市规划、土地利用规划、房地产价格政策、房地产税收政策、房地产金融政策等，这些制度对房地产价格的影响是直接而明显的。

3. 经济因素。经济因素主要包括经济发展、居民收入、物价、汇率等因素。社会经济的发展将带来社会总需求的增长，厂房、写字楼、住宅等房地产的需求也将因此而增长，随着需求的增长房地产价格也将上涨；居民收入增加对房地产需求的影响相对复杂，比如低收入阶层收入的增加将对日常生活用品的消费需求产生正面影响，中等收入阶层收入的增加可能会用于改善居住条件，高收入阶层收入的增加可能用于房地产的置业投资或者投机。目前在我国，房地产被列入固定资产投资，居民消费价格指数与生产资料价格指数并不反映房地产的价格变动。当土地、建材、水泥、建筑设备等价格上涨，房地产的价格将因成本上升而上涨。

4. 社会因素。社会因素主要包括政治安定状况、社会治安状况、城市化、房地产投机等因素。

5. 国际因素、心理因素以及其他因素。国际因素主要是世界经济状况、国际竞争状况、政治对立状况、军事冲突状况等；心理因素主要是购买或出售时的心态、个人欣赏趣味、时尚风气、讲究风水或吉祥号码等；其他因素比如行政隶属变更等。

第四章 房地产评估

课堂讨论

请思考与分析我国土地制度、住房制度、城市规划、土地利用规划、房地产价格政策、房地产税收政策、房地产金融政策如何影响房地产价格？汇率变动如何影响房地产价格？社会因素、国际因素、心理因素和其他因素如何影响房地产价格？

第三节 房地产评估中市场法的应用

一、房地产市场法评估的基本思路与适用范围

市场法又称"市场比较法""市场资料比较法""现行市价法""交易实例比较法"买卖实例比较法等，是房地产评估方法中最为常用的基本方法之一。市场法的基本思路是：在求取一宗被估房地产价值时，依据替代原理，将被估房地产与类似房地产的近期交易价格进行对照比较，通过对交易情况、交易日期、房地产状况等因素进行修正，得出被估房地产在评估基准日的价值。

市场法的理论依据是房地产价格形成的替代原理。因此，市场法的适用范围必须是存在适合的、类似的房地产交易实例的环境。在房地产市场比较发达的情况下，市场法得到广泛的使用。房地产市场越发达，市场法就越有效。在以下几种情况下，市场法难以适用：没有发生房地产交易或者房地产交易较少的地区；某些类型的房地产很少见或者交易实例很少，比如古建筑；很难成为交易对象的房地产，比如教堂、寺庙；风景名胜区的土地；图书馆、体育馆、学校用地等。

二、房地产市场法评估的计算公式

房地产市场法评估是通过与近期交易的类似房地产进行比较，并对一系列因素进行修正，从而得到被评估房地产在评估基准日的市场状况下的价值。市场法所进行的因素修正主要是交易情况因素、交易日期因素、房地产状况因素。房地产状况因素包括区位状况、权益状况和实物状况，这些状况还可以细分若干因素。容积率和土地使用年限属于权益状况，鉴于它们对房地产价格的影响较大，两者可以单独进行修正。

市场法的基本计算公式如下：

$$P = \tilde{P} \times A \times B \times C \tag{4.2}$$

式中，P 为被估房地产的单位评估价格；$\tilde{P}$ 为可比交易实例单位价格；A 为交易情况修正系数；B 为交易日期修正系数；C 为房地产状况修正系数。

如果考虑房地产容积率和土地使用年限作为单独的因素进行修正，则4.12公式变为：

$$P = \tilde{P} \times A \times B \times C \times 容积率修正系数 \times 土地使用年限修正系数 \tag{4.3}$$

被估房地产的评估价值 = P × 被估房地产的面积   (4.4)

三、房地产市场法评估的操作步骤

房地产市场法评估的操作步骤主要如下:

(一) 搜集交易实例

评估人员运用市场法评估房地产价值,必须要有充裕的交易资料,除了平时关注房地产市场变化,还可以通过以下途径搜集交易实例的资料:①查阅政府有关部门的房地产交易资料;②向房地产经济机构和房地产经纪人了解其促成交易的房地产成交价格资料和有关交易情况;③向房地产交易当事人、四邻以及相关律师、会计师等了解其知晓的房地产成交价格资料和有关交易情况;④同行之间相互提供、估价机构或估价师之间可以相互提供其搜集的交易实例和经手的估价案例资料;⑤与房地产出售者或者其代理人,如业主、房地产开发商、房地产经纪人等洽谈,获得房地产的要价等资料;查阅报刊、网络资源上有关房地产出售、出租的广告、信息等资料;参加房地产交易展示会,了解房地产市场价格行情、索取有关资料,搜集有关信息。

搜集交易实例一般包括搜集以下内容:①交易实例房地产的基本状况,例如坐落、面积、用途、权属、土地形状、土地使用期限、建筑物建成日期、建筑结构、周围环境和景观等;②交易双方基本情况与关系;③成交日期;④成交价格(包括总价、单价及计价方式);⑤付款方式,例如一次性付款还是分期付款或者贷款方式付款等;⑥交易情况,例如交易目的、交易方式(如协议、招标、拍卖、挂牌等)、交易税费负担方式、有无利害关系人之间的交易、急于出售或急于购买等特殊交易情况。

《资产评估执业准则——不动产》规定,用作参照物的交易实例应当具备下列条件:在区位、用途、规模、建筑结构、档次、权利性质等方面与被评估对象类似;成交日期与评估基准日接近;交易类型与评估目的相适合,成交价格为正常价格或者可以修正为正常价格。

评估人员要建立房地产交易实例库,从而有利于保存交易实例资料,有利于方便查找、调用交易实例资料,从而提高评估工作效率。

(二) 选取可比交易实例

选取可比交易实例主要注意选取数量与质量要求。选取可比交易实例数量一般是3个以上(含3个),10个以下(含10个)。选取可比交易实例的质量要求主要是满足以下四点:

1. 可比交易实例是估价对象房地产的类似房地产。所谓"类似房地产"是指与估价对象处在同一供求范围内;与估价对象具有相同的用途;与估价对象规模相当(一般是估价对象规模的0.5~2倍);与估价对象的建筑结构相同;与估价对象的权利性质相同,等等。

2. 可比交易实例的类型与估价目的一致。房地产交易有买卖与租赁类型,包括协议、招标、拍卖、挂牌等方式,选取可比交易实例要与估价目的(买卖目的或租赁目的)一致。估价目的为抵押、折价、变卖、房屋拆迁补偿等目的的估价一般选取协议买卖实例。

3. 可比实例的成交日期应尽量接近估价时点。一般认为，交易实例的成交日期与估价时点相隔一年以上的不宜采用，因为这种情况下的市场状况调整有困难。

4. 可比实例的成交价格应尽量为正常市场价格。

（三）对可比实例成交价格进行适当的处理

对可比实例成交价格进行适当的处理是指交易情况、市场状况、房地产状况的调整。

1. 交易情况的调整。房地产交易情况调整的原因主要是由于以下因素造成交易案例价格偏离正常市场价格：

（1）强迫出售或强迫购买的交易；
（2）利害关系人之间的交易；
（3）交易双方或某一方对交易对象或市场行情缺乏了解的交易；
（4）买方或卖方急切于成交；
（5）交易双方或某一方对所交易的房地产有偏好的交易；
（6）相邻房地产的合并交易；
（7）特殊交易方式的交易；
（8）交易税非正常负担的交易；
（9）受迷信影响的交易；

房地产交易情况的调整公式为：

$$可比实例正常市场价格 = 可比实例成交价格 \times 交易情况修正系数 \quad (4.5)$$

假设可比实例成交价格比其正常市场价格高、低的百分率为 $\pm S\%$，则：

$$可比实例正常市场价格 = 可比实例成交价格 \times 1/(1 \pm S\%) \quad (4.6)$$

或者：

$$可比实例正常市场价格 = 可比实例成交价格 \times 100/(100 \pm S) \quad (4.7)$$

2. 市场状况调整。房地产市场状况调整是将可比实例在其成交日期时价格调整到在估价时点时的价格，也称交易日期调整。

房地产市场状况调整公式为：

$$可比实例在估价时点的价格 = 可比实例在其成交日期的价格 \times 市场状况调整系数 \quad (4.8)$$

假设从成交日期到估价时点，可比实例的市场价格涨、跌百分率为 $\pm T\%$，则房地产市场状况调整公式为：

$$可比实例在估价时点的价格 = 可比实例在其成交日期的价格 \times (1 \pm T\%) \quad (4.9)$$

或者：

$$可比实例在估价时点的价格 = 可比实例在其成交日期的价格 \times (100 \pm T/100) \quad (4.10)$$

3. 房地产状况调整。房地产状况调整是把可比实例房地产在其自身状况下的价格调整成估价对象房地产状况的价格，主要包括区位状况、实物状况、权益状况的调整。

房地产状况调整思路是：以估价对象房地产状况为基准，将可比实例房地产状况与估价对象房地产状况进行直接比较；或者设定一种"标准房地产"，以该标准房地产状况为基准，将可比实例房地产状况与估价对象房地产状况进行间接比较。

房地产状况调整公式为：

可比实例在估价对象房地产状况下的价格＝可比实例在其房地产状况下的价格×房地产状况调整系数 (4.11)

假设可比实例在其房地产状况下的价格比在估价对象房地产状况下的价格高、低的百分率为 ±R%，则房地产状况调整公式为：

可比实例在估价对象房地产状况下的价格＝可比实例在其房地产状况下的价格×1/(1±R%) (4.12)

或者：

可比实例在估价对象房地产状况下的价格＝可比实例在其房地产状况下的价格×100/(100±R) (4.13)

房地产状况的调整具体又可以分为直接比较调整法和间接比较调整法两种。

（1）直接比较调整法。直接比较调整法的思路是：确定若干种对房地产价格有影响的房地产状况方面的因素；根据每种因素对房地产价格的影响程度确定其权重；以估价对象的房地产状况为基准（通常设定为100分），将可比实例房地产状况与估价对象的房地产状况的因素逐个进行比较、评分；将累计所得的分数转化为调整比率；利用调整比率进行价格调整。

直接比较调整法的公式为：

可比实例在估价对象房地产状况下的价格＝可比实例在其房地产状况下的价格×100/(可比实例在其房地产状况相对于估价对象房地产状况的得分) (4.14)

（2）间接比较调整法。间接比较调整法是设想一种"标准房地产"，以此为基准，将估价对象及可比实例的房地产状况的因素与之逐个进行比较、评分。如果估价对象、可比实例的房地产状况比标准房地产状况好，则所得评分就高于100分；反之，所得评分就低于100分。

可比实例在估价对象房地产状况下的价格＝可比实例在其房地产状况下的价格×100/(　) × (　)/100 (4.15)

式中，100/(　) 是标准化修正；(　)/100 是房地产状况调整。

4. 房地产的容积率与土地使用年限的调整。房地产的容积率调整主要是通过取得容积率变化与价格的关系求得容积率调整系数进行调整。

房地产的土地使用年限调整是通过年限修正系数进行调整，年限修正系数公式是：

年限修正系数 = $[1 - 1/(1+r)^m]/[1 - 1/(1+r)^n]$ (4.16)

式中，m 为估价土地使用权剩余年限；n 为可比交易实例的土地使用权的剩余年限；r 为折现率。

第四章 房地产评估

资料链接

房地产评估选择多个可比交易实例,每个交易实例进行调整后得到的是单个可比交易实例比准价格。如何将多个比准价格综合成为市场法测算的结果?

理论上存在平均数、中位数、众数方法。实际评估中,最常用的是平均数,其次是中位数,较少用的是众数。

四、房地产市场法评估的案例

【例 4-1】为评估某住宅楼的价格,估价人员在该住宅楼附近地区调查选取 A、B、C、D、E 五个可比交易实例,相关资料如下:

表 4-2 中交易情况、房地产状况中的正、负值都是按直接比较所得结果。其中,房地产状况中的三个方面因素产生的作用程度相同。另据调查得知:从 2001 年 7 月 1 日至 2002 年 1 月 1 日该类住宅楼市场价格每月递增 1.5%,其后至 2002 年 11 月 1 日则每月递减 0.5%。而从 2002 年 11 月 1 日至 2003 年 4 月 30 日的市场价格基本不变,以后每月递增 1%。试利用上述资料根据估价相关要求选取最合适的 3 个交易实例作为可比交易实例,并估算该住宅楼 2003 年 8 月 31 日的正常单价(综合评估结果采用简单算术平均计算)。

表 4-2

实例		A	B	C	D	E
成交价格(元/平方米)		5 100	5 800	5 200	5 300	5 000
成交日期		2002年11月30日	2003年6月30日	2003年1月31日	2001年7月31日	2003年5月31日
交易情况		2%	21%	0	0	-3%
房地产状况	区位	0	-3%	3%	1%	0
	权益	-2%	0	2%	-1%	-1%
	实物	-4%	-5%	-2%	2%	1%

解:(1)选取可比交易实例。交易实例 B 误差太大,交易实例 D 成交时间与估价时点相隔 1 年以上,所以所选择的交易实例是 A、C、E。

(2)计算公式:估价对象价格 = 可比交易实例价格 × 交易情况修正系数 × 交易日期修正系数 × 房地产状况修正系数。

(3)交易情况修正系数为:

可比交易实例 A:$100/(100+2) = 100/102$

可比交易实例 C:$100/100$

可比交易实例 E:$100/(100-3) = 100/97$

(4)交易日期修正系数为:

可比交易实例 $A = (1+1\%)^4$

可比交易实例 $C = (1+1\%)^4$

可比交易实例 $E = (1+1\%)^3$

(5) 房地产状况修正系数。由于房地产状况中的三个方面因素产生的作用相同,所以设三个方面的因素权数相同,为 1/3。

可比交易实例 A = 100/[100 × 1/3 + (100 - 2) × 1/3 + (100 - 4) × 1/3] = 100/98

可比交易实例 C = 100/[(100 + 3) × 1/3 + (100 + 2) × 1/3 + (100 - 2) × 1/3]
= 100/101

可比交易实例 E = 100/[100 × 1/3 + (100 - 1) × 1/3 + (100 + 1) × 1/3] = 100/100

(6) 计算可比交易实例比准价格。

可比交易实例 A 的比准价格 = 5 100 × (100/102) × (1 + 1%)^4 × (100/98)
= 5 309.20(元/平方米)

可比交易实例 C 的比准价格 = 5 200 × (100/100) × (1 + 1%)^4 × (100/101)
= 5 357.57(元/平方米)

可比交易实例 E 的比准价格 = 5 000 × (100/97) × (1 + 1%)^3 × (100/100)
= 5 310.83(元/平方米)

(7) 采用简单算术平均计算估算结果:

估价对象价格 = (5 309.20 + 5 357.57 + 5 310.83)/3 = 5 325.87(元/平方米)

第四节 房地产评估中收益法的应用

一、房地产收益法评估的基本思路与适用范围

房地产收益法是根据估价房地产的预期未来收益来求取估价房地产价值的方法。房地产收益法是以预期原理为基础,预期原理认为当前房地产价值是取决于未来因素而非过去因素。

房地产收益法适用的估价对象是有经济收益或有潜在经济收益的房地产,比如住宅、写字楼、商铺、餐馆、旅馆、游乐场所、影剧院、停车场、汽车加油站、标准厂房、仓库等。而行政办公楼、学校场所、公园等公用、公益性房地产的估价一般适宜采用成本法。

房地产收益法评估公式为:

1. 假设净收益每年都不变,为 a;资本化率为 r;收益为无限期;P 为房地产的评估值。则:

$$P = a/r \tag{4.17}$$

2. 假设每期净收益 R_i;折现率为 r;收益期限为 n;P 为房地产的评估值,则:

$$P = \sum_{i=1}^{n} R_i/(1 + r)^i \tag{4.18}$$

当然,现实中房地产每期净收益可能存在各种情况,这就要求房地产收益法的评估公

式产生一些变形,具体可参见收益法基本原理,这里不一一介绍。

二、房地产收益法各参数的估算

房地产收益法评估的关键是对主要参数的估算,即净收益、资本化率或折现率、收益期限的估算。

(一) 净收益的估算

净收益是指归属于房地产的除去各种费用后的收益。房地产收益法的净收益是客观净收益而非实际净收益。实际净收益是指在现状下被估房地产实际取得的净收益。实际净收益可能因为特殊因素(比如收益权利人的经营才干、社会地位等)导致过高或过低,因此,房地产净收益评估不能直接采用实际净收益。客观净收益是指在正常市场条件下房地产用于法律允许的最佳利用方向上的净收益,它包含对未来收益与风险的预期。

收益性房地产一般可以分为出租和营业获取净收益两种形式。

1. 基于租赁收入测算净收益的计算公式为:

$$净收益 = 潜在毛租金收入 - 空置和收租损失 + 其他收入 - 运营费用$$
$$= 有效毛收入 - 运营费用 \tag{4.19}$$

式中,潜在毛租金收入等于全部可出租面积与最可能的租金水平的乘积;空置和收租损失分别是空置面积导致没有租金收入,以及租出的面积因拖欠租金所造成的收入损失;其他收入主要是租赁保证金或押金的利息收入;运营费用是维持房地产正常使用或营业的必要费用,包括房地产税、保险费、人员工资及办公费用、保持房地产正常运转的成本(建筑物及相关场地的维护与维修费)、为承租人提供服务的费用(比如保洁、保安费用)。

> **资料链接**
>
> 如果承租人自己承担保洁、保安等费用,那这些费用不在运营费用的范畴。

2. 基于营业收入测算净收益的公式为:

$$净收益 = 经营收入 - 其他资本或经营收益 - 运营费用 \tag{4.20}$$

比如,商业用房地产的净收益等于商品销售收入扣除商品销售成本、经营费用、商品销售税金及附加、管理费用、财务费用和商业利润;工业用房地产净收益等于产品销售收入扣除生产成本、产品销售费用、产品销售税金及附加、管理费用、财务费用和厂商利润。

(二) 资本化率或折现率的估算

房地产收益法的资本化率或折现率实质上是房地产投资期望报酬率(收益率)。求取资本化率或折现率的方法主要是市场提取法、累加法和投资报酬率排序插入法。

1. 市场提取法。市场提取法是利用与估价对象房地产具有类似收益特征的可比实例房地产的价格、净收益等资料,反算出它们各自的资本化率。

【例 4-2】在房地产市场搜集 5 个与待估房地产类似的实例,资料见表 4-3。

表 4-3

可比实例	净收益（元/年·平方米）	交易价格（元/平方米）	资本化率（%）
1	418.9	5 900	7.1
2	450.0	6 000	7.5
3	393.3	5 700	6.9
4	459.9	6 300	7.3
5	507.0	6 500	7.8

解：对上述 5 个可比交易实例的资本化率进行简单算术平均求得资本化率：

$r = (7.1\% + 7.5\% + 6.9\% + 7.3\% + 7.8\%)/5 = 7.32\%$

2. 累加法。累加法是将报酬率视为包含无风险报酬率和风险报酬率两大部分，分别求取每一部分，再将它们相加得到报酬率的方法。

资本化率（折现率）= 无风险报酬率 + 风险报酬率 (4.21)

无风险报酬率也称"安全利率"，是无风险投资的报酬率；风险报酬率是指承担额外的风险所要求的补偿，即超过无风险报酬率以上部分的报酬率。

3. 投资报酬率排序插入法。这种方法的步骤是：调查、搜集估价对象所在地区的房地产投资、相关投资及其报酬率和风险程度的资料，比如各种类型的银行存款利率、政府债券利率、公司债券利率等；将所搜集的不同类型投资的报酬率按从低到高的顺序排列；将估价对象与这些投资的风险程度进行分析比较，考虑管理的难易、投资的流动性以及作为资产的安全性等，判断出同等风险的投资，确定估价对象风险程度应落的位置；根据估价对象风险程度所落的位置求出估价对象的报酬率。

（三）收益期限的估算

收益期限是估价对象自估价时点起预期未来可以获取收益的时间，它应根据建筑物剩余经济寿命和土地使用权剩余期限来确定。建筑物剩余经济寿命是自估价时点起至建筑物经济寿命结束的时间；土地使用权剩余期限是自估价时点起至土地使用期限结束的时间。

当建筑物剩余经济寿命与土地使用权剩余期限存在差异时，收益期限如何处理？如果建筑物剩余经济寿命早于土地使用权剩余期限结束，那么房地产的价值等于以建筑物经济寿命为收益期限计算的房地产价值，加上建筑物剩余经济寿命结束后的土地使用权剩余期限在估价时点的价值；如果建筑物经济寿命晚于土地使用权剩余期限结束的情况下，那么土地出让合同的约定成为关键。当土地出让合同约定不可续期的，房地产价值以土地使用权剩余期限为收益期限；当土地出让合同未约定不可续期的，房地产价值等于以土地使用权剩余期限为收益期限计算的房地产价值，加上土地使用权剩余期限结束时建筑物的残余价值折算到估价时点的价值。

三、房地产收益法评估的派生方法

房地产收益法评估的派生方法，比如土地残余法和建筑物残余法，这两种方法是利用土地和建筑物共同产生的收益求取土地或建筑物单独的价值。

（一）土地残余法

土地残余法是将房地合一产生的净收益扣除建筑物的净收益，得到土地的净收益，再进行资本化而获得土地价值的方法。土地残余法是在采用其他方法有困难时有效的方法。

土地残余法的计算公式为：

$$V_l = (A - V_B \times r_b)/r_l \tag{4.22}$$

式中，V_l 为土地价值；A 为土地及建筑物共同产生的净收益；V_B 为建筑物的价值；r_b 为建筑物的资本化率；r_l 为土地资本化率。

（二）建筑物残余法

建筑物残余法是将房地合一产生的净收益扣除土地的净收益，得到建筑物的净收益，再进行资本化而获得建筑物价值的方法。

建筑物残余法的计算公式为：

$$V_B = (A - V_l \times r_l)/r_b \tag{4.23}$$

式中，V_B 为建筑物的价值；A 为土地及建筑物共同产生的净收益；V_l 为土地价值；r_b 为建筑物的资本化率；r_l 为土地资本化率。

四、房地产收益法评估的案例

【例4-3】 某出租写字楼，其使用面积为3 000平方米，收益年限为45年，空置率为20%，未来3年每平方米使用面积的租金（含物业服务费）分别为360元、400元、330元，同档次写字楼的年物业服务费为每平方米使用面积36元，除物业服务费之外的其他运营费用为租金（不含物业服务费）的25%。假设该写字楼未来每年的净收益基本固定不变，报酬率为9%。请利用房地产评估收益法的年金化法估算其价值。

解：(1) 未来3年的净收益：

未来第一年净收益 = (360 - 36) × (1 - 20%) × (1 - 25%) × 3 000 = 58.32（万元）；

未来第二年净收益 = (400 - 36) × (1 - 20%) × (1 - 25%) × 3 000 = 65.52（万元）；

未来第三年净收益 = (330 - 36) × (1 - 20%) × (1 - 25%) × 3 000 = 52.92（万元）；

(2) 未来前三年的净收益计算以后每年固定不变的净收益：

$A = [58.32/(1+9\%) + 65.52/(1+9\%)^2 + 52.92/(1+9\%)^3]/(P/A, 9\%, 3)$
$= 59.07$（万元）

(3) 估算房地产价值：

房地产价值 = $A \times (P/A, r, n) = 59.07 \times (P/A, 9\%, 45) = 642.75$（万元）

【例4-4】 某房地产开发公司在2002年3月以有偿出让方式取得一块土地50年的使用权，并于2004年3月在这块土地上建成一座砖混的写字楼，当时造价为每平方米2 000元，经济耐用年限55年，残值率2%。目前该类建筑重置价格为每平方米2 500元。该建筑物占地面积500平方米，建筑面积为900平方米，现用于出租，每月平均实收租金3万元。另据调查，当地同类写字楼的出租租金一般为每月每建筑平方米50元，空置率为10%，每年需支付的管理费为年租金的3.5%，维修费为建筑重置价格的1.5%，土地使用税及房产税合计为每建筑平方米20元，保险费为建筑重置价格的0.2%，土地资本化率为7%，建筑物资本化率为8%。假设该土地使用权出让年限届满，土地使用权及地上建筑物将由国家无偿收回，试根据上述资料采用收益法评估该宗土地2008年3月的土地使用权价值。

解：（1）计算年客观总收益：

年总收益 $= 50 \times 12 \times 900 \times (1 - 10\%) = 486\,000$（元）

（2）计算年总费用：

年管理费 $= 486\,000 \times 3.5\% = 17\,010$（元）

年维修费 $= 2\,500 \times 900 \times 1.5\% = 33\,750$（元）

年税金 $= 20 \times 900 = 18\,000$（元）

年保险费 $= 2\,500 \times 900 \times 0.2\% = 4\,500$（元）

年总费用 = 年管理费 + 年维修费 + 年税金 + 年保险费
$= 17\,010 + 33\,750 + 18\,000 + 4\,500 = 73\,260$（元）

（3）计算房地产年净收益：

房地产年净收益 = 年总收益 − 年总费用 $= 486\,000 - 73\,260 = 412\,740$（元）

（4）计算房屋净收益：

根据题意，房屋建筑物的使用年限只能采用土地的使用年限，因为土地使用权出让年限届满，土地使用权及地上建筑物将由国家无偿收回。房地产使用者可使用的年限为48年（50−2），并且不计残值。

年贬值额 = 建筑物重置价值/使用年限 $= 2\,500 \times 900/48 = 46\,875$（元）

房屋的现值 = 房屋重置全价 − 年贬值额 × 已使用年限
$= 2\,500 \times 900 - 46\,875 \times 4 = 2\,062\,500$（元）

房屋年净收益 $= 2\,062\,500/(P/A, 8\%, 44) = 170\,778$（元）

（5）计算土地年净收益：

土地年净收益 = 房地产年净收益 − 房屋年净收益
$= 412\,740 - 170\,778 = 241\,962$（元）

（6）计算土地使用权价值：

土地使用权价值 $= 241\,962 \times (P/A, 7\%, 44) = 3\,280\,499$（元）

土地使用权单价 $= 3\,280\,499/500 = 6\,561$（元/平方米）

第五节 房地产评估中成本法的应用

一、房地产成本法评估的基本思路与适用范围

房地产成本法是房地产评估的基本方法之一，是以假设重新复制被估房地产所需要的成本为依据而评估房地产价值的方法，即以重置一宗与被估房地产可以产生同等效用的房地产所需投入的各项费用之和为依据，再加上一定的利润和应纳税金来确定被估房地产价

值。《资产评估执业准则——不动产》规定：不动产的重置成本通常采用更新重置成本，当评估对象为具体特定历史文化价值的不动产时，应当尽量采用复原重置成本。房地产成本法的理论依据是生产费用价值论，即商品的价格是依据其生产所必要的费用而决定。

房地产成本法适用的范围主要是：①新近开发建设完成的房地产（简称"新开发的房地产"）、可以假设重新开发建设的现有房地产、正在开发建设的房地产（在建工程）、计划开发建设的房地产；②对于那些很少发生交易而限制了市场法的运用，又没有经济收益或没有潜在经济收益而限制了收益法运用的房地产，比如学校、医院、图书馆、体育场馆、行政办公楼等以公益、公用为目的的房地产；③有独特设计或者只针对个别使用者的特殊需要而开发建设的房地产，比如化工厂、钢铁厂、发电厂、油田、码头、机场等；④在房地产保险及其他房地产损害赔偿的评估中；⑤在房地产市场不够活跃或者类似房地产交易实例较少的地区，难以采用市场法进行评估时。

房地产成本法适用于评估建筑物新的或者比较新的房地产价值，不适用于评估建筑物过于老旧的房地产价值。

二、房地产成本法估算的基本公式与操作步骤

房地产成本法的基本公式是：

房地产评估值 = 重新购建价格 − 建筑物贬值 (4.24)

运用房地产成本法的基本步骤是：①搜集有关房地产开发的成本、税费、利润等资料；②估算重新购建价格；③估算建筑物贬值；④确定评估价值。

房地产包括土地与房地合一的房地产，不同房地产成本法评估的操作步骤略有差异。

三、土地成本法评估的操作步骤

土地价值评估，在我国实际上就是土地使用权价值评估，其成本法评估公式是：

土地价值 = 待开发土地取得费 + 土地开发费 + 利息 + 利润 + 土地增值收益

(4.25)

土地价值成本法评估步骤是：①计算待开发土地取得费用；②计算土地开发费；③计算投资利息；④计算投资利润和税费、确定土地增值收益；⑤测算土地使用权价值。

（一）计算待开发土地取得费用

取得房地产开发用地的途径有通过征收集体土地取得、通过市场购得、通过征收国有土地上房屋取得。

1. 通过征收集体土地取得成本。通过征收集体土地取得成本主要包括以下几项：

（1）征收补偿安置费用。也称"征地补偿费用"，一般由以下几项费用组成：土地补偿费、安置补助费、地上附着和青苗补偿费、安排被征地农民的社会保障费用。这些费用是根据有关规定的标准或者采用市场法求取。

（2）相关税费。一般包括征地管理费、耕地占用税、耕地开垦费、新菜地开发建设基金、政府规定的其他有关费用。税费根据有关标准求取。

（3）土地出让金。一般采用有关规定的标准或采用市场法求取。

2. 通过市场购得土地成本。在较为成熟的市场，购得土地成本一般是由购买土地价款和应当由买方缴纳的税费构成。

3. 通过征收国有土地上房屋取得成本。通过征收国有土地上房屋取得成本包括房屋拆迁补偿安置费、相关费用、土地出让金。①房屋拆迁补偿安置费由被征收房屋的房地产市场价格、被征收房屋室内自行装饰装修的补偿金、搬迁补助费、安置补助费、征收非住宅房屋造成停产停业的补偿费。②相关费用包括房屋拆迁管理费、房屋拆迁服务费、房屋征收估价费、房屋拆除和渣土清运费和政府规定的其他有关费用。

（二）计算土地开发费用

土地开发费用包括基础设施配套费、公共事业建设配套费、小区开发配套费。

1. 基础设施配套费。基础设施配套费一般为"三通一平""七通一平"。"三通一平"是指通水、通路、通电、平整地面。"七通一平"是指通上水、通下水、通电、通讯、通气、通热、通路、平整地面。

2. 公共事业建设配套费。公共事业建设配套费是指建设邮电、图书馆、学校、公园、绿地等设施费用。

（三）计算投资利息

计算投资利息的资金成本包括投资者贷款与投资者利用自有资金的投入。将自有资金的投入计入资金成本来计算投资利息，是因为投资者因此损失利息，或者说投资的机会成本。

投资计息的资金主要是土地取得费用、土地开发费用两大部分。土地取得费用在土地开发动工前就要全部付清，在土地开发完成销售后才能收回，因此其计算利息期间为整个开发期和销售期。土地开发费用是在开发过程中逐步投入，在土地销售后收回，如果土地开发费是均匀投入，那么计算利息期间为开发期间的一半。

（四）计算投资利润和税费

计算投资利润的关键是确定利润率或投资回报率。利润率计算的基数可以是土地取得费用和土地开发费用，也可以是开发后土地的价格。税费是指土地取得和开发过程中所必须支付的税负和费用。

（五）确定土地增值收益和测算土地使用权价值

土地增值收益主要是由于土地用途改变或土地功能变化而引起的收益。利用上述搜集的资料与计算的结果，采用土地价值成本法评估公式测算土地使用权价值。

四、新建房地产成本法评估的操作步骤

假设评估基准日为房地产开发建成日，无须考虑建筑物折旧，新建房地产价值的成本法评估公式为：

新建房地产价值 = 土地取得费用 + 开发成本 + 管理费用 + 利息

$$+ 销售税费 + 利润 \tag{4.26}$$

新建房地产价值的成本法评估基本步骤是：计算土地取得费用、开发成本、开发利润、管理费用、投资利息、销售费用。

（一）土地取得费用

土地取得有各种途径，根据取得途径的差异分别测算取得土地的费用，包括取得土地的相关税费。

（二）计算开发成本

开发成本主要是由勘察设计和前期工程费、基础设施建设费、房屋建筑安装工程费、公共配套设施建设费、开发过程中税费及其他间接费用组成。基础设施建设费参见土地成本法评估操作步骤计算。

1. 勘察设计和前期工程费。勘察设计和前期工程费包括临时用地、水、电、路、场地平整费，工程勘察测量及工程设计费，城市规划设计、咨询、可行性研究费，建设工程许可证执照费等。

2. 房屋建筑安装工程费。房屋建筑安装工程费包括建筑安装工程费、招投标费、预算审查费、质量监督费、竣工图费等。

3. 公共配套设施建设费。公共配套设施建设费包括开发商支付的非经营性用房，如居委会、派出所、幼稚园、自行车棚、信报箱等建设费；附属工程如变电室、锅炉房、热力点等建设费；文教卫系统如中小学、文化站、门诊部等建设费。

（三）开发利润

利润率应根据开发类似房地产的平均利润率来确定。

（四）管理费用

管理费用主要是指开办费和开发过程中管理人员的工资等。

（五）投资利息

以土地取得费用、开发成本、管理费、销售费用为基数计算投资利息。

（六）销售税费

销售税费主要包括销售费用、销售税金及附加、其他销售税费。

五、旧建筑物成本法评估的操作步骤

采用成本法评估旧建筑物价值不能采用建筑物原来的建造成本，应以评估时点重置成本扣除建筑物贬值额。旧建筑物价值成本法评估公式如下：

$$建筑物价值 = 重置成本 - 建筑物贬值额 \tag{4.27}$$

旧建筑物价值成本法评估步骤主要是：①计算旧建筑物的重置成本；②计算建筑物贬

值额；③测算建筑物价值。

（一）旧建筑物的重置成本

旧建筑物的重置成本是更新重置成本，包括重新获取土地、开发土地的价值，加上建筑物重新建造的价值，加上相应利息、利润及税费等。

建筑物重新建造的价值的求取方法主要有单位比较法、分部分项法、工料测量法、指数调整法。

1. 单位比较法。单位比较法是以估价对象建筑物为整体，选取某种与该类建筑物的建筑安装工程费密切相关的计量单位，比如单位建筑面积、单位体积等作为比较单位，然后调查并获得在估价时点近期建成的类似建筑物的单位建筑安装工程费，并对其进行适当的修正与调整，再加上相应的专业费用、管理费用、销售费用、投资利息、销售税费和开发利润，以此求取估价对象建筑物重新购建价值。

2. 分部分项法。分部分项法是先假设将估价对象建筑物分解为各个独立的构件或分部分项工程，并测算每个独立构件或分部分项工程的数量，然后调查并获得估价时点各个独立构件或分部分项工程的单位价格或成本，再将各个独立构件或分部分项工程数量乘以相应的单位价格或成本后相加，最后加上相应的专业费用、管理费用、销售费用、投资利息、销售税费和开发利润，以此求得建筑物重新购建价值的方法。

3. 工料测量法。工料测量法是先假设将估价对象建筑物还原为建筑材料、建筑构配件和建筑设备，并测算重新建造该建筑物所需要的建筑材料、建筑构配件、建筑设备的种类、数量和人工时数，然后调查并获得估价时点相应的建筑材料、建筑构配件、建筑设备的单价和人工费标准，再将建筑材料、建筑构配件、建筑设备的种类、数量和人工时数乘以相应的单价和人工费标准后相加，最后加上相应的专业费用、管理费用、销售费用、投资利息、销售税费和开发利润，以此求取建筑物重新购建价值的方法。

4. 指数调整法。指数调整法，也称"成本指数趋势法"，是利用有关成本指数或变动率，将估价对象建筑物的历史成本调整到估价时点的成本来求取建筑物重新购建价值的方法。

（二）计算建筑物贬值额

建筑物的贬值额不能以建筑物的会计折旧替代，它是来自物理化学因素和社会经济因素两个方面的原因。物理化学因素原因是指建筑物自然老化和自然灾害引起的建筑物结构缺损和功能减弱。社会经济因素是指技术革新、建筑工艺改进或者人们观念变化导致建筑物设计风格、建筑设备落后等。两种原因引起的建筑物贬值也可以划分为实体性贬值、功能性贬值与经济性贬值。

计算建筑物贬值主要采用年限法、观察法、成新率折扣法、销售资料法等。下面主要介绍年限法与观察法。

1. 年限法。年限法的计算公式如下：

$$建筑物贬值率 = 建筑物已使用年限/建筑物总经济寿命 \times 100\% \tag{4.28}$$

建筑物经济寿命是指建筑物对房地产价值贡献的时间，不同于建筑物自然寿命。建筑物已使用年限是以有效年限而非实际年限为基础。建筑物有效使用年限是考虑维修以及现代化等方面因素后的年限,因此它已经考虑了功能与经济方面的贬值。当然,建筑物有效年限判断难是个很现实的问题。

2. 观察法。观察法,也称为"评分法",是评估人员借助建筑物成新率的评分标准,对照建筑物实际状况打分得出成新率。一般是将建筑物分为结构部分(地基基础、承重构件、非承重构件、屋顶和楼地面)、装修部分(门窗、外抹灰、内抹灰、顶棚、细木装修)和设备部分(水卫、电照、暖气、特种设备等)分别进行成新率评分,再将各部分得分乘于修正系数(各部分打分权重),最后加总作为建筑物的成新率。其计算公式为:

$$成新率 = 结构部分合计得分 \times G + 装修部分合计得分 \times S \\ + 设备部分合计得分 \times B \tag{4.29}$$

> **资料链接**
>
> 建筑物成新率的评分标准主要是原城乡建设环境保护部于1984年11月8日颁布的《房屋完损等级评分标准》。

六、房地产成本法评估的案例

【例 4-5】某公司在 2005 年 3 月 1 日在某城市水源地附近取得一宗土地使用权,建设休闲度假村。该项目总用地面积 1 万平方米,土地使用期限 40 年,建筑总面积为 2 万平方米,并于 2017 年 9 月 1 日完成,该公司申请竣工验收。根据环保政策要求,环保管理部门在竣工验收时要求该公司必须对项目的排污系统进行改造。请根据下列资料采用成本法评估该项目在 2017 年 9 月 1 日的正常市场价格。

解:(1)假设在估价时点重新取得该项目建设用地,土地取得费用为 1 000 元/平方米。新建设一个与上述项目功能相同且符合环保要求的项目,开发成本为 2 500 元/平方米,销售费用为 200 万元,管理费用为开发成本的 3%,开发建设期为 2.5 年,开发成本、管理费用、销售费用在第一年投入 30%,第二年投入 50%,最后半年投入 20%,各年内均匀投入,贷款年利率为 7.02%,销售税金及附加为售价的 5.53%,投资利率为 12%。

(2)经分析,新建符合环保要求的排污系统设备购置费和安装工程费分别为 400 万元和 60 万元,而已建成项目中排污系统设备购置费和安装工程费分别为 200 万元和 40 万元。对原有项目排污系统进行改造,发生拆除费用 30 万元,拆除后的排污系统设备可回收 90 万元。

(3)该类度假村项目的报酬率为 8%。

①土地取得费用计算:

土地取得费用 = 1 000 × 10 000 = 1 000(万元)

②开发成本计算:

开发成本 = 2 500 × 20 000 = 5 000(万元)

③管理费用计算:

管理费用 = 5 000 × 3% = 150(万元)

④销售费用为 200 万元。
⑤投资利息计算：
投资利息 = 1 000 × [(1 + 7.02%)$^{2.5}$ − 1] + (5 000 + 150 + 200) × [30% × [(1 + 7.02%)^2 − 1] + 50% × [(1 + 7.02%) − 1] + 20% × [(1 + 7.02%)$^{0.25}$ − 1]] = 624.187（万元）
⑥销售税费计算：设重新购建价值为 V，
　　销售税费 = V × 5.53%
⑦开发利润计算：
开发利润 = (1 000 + 5 000 + 150 + 200) × 12% = 762（万元）
⑧重新购建价值 V 计算：
V = 1 000 + 5 000 + 150 + 200 + 624.187 + V × 5.53% + 762 = 8 189.04（万元）
⑨功能性贬值计算：
功能性贬值 = 30 − 90 + 400 + 60 = 400（万元）
⑩估价对象的估价结果：
总价 = 8 189.04 − 400 = 7 789.04（万元）
单价 = 7 789.04(万元)/20 000 = 3 894.52（元/平方米）

第六节　假设开发法在房地产评估中的应用

一、假设开发法的基本思路与适用范围

假设开发法，又称"剩余法""倒算法"或"预期开发法"，是将被估房地产开发后的预期价值扣除正常投入费用、正常税金及合理利润后，依据该剩余值测算被估房地产价值的方法。《资产评估执业准则——不动产》规定：假设开发法适用于具有开发和再开发潜力，并且其开发完成后的价值可以确定的不动产。开发完成后不动产的价值是开发完成后不动产状况所对应的价值。

假设开发法的基本思路：首先要估算开发完成后房地产正常交易的价值，然后扣除建筑物建造费用和相关的专业费用、利息、利润、税收等，以价值余额来确定被估土地价值。

需要提到一点是，假设开发法通常是满足规划条件下的最佳开发利用方式。

二、假设开发法的计算公式与操作步骤

（一）假设开发法的计算公式

假设开发法的基本公式为：
$$P = A − (B + C + D + E) \quad (4.30)$$

式中，P 为土地价值；A 为开发完成后的房地产价值；B 为整个开发项目的开发成本；C 为投资利息；D 为开发商合理利润；E 为正常税费。

具体应用中，假设开发法公式有许多表现形式，比如将生地开发成熟地，假设开发法生地价值的公式为：

$$\text{生地价值} = \text{开发完成后的熟地价值} - \text{取得生地的税费} - \text{由生地开发成熟地的成本} - \text{投资利息} - \text{开发合理利润} - \text{正常税费} \quad (4.31)$$

再比如在熟地上进行房屋建设，假设开发法熟地价值的公式为：

$$\text{熟地价值} = \text{开发完成后的房地产价值} - \text{房屋的成本} - \text{取得熟地的税费} - \text{投资利息} - \text{开发合理利润} - \text{正常税费} \quad (4.32)$$

然而，不管假设开发法的表现形式如何，假设开发法的公式都是来源于成本法的计算公式：

$$\text{房地产价值} = \text{土地取得成本} + \text{土地开发成本} + \text{房屋的成本} + \text{投资利息} + \text{开发合理利润} + \text{正常税费} \quad (4.33)$$

（二）假设开发法的操作步骤

假设开发法的操作步骤如下：

1. 调查房地产的基本情况。调查土地的限制条件（比如城市规划、土地利用规划）、土地位置、土地基本情况（比如面积、形状、地质状况、地形地貌等）、房地产利用要求（比如容积率、绿地覆盖率、建筑物高度的限制）、地块的权利状况。

2. 确定被估房地产的最佳利用方式。根据被调查房地产的基本情况，确定土地最佳利用方式，包括确定用途、容积率、绿地覆盖率、建筑物高度等。

3. 预测房地产。根据所开发房地产类型，对开发完成后的房地产，可以通过市场法或收益法预测其售价。

4. 估算各项成本费用。估算开发建筑成本费用、建筑专业费用、投资利息、税金、房地产租售费用。

5. 确定开发商的合理利润。开发商的合理利润一般以房地产总价或预付总资本的一定比例计算。

6. 估算待估对象价值。根据假设开发法公式以及估算的数据测算待估对象的价值。

三、假设开发法的案例分析

【例 4-6】有一成片荒地需要估价。该片荒地的面积为 2 平方千米，适宜进行"五通一平"的开发后分块有偿转让，可转让土地面积的比率为 60%。附近地区与之位置相当的"小块"、"五通一平"熟地的单价为 800 元/平方米，开发期需要 3 年。将该片荒地开发成"五通一平"熟地的开发成本、管理费用等经测算为 2.5 亿元/平方千米，贷款年利率 10%，投资利润率为 15%，当地土地转让中卖方需要缴纳的税费为转让价格的 6%，买方需要缴纳的税费为转让价格的 4%。试用传统方法测算该成片荒地的总价和单价。

解：假设该片荒地的总价为 V。

该片荒地开发完成后的总价值 $= 800 \times 2\,000\,000 \times 60\% = 9.6$（亿元）

开发成本和管理费用 $=2.5\times2=5$（亿元）

投资利息总额 $=(V+V\times4\%)\times[(1+10\%)^3-1]+5\times[(1+10\%)^{1.5}-1]$
$\qquad\qquad\quad=0.344V+0.768$（亿元）

转让税费总额 $=9.6\times6\%=0.576$（亿元）

开发利润总额 $=(V+V\times4\%+5)\times15\%=0.156V+0.75$（亿元）

购买该成片荒地的税费总额 $=V\times4\%=0.04V$

$V=9.6-5-(0.344V+0.768)-0.576-(0.156V+0.75)-0.04V$

$V=1.627$（亿元）

荒地单价 $=V/2\,000\,000$ 平方米 $=81.35$ 元/平方米

第七节　基准地价修正法在房地产评估中的应用

一、基准地价修正法的基本思路和适用范围

基准地价是按照城市土地级别或均质地域分别评估的商业住宅、工业等各类用地和综合土地级别的土地使用权的平均价格，是特定区域的平均价格。

基准地价修正法的基本思路是：利用城市基准地价和基准地价修正系数表等评估结果，按照替代原则，将被估宗地的区域条件和个别条件等与其所处区域的平均条件相比较，选择相应的修正系数对基准地价进行修正，从而求取被估宗地在评估基准日的价值。

基准地价修正法适用于完成基准地价评估的城市土地评估，适用于大面积、数量众多的土地价值评估。基准地价修正法的精度取决于基准地价及其修正系数的精度，在宗地价值评估中，它并不作为主要的评估方法，而是作为辅助方法。

基准地价修正法的计算公式如下：

待估宗地地价 = 待估宗地所处地段的基准地价 × 年期修正系数 × 期日修正系数
$\qquad\qquad\quad$**× 容积率修正系数 × 其他因素修正系数**　　　　　　　　　(4.34)

二、基准地价修正法评估的运用程序

基准地价修正法评估的运用程序主要如下：

（一）搜集和整理土地定级估价成果资料

采用基准地价修正法进行评估，首先要搜集土地定级估价成果资料，主要包括土地级别图、基准地价图、样点地价分布图、基准地价表、基准地价修正系数表和相应的因素条件说明表。然后对资料进行归纳、整理和分析。

(二) 确定修正系数表

根据被估宗地的位置、用途、所处的土地级别、所对应的基准地价，确定相应的因素条件说明表和因素修正系数表，以确定地价修正的基础和需要调查的影响因素项目。

(三) 调查宗地地价影响因素的指标条件

按照与被估宗地所处级别和用途相对应的基准地价修正系数表和因素条件说明表中所要求的因素条件，确定宗地条件的调查项目，调查项目应与修正系数表中的因素一致。调查应充分利用已经搜集和整理的资料，再进行实地调查采样，之后进行整理，归纳宗地地价因素指标数据。

(四) 制定被估宗地因素修正系数

根据每个因素的指标值，查对相对应用途土地的基准地价影响因素指标说明表，确定因素指标对应的优劣状况。按优劣状况再查对基准地价修正系数表，得到该因素的修正系数。

(五) 确定被估宗地使用年期修正系数

基准地价对应的使用年限是各用途土地使用权的最高出让年期，但具体宗地的使用年期可能各不相同，因此年期修正是必要的。土地使用年期修正系数计算公式如下：

$$年期修正系数 = [1 - 1/(1+r)^m]/[1 - 1/(1+r)^n] \tag{4.35}$$

式中，r 为土地资本化率；m 为被估宗地使用权剩余可使用年期；n 为该用途土地土地使用权法定最高出让年期。

(六) 确定期日修正系数

随着时间的推移，土地市场的地价水平会产生变化，因此必须进行期日修正，把基准地价对应的地价水平修正到宗地地价评估基准日时的地价水平。期日修正一般根据地价指数变动幅度进行。

(七) 确定容积率修正系数

基准地价对应的是该用途土地在该级别或均质地域内的平均容积率，各宗地的容积率可能各不相同。容积率对地价影响较大，因此容积率的修正很有必要。换言之，将区域平均容积率下的地价水平修正到宗地实际容积率水平的地价是必要的。

(八) 评估宗地地价

将上述分析与计算所得各个修正系数放入基准地价修正法公式，测算待估宗地地价。

第八节 路线价法在土地评估中的应用

一、路线价法的基本思路和适用范围

路线价法是根据土地价值高低随距街道距离增大递减的原理,在特定街道上设定单价,并依此单价配合深度百分率表及其他修正率表,用数学方法来计算临接同一街道的宗地地价的一种评估方法。

路线价法特别适用于土地课税、土地重划、征地拆迁或其他需要在大范围内对大宗地进行估价的场合。路线价法的运用要求道路较规整,各宗土地排列较整齐,并依赖于有完善合理的深度价格修正率表和其他价格修正率表。

二、路线价法的计算公式

常用的路线价法计算公式为:

$$\text{宗地地价} = \text{路线价} \times \text{深度指数} \times \text{宗地临街宽度(或者宗地面积)} \tag{4.36}$$

式中,公式是采用临街宽度还是宗地面积取决于路线价的含义。如果宗地形状是不正常,比如街角地、袋地、三角地、梯形地等,那么路线价法公式应调整为:

$$\text{宗地地价} = \text{路线价} \times \text{深度指数} \times \text{宗地临街宽度(或者宗地面积)} \times \text{修正系数} \tag{4.37}$$

三、路线价法的运用程序

路线价法的运用程序主要包括以下几个步骤:

(一) 划分路线价区段

路线价区段一般以路线价显著增减的地点为界限,地价相近、地段相连的划分为一路线价区段。原则上街道不同的路段,路线价也不相同。如果街道两侧的繁华程度存在差异,那么同一路段也可以划分为两种不同的路线价。

(二) 设定标准临街深度

标准临街深度简称"标准深度"。从理论上讲,标准深度就是街道对地价影响的转折点,即从此处接近街道方向的,地价受街道的影响而逐渐升高,从此处远离街道方向的,地价可视为基本不变。实际工作中,设定标准临街深度通常是路线价区段内各宗临街土地的临街深度的众数。

(三) 选取标准临街宗地

标准临街宗地简称"标准宗地",是路线价区内具有代表性的宗地。选取标准临街宗

地的具体要求是：一面临街；土地形状为矩形；临街深度为标准临街深度；临街宽度为标准临街宽度；临街宽度与临街深度的比例适当；用途为所在路线价区段具有代表性的用途；容积率为所在路线价区段具有代表性的容积率；其他方面（如土地使用期限、土地开发程度等）也具有代表性。路线价就是标准宗地价格。

（四）调查评估路线价

通常在同一路线价区段内选取一定数量的标准临街宗地，运用收益法、市场法等，分别求取它们的单价或楼面地价，然后求取这些单价或楼面地价的简单算术平均数或加权算术平均数、中位数、众数，得到该路线价区段的路线价。

（五）制作价格修正率表

价格修正率表有临街深度价格修正率表和其他价格修正率表。临街深度价格修正率表简称"价格修正率表"，也称"深度百分率表""深度指数表"，是基于临街深度价格递减率制作出来的。

（六）计算临街土地的价值

根据上述资料与数据，临街土地的价值可采用路线价法公式加于计算。

四、百分率表

临接同一街道的土地具有相同的路线价，但由于宗地宽度、深度、形状、面积等因素的影响，单位面积的价格是不一样。在影响单位面积地价的因素中，深度最为突出。假设一临街宽度 m 米、深度 n 米的长方形宗地，每平方米平均单价为 P 元，该宗地的总价格为 mnP 元，如图 4-2 所示。

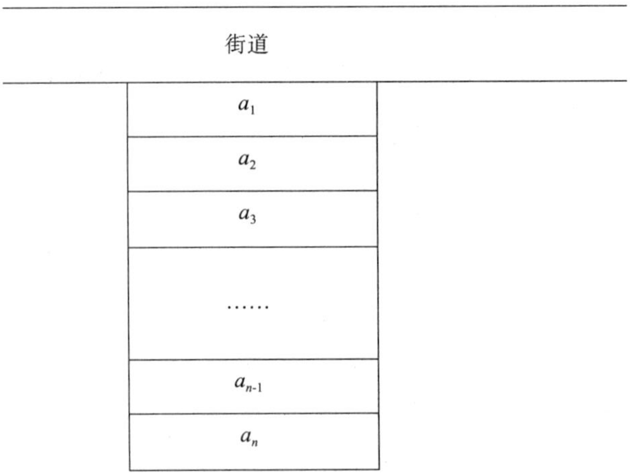

```
┌─────────────────────────┐
│          街道           │
├─────────────────────────┤
│          $a_1$          │
├─────────────────────────┤
│          $a_2$          │
├─────────────────────────┤
│          $a_3$          │
├─────────────────────────┤
│          ……             │
├─────────────────────────┤
│        $a_{n-1}$        │
├─────────────────────────┤
│          $a_n$          │
└─────────────────────────┘
```

图 4-2 矩形宗地临街深度

图 4-2 中的宗地，沿街道的平行方向将宗地以某单位（比如 1 米）划分为 n 细块土

地。从临街方向起每块土地的单位面积价格为 a_1，a_2，a_3，…，a_{n-1}，a_n，且因为地块越接近道路则价值越高，所以 $a_1 > a_2 > a_3 > \cdots > a_{n-1} > a_n$。宗地地块总价值为：

$$mnP = ma_1 + ma_2 + ma_3 + \cdots + ma_{n-1} + ma_n$$
$$P = (a_1 + a_2 + a_3 + \cdots + a_{n-1} + a_n)/n$$

土地单位面积价格等于各地块单位面积价格的面积加权平均值。各小地块单位面积价格以百分率表示，即为单独深度百分率。

深度百分率表现为三种形式：单独深度百分率、累计深度百分率和平均深度百分率。单独深度百分率呈现递减现象，累计深度百分率呈现递增现象，平均深度百分率呈递减现象。

单独深度百分率表现为：

$a_1 > a_2 > a_3 > \cdots > a_{n-1} > a_n$

累计深度百分率表现为：

$a_1 < (a_1 + a_2) < (a_1 + a_2 + a_3) < \cdots < (a_1 + a_2 + a_3 + \cdots + a_n)$

平均深度指数和累计深度指数的关系为：

平均深度指数 = 累计深度指数 × 标准深度/宗地深度

以美国的"四三二一"法则为例，标准深度为 100 英尺的标准宗地被分为与街道平行的四等分。从街道开始算起，第一个 25 英尺的土地价值占标准宗地总价的 40%，第二个 25 英尺的土地价值占准宗地总价的 30%，第三个 25 英尺占准宗地总价的 20%，第四个 25 英尺土地占准宗地总价的 10%。上述的表现形式为单独深度指数，而累计深度指数分别为 40%、70%、90% 和 100%，平均深度指数分别为 160%、140%、120% 和 100%。

五、几种路线价法则的介绍

除了上述的"四三二一"法则以外，欧美国家还采用苏慕斯法则与霍夫曼法则等路线价法。

苏慕斯法则（Somers Rule），是苏慕斯根据多年的实践经验，在对众多买卖实例价格调查比较后创立的。苏慕斯调查发现，100 英尺（30.48 米）深的土地价值，临街的 50 英尺部分占全宗地总价格的 72.5%，不临街的另一 50 英尺部分占全宗地总价格的 27.5%。

霍夫曼法则（Hoffman Rule）是纽约市法官霍夫曼在 1866 年创造的。霍夫曼认为，深度英尺的土地价值，在临街的 50 英尺的价值应占全宗地价值的 2/3。在此基础上，临街 25 英尺的价值应占全宗地价值的 37.5%，最初的 50 英尺的价值应占全宗地价值的 67%，最初 75 英尺的价值应占全宗地价值的 87.7%。

六、路线价法的应用案例

【例 4-7】 假设临街深度价格修正率表如表 4-4 所示。

表 4-4

临街深度（m）	$h<4$	$4\leqslant h<8$	$8\leqslant h<12$	$12\leqslant h<16$	$16\leqslant h<18$	$h\geqslant 18$
平均深度指数	130%	125%	120%	110%	100%	40%

解：路线价为 2 000 元/平方米，待估宗地为临街矩形地块，深度为 14 米，宽度为 16 米，则待估宗地的价值为：

待估宗地价格 = 2 000 × 110% × 14 × 16 = 492 800（元）

第九节 在建工程的评估

一、在建工程的定义与在建工程评估特点

在建工程是指在评估时点尚未完工，或者已经完工但尚未竣工验收、交付使用的建设项目。在建工程评估与其他资产评估存在较大差异，它主要具有以下几个特点：

（一）在建工程情况复杂

在建工程涉及范围较广、种类较为繁多，因此在建工程情况较为复杂。它不仅包括建设中的各种房屋建筑物，还包括各种设备安装，范围广泛涉及各个行业。

（二）在建工程之间可比性较差

在建工程的进度差异较大，因此在建工程之间可比性较大，评估时可比性案例较少，市场法的适应性差。

（三）在建工程的形象进度无法完全体现工程的投资

由于预付材料款和预付设备款、应付材料款及应付设备款的存在，在建工程的形象进度与投资因此存在差异的可能。在建工程评估不能直接用投资额作为其价值。

（四）在建工程的建设周期差别较大

在建工程因其类别不同而存在建设周期的差异，比如港口码头的建设周期较长，而厂房与仓库的建设周期就相对较短。不同建设周期对各项投入产生的价格影响是不同的。

二、在建工程评估的资料搜集与分析

在建工程评估的资料搜集与分析主要包括以下内容：

(一) 搜集在建工程的详细资料

搜集土地使用权出让合同、建设用地许可证、施工许可证、开工许可证、预售许可证、工程图纸、工程预算书、施工合同等资料。通过资料了解项目名称、建筑面积、工程结构、工程预算、实际用款和完工程度,了解需要安装的设备名称、规格、型号、数量、合同金额、实际付款额等情况。

(二) 现场勘察在建工程情况

评估人员到现场勘察工程进度和工程形象进度,了解评估基准日工程形象进度是否与总工程进度计划一致。

(三) 了解开发商情况与检查工程质量

了解开发商的资质、财务状况、工程监管等情况。检查在建工程质量和建筑材料质量,明确建筑工程各组成部分是否存在问题等。

(四) 搜集有关法定参数

评估在建工程的价值还需要搜集有关部门规定或制定的当地建筑工程预算定额、建筑工程间接费用标准、地方建筑材料价差指数、建筑工程预备费用及其他费用标准等。

三、在建工程评估的主要方法

在建工程的评估方法主要有以下几种:

(一) 工程形象进度法

工程形象进度法的计算公式如下:

$$\text{在建工程价值} = \text{建造完成的房地产市场价值} \times \text{工程形象进度百分比} \times (1 - \text{折扣率}) \tag{4.38}$$

式中,建造完成的房地产市场价值可采用市场法与收益法测算。

工程形象进度百分比的测算公式如下:

$$\text{工程形象进度百分比} = \frac{\text{实际完成建筑工程量} + \text{实际完成安装工程量}}{\text{总工程量}} \times 100\% \tag{4.39}$$

折扣率是考虑工程是否能够及时完工、是否达到设计要求,能否通过验收等其他不确定性因素确定。

(二) 成本法

成本法评估在建工程的计算公式如下:

$$\text{在建工程价值} = \text{土地取得成本} + \text{土地开发成本} + \text{建筑物建造成本} + \text{投资利息} + \text{正常利税} + \text{其他费用} \tag{4.40}$$

(三) 假设开发法

假设开发法是将在建工程预期开发完成后的价值扣除后续正常的续建成本、费用、税费和正常利润后的金额作为在建工程的价值，其测算公式如下：

$$在建工程价值 = 建造完成的房地产市场价值 - 续建成本费用 - 续建投资利息 - 续建正常利润 - 其他税费 \tag{4.41}$$

式中，其他税费是指销售费用、销售税金等。

关键概念

房地产　　基准地价　　标定地价　　出让底价　　转让价格　　所有权价格
使用权价格　　抵押权价格　　租赁价格　　房地产总价格　　单位价格
楼面价格　　协议价格　　招标价格　　挂牌价格　　拍卖价格　　土地残余法
建筑物残余法　　建筑物重置成本的单位比较法　　分部分项法　　工料测量法
指数调整法　　假设开发法　　基准地价修正法　　路线价法　　"四三二一"法则

思考题

1. 简述土地特性的内容。
2. 简述房地产评估的原则。
3. 简述房地产评估的程序。
4. 简述房地产价格的种类。
5. 简述房地产价格的特征。
6. 房地产价格的影响因素是什么。
7. 简述房地产市场法评估的操作步骤。
8. 房地产成本法适用的范围有哪些。
9. 简述假设开发法的操作步骤。
10. 简述基准地价修正法评估的程序。
11. 简述路线价法的程序。
12. 一宗土地的使用权年限为50年，折现率为10%，预计未来5年的净收益分别为15万、16万、18万、15万和20万元，第6年开始净收益稳定为25万。试评估该宗土地的价值。
13. 被估宗地面积为1 000亩，其中一半是菜地。据调查分析，类似用途土地的安置补偿费为6万元/亩，耕地占用税为8元/平方米，新菜地开发建设基金为1.2万元/亩。该土地开发周期为1年，基础设施开发费为120元/平方米，平整土地费100元/平方米，投资利润率为20%，土地增值收益率为16%，土地还原率为6%。土地使用权年限为40年，银行贷款利率为5%。试计算该土地使用权评估价值。
14. 一待估宗地，剩余使用年限为30年，土地资本化率为7%，容积率为3。A、B、

C、D 四个交易案例的资料如下：

A 交易案例的成交价格为 2 860 元；交易时间 2003 年 1 月；交易情况 -1%；容积率 2.8；个别因素 -1%；剩余年限 28 年。

B 交易案例的成交价格 3 120 元；交易时间 2003 年 1 月；容积率 3.2；区域因素 +3%；剩余年限 30 年。

C 交易案例的成交价格 2 990 元；成交时间 2003 年 1 月；容积率 3；区域因素 +1%；剩余年限 29 年。

D 交易案例的成交价格 2 730 元；成交时间 2003 年 1 月；交易情况 -2%；容积率 2.8；个别因素 -1%；剩余年限 28 年。

其中交易情况、区域因素和个别因素是交易案例与评估宗地相比较，以评估宗地为基准确定的数值。容积率与地价的关系为：当容积率在 2.5~3.5 之间时，容积率每增加 0.1，宗地地价比容积率为 2.5 时增加 2%。该城市 2001—2004 年此类用地每年价格上涨 2%。试评估该宗地 2004 年 1 月的价值。

第五章
资源性资产评估

【案例导入】

假设某片森林的林木被采伐后市场销售总收入为800万元,木材经营成本总计为300万元,木材经营合理利润为200万元,该森林资源的再生价值为150万元,则该森林资源的林木资产评估价值是多少?采用剩余价值法评估森林资源的林木价值。

森林资源的林木价值=销售总收入－林木经营成本－木材经营合理利润+森林资源的再生价值=800－300－200+150=450(万元)

森林资源资产包括林木、林地、森林景观等资产。当这些资产发生转让、置换、合作投资、租赁经营等经济活动,其价值如何确定?除了森林资源资产在许多场合需要资产评估,其他资源性资产,比如矿产资源资产,在许多经济活动中也需要评估,评估师应如何选择相应评估方法?

第一节 资源资产的概述

资源的概念可以广义和狭义来界定,广义资源包括自然资源、经济资源和人文社会资源,狭义的资源指自然资源,具体而言是指耗竭性资源和非耗竭性资源两大类。本章所指资源资产是指狭义资源。

一、自然资源的定义与分类

自然资源是指自然界中人类可以直接获得的用于生产和生活的物质要素。自然资源不包括未被发现或者发现了但不知其用途的物质。随着信息、技术和相对稀缺性的变化,以前没有价值的物质变成生产和生活可用的物质,因此,自然资源是一个动态概念。根据研究的角度与目的不同,以及自然资源的自然属性、经济属性和经济属性,自然资源可以分为多种类别。

自然资源可以按照是否再生与资源性质的差异分别进行分类①。

(一) 按照自然资源是否再生分类

按照自然资源是否再生分为非耗竭性资源和耗竭性资源。耗竭性资源是指经过漫长的地质过程形成的，随着人类的开发利用，其绝对数量出现明显减少的现象，比如矿产资源。非耗竭性资源基本上是由环境要素构成的，是指在合理开发利用的限度内，人类可以永续利用的资源。

非耗竭性资源主要有三种：恒定的非耗竭性资源、可再生的非耗竭性资源、不可再生的非耗竭性资源。

1. 恒定的非耗竭性资源是指不受或者基本不受人为因素的影响，具有恒定特性的资源，比如气候资源和海洋动力资源。

2. 可再生的非耗竭性资源是指在人为因素的干预下会发生增减变化，虽然数量在一段时间内减少，但可以恢复，比如生物资源。

3. 不可再生的非耗竭性资源是指只要合理利用就可以永续使用，不合理开发就会沙化、盐渍化、荒漠化，比如土地资源。

(二) 按资源的性质分类

按资源的性质不同可以分为环境资源、生物资源、土地资源、矿产资源和景观资源等。

1. 环境资源是指比较稳定的，一般不会因人类的开发利用明显减少，比如太阳光、地热、空气和天然水等。

2. 生物资源是指吸收了流动的太阳能和水资源，消耗土壤养分而成长的资源，包括森林资源、牧草资源、动物资源和海洋生物资源等。生物资源在太阳能量一定、繁殖能力一定以及人类合理利用和保护的条件下是可以再生的。

3. 土地资源是指由地形、土壤、植被、岩石、水文和气候等因素组成的一个独立的自然综合体。土地可以划分为农用地、建设用地和未利用土地，其中农用地主要包括耕地、林地、草地、农田水利用地、养殖水面等。

4. 矿产资源是指经过一定地质条件形成的，附存在地壳或地壳上的固态、液态或气态物质，包括各种能源和各种矿产物等。矿产资源可以分为陆地矿产资源和海洋矿产资源，其中陆地矿产资源包括金属矿产资源、能源矿产资源及非金属矿产资源；海洋矿产资源包括滨海砂矿、陆架油气、深海沉积矿床等。

二、资源资产的特征

资源资产的特征是由其内在性质决定的，它既是自然资源，同时又是资产，因此其特征主要表现为自然资源的自然特征、资产的经济特征和法律特征。

---

① 中国资产评估协会：《资产评估》，经济科学出版社2011年版，第213~214页。

(一) 资源资产的自然特征

资源资产的自然特征是指其作为自然资源所固有的属性,主要包括天然性、有限性和稀缺性、生态性、区域性等。

1. 资源资产的天然性。资源资产主要是自然生成的,是受到自然因素的作用而形成的。随着人类社会活动的发展,除了自然因素外,资源资产的生产还逐渐受到人工投入的作用。然而,天然性仍然是大部分资源资产的主要属性。

2. 资源资产的有限性和稀缺性。从耗竭性资源角度看,资源资产的总量是固定的,且其绝对数量是随着人类的开采与使用逐渐减少,直至耗竭。从非耗竭性资源角度看,资源资产的总量是动态的,它可能随着自然条件的变化出现贫化、退化和质变,也可能由于人类的技术发展而逐渐增加或者恢复。

3. 资源资产的生态性。资源是处在生态系统之中,各种资源之间相互依存,具有一定的生态平衡规律。因此,资源的开采与利用要有限度,超过限度就会破坏生态系统的均衡。资源资产的生态性对其价格产生一定影响。

4. 资源资产的区域性。资源在地域分布上是不均衡的,其数量和质量存在地域差异。资源资产价格在很大程度上也反映了其区域性特征。

(二) 资源资产的经济特征

简单讲,资源资产的经济特征是指资源资产具有使用价值,其价值可以用货币计量,资源资产具有可收益性。

资源资产的使用价值体现在它可以成为人类生活资料与生产资料,因此成为人类发展的物质基础和经济发展的基础。资源资产价值能够用货币来衡量,这是资产评估的基础,无法用货币衡量的自然资源不能成为资产,比如太阳光、空气等。自然资源资产应具有经济价值,能给拥有者带来未来收益的,这才是资源资产,否则就不是资源资产。

(三) 资源资产的法律特征

资源资产的法律特征是指资源资产产权在法律上具有独立性,能够为特定的产权主体所拥有和控制;资源资产的使用权可以依法交易,我国实行资源资产所有权和使用权相分离的制度,《中华人民共和国宪法》第九条规定:矿藏、水流、森林、山岭、草原、荒地、滩涂等自然资源都属于国家所有。由法律规定属于集体所有的森林和山岭、草原、荒地、滩涂除外。资源资产的使用权可以依法进行交易。

三、资源资产评估及其特点

资源资产评估是指对资源资产使用权价值进行估算。资源资产评估不仅可以为国民经济资源价值核算服务,还可为资源资产产权的出让、转让、抵押等经济活动服务。资源资产评估机构和评估人员应具备相关专业知识和实践经验,能够胜任评估工作,否则应采取弥补措施,包括聘请专业技术人员和相关专业机构协助工作。资源资产评估的基本方法有收益法、成本法和市场法,在具体运用上,不同类型的资源资产具有派生的、特定的方法。目前，在资源资产评估理论研究中，土地资源资产、矿产资源资产、森林资源资产和水资源资产的研究较为深入。

资源资产评估特点受到资源自然特征、经济特征及法律特征的影响，主要是：资源资产评估的价值是资源使用权的价值；资源资产的价格一般受区位影响较大；资源资产评估必须遵循自然资源形成和变化的客观规律。

课堂讨论

请结合资源资产的自然、经济、法律特征谈谈对资源资产评估特点——"资源资产评估的价值是资源使用权的价值；资源资产的价格一般受区位影响较大；资源资产评估必须遵循自然资源形成和变化的客观规律"的理解。

第二节 森林资源资产评估

一、森林资源资产概述

森林资源是属于可再生自然资源，包括森林、林木、林地以及依托森林、林木、林地生存的野生动物、植物及微生物。根据《资产评估执业准则——森林资源资产》的规定，森林资源资产是指由特定主体拥有或者控制并带来经济利益的，用于生产、提供商品和生态服务的森林资源，包括森林、林木、林地、森林景观、森林生态等。森林资源资产评估是指资产评估机构及其资产评估专业人员遵守法律、行政法规和资产评估准则，根据委托，对评估基准日特定目的下的森林资源资产价值进行评定和估算，并出具资产评估报告的专业服务行为。

林木资产是指林地内所有林木形成的资产，按林木用途不同可分为用材林、经济林、薪炭林、防护林、竹林、特种用途林等。林地资产是指依法确认的林业用地，具体包括乔木林地、疏林地、未成；林造林地、灌木林地、苗圃地和国家规划的宜林地等。森林景观资产包括风景林、部分名胜古迹和纪念林等。

二、森林资源资产评估应关注的几个问题

1. 在对持续经营前提下的经济组织价值进行评估时，作为经济组织资产的组成部分，森林资源资产价值通常受其对经济组织贡献程度的影响。

2. 执行森林资源资产评估业务，应当根据评估目的等相关条件，选择恰当的价值类型。

3. 执行森林资源资产评估业务，应当考虑国家相关林业法规和政策，以及森林资源

的自然属性、经营特性、使用期限、用途等因素对森林资源资产价值的影响；执行涉及生态林、公益林等特殊用途的森林资源资产评估业务，除评估其经济价值外，还应当结合评估目的考虑是否评估其生态服务价值。

三、森林资源资产评估的操作要求

《资产评估执业准则——森林资源资产》规定了以下几个操作要求：

1. 执行森林资源资产评估业务，应当要求委托人明确森林资源资产评估目的、评估对象和范围。

2. 执行森林资源资产评估业务，应当根据评估目的和具体情况进行合理假设，并在资产评估报告中予以披露。

3. 资产评估专业人员应当要求委托人或者其他相关当事人明确森林资源资产的权属，出具林权证或者相关权属证明文件，并对其真实性、完整性、合法性做出承诺。资产评估专业人员应当对权属资料进行核查验证。

4. 执行森林资源资产评估业务，应当要求委托人或者相关当事人提供实物清单。资产评估专业人员在对森林资源资产进行评定估算前，可以委托相关专业机构对森林资源资产的实物清单进行现场核查，由核查机构出具检查报告。如果实物清单是由相关专业机构为满足资产评估需要、通过调查方式出具调查报告形式确定的，资产评估人员可以对调查工作进行现场核查。

5. 资产评估专业人员应当对森林资源资产评估中使用的资料进行核查验证。

四、森林资源资产价格构成

森林资源资产，不管是天然林还是人工林，其价格主要是由营林生产成本、资金时间价值、利润、税金、林木生产中的损失、地租、地区差价和树种差价等构。

1. 营林生产成本。营林生产成本是确定森林资源资产价值的基础，其确定应以能够提供商品材的劣等宜林地的营林生产成本为参考依据。

2. 资金的时间价值。森林资源资产从培育到成熟，其周期较长，营林过程需要不断投入资金。森林资源资产的价值评估应充分考虑资金的时间价值及资金占用的利息对林木价值的影响。

3. 利润。森林资源资产的价格必须包括营林利润。营林利润的确定以社会平均资本利润率为基础，同时考虑营林生产周期长、风险大的特点以及林木生产的实际情况进行相应的调整。

4. 税金。森林资源资产价值中的税金是指其经营过程中应缴纳的各种税费。

5. 林木生产中的损失。森林资源资产的成长周期较长，在这一过程中自然灾害。比如火、雨、雷、电、病虫灾害等会带来的经济损失。森林资源资产价值评估要对这些意外损失做合理的估计。

6. 地租。由于我国林地的所有权和使用权分离，森林资源价值包括地租部分。地租应根据不同林地、树种、经营水平等因素来确定。

7. 地区差价和树种差价。林木是在一定的自然地理条件下经过人类劳动而生产出来的。林木的成本和价格受到自然条件的影响，同时又受到林木本身生态特性的影响，两种影响因素带来林木的地区差价和树种差价。

五、森林资源资产评估的主要方法

森林资源资产评估的对象是林木资产、林地资产和森林景观资产。其中，林地资产评估方法与土地使用权评估的原理相同。这里主要介绍的是林木资产评估的主要方法。林木资产评估的方法主要有市场法、剩余法、收益法和成本法等。

（一）市场法在林木资产评估中的应用

市场法是林木资产评估最常用的方法。市场法是将参照物的现行市场价格进行调整，从而获得被估林木资产价值的方法。其计算公式为：

$$P = K \times K_b \times G \times Q \tag{5.1}$$

式中：P 为被估林木资产评估价值；K 为林分质量调整系数；K_b 为物价指数调整系数；G 为参照物单位蓄积量的交易价格；Q 为被估林木资产的蓄积量。

林分是指内部特征大体一致而相邻地段又有明显区别的一片林子。一个林区的森林可以根据树种组成、森林起源、林相、林龄、疏密度、地位级、林型以及其他因素的不同划分为不同的林分。林分质量调整系数是对同一林分中不同地段林木的差别而设置的系数，比如近熟林木资产价值评估，林分质量调整系数以单位面积蓄积和平均胸径两个指标确定。其计算公式如下：

$$K = K_1 \times K_2 \tag{5.2}$$

式中：

K_1 = 被估林分的单位面积蓄积/参照林分的单位面积蓄积

K_2 = 被估林分的平均胸径/参照林分的平均胸径

采用市场法要考虑以下几个条件：森林资源资产的活跃程度，市场提供足够数量可比森林资源资产交易数据的可能性和可靠性；森林资源资产所在地域差异性对森林资源资产交易价格的影响；森林资源资产的用途和功能对交易价格的影响；不同林分质量、立地等级、地利条件、交易情况等因素对森林资源资产价值的影响。

（二）剩余价值法在林木资产评估中的应用

剩余价值法又称"市场价倒算法"，是指用被估林木采伐后所得木材的市场销售总收入扣除木材经营所消耗的成本（包括相关税费）及合理利润后，所得余值作为林木资产的评估价值的方法。其计算公式为：

$$P = W - C - F + S \tag{5.3}$$

式中，P 为被估林木资产评估值；W 为林木销售总收入；C 为林木经营成本（包括采运成本、销售费用、管理费用、财务费用及有关税费）；F 为林木经营合理费用；S 为林木资源的再生价值。

林木再生价值是指林木砍伐后重新生长所产生的价值。剩余价值法适合于成熟林的评估。

(三)收益法在林木资产评估中的应用

收益法又称"收益净现值法",是将被估林木资产在未来经营期内各年的净收益按一定的折现率折现为现值,然后加总作为被估林木资产评估价值的方法。其计算公式如下:

$$P = \sum_{t=1}^{n} (A_t - C_t)/(1+r)^t \tag{5.4}$$

式中,P 为被估林木资产评估价值;A_t 为第 t 年的年收入;C_t 为第 t 年的营林生产成本;n 为经营期;r 为折现率。

采用收益法应注意森林资源结构、功能、质量、自然生长力等对收益的影响,森林资源管理相关法律、行政法规、财政补贴政策、采伐制度等对收益的影响,根据森林资源资产的特点、经营类型、风险因素等相关条件合理确定折现率,森林资源采伐方式和采伐周期对收益的影响。

(四)成本法在林木资产评估中的应用

成本法是按照现时工价和水平重新营造一块与被估林木资产相类似的林分所需要的成本费用,以此作为被估林木资产的评估方法。成本法的计算公式为:

$$P = K \times \sum_{t=1}^{n} C_t (1+i)^{n-t} \tag{5.5}$$

式中,P 为被估林木资产评估价值;K 为林分质量调整系数;C_t 为过往第 t 年以现时工价及生产水平为标准计算的生产成本(主要包括各年投入的工资、物质消耗及地租等);r 为折现率;n 为林分年龄。

采用成本法应考虑:森林资源培育过程的复杂性对成本的影响,森林资源经营的长期性对价值的影响,森林资源质量对价值的影响,森林资源培育技术、林地利用方式等造成的影响。

资料链接

2007年1月实施的财政部和国家林业局发布《森林资源资产评估管理暂行规定》明确了国有森林资源资产占有单位有下列情形之一的,应当进行资产评估:森林资源资产转让、置换,森林资源资产出资进行中外合资或合作,森林资源资产出资进行股份经营或者联营,森林资源资产从事租赁经营,森林资源资产抵押贷款、担保或偿还债务,收购非国有森林资源资产,涉及森林资源资产诉讼,其他法律法规规定需要进行评估情形。非国有森林资源资产是否进行资产评估由当事人自行决定,法律法规另有规定的除外。

第三节 矿产资源资产评估

一、矿产资源资产评估概述

矿产资源资产,从实物形态看是指经过地质普查、详查、勘探后发现的具有开采价值的矿藏。从矿业权角度看,我国实行探矿权和采矿权有偿取得制度,矿产资源资产可以专指矿业权。矿业权是指在依法取得的勘察或采矿许可证规定的范围和期限内,对矿产资源进行勘察、开采等一系列经营活动的权利。探矿权人有权在划定的勘察作业区内进行规定的勘察作业,有权优先取得勘察作业区内矿产资源的采矿权。探矿权人在完成规定的最低勘察投入后,经依法批准可以将探矿权转让他人。矿产资源由取得采矿权的国有矿山企业和其他经济成分的矿山企业开采使用。采矿权人经依法批准可以将采矿权转让给他人。

本节讨论的矿产资源资产评估是指探矿权和采矿权的评估。

二、影响矿产资源资产价值的因素

影响矿产资源资产价值的因素主要是矿产资源的稀缺程度和可替代程度、矿产品的供求状况、矿床自然丰度和地理位置、科技进步、社会平均资金利润率和矿业资本利润率。

(一) 矿产资源的稀缺程度和可替代程度

矿产资源的稀缺程度越高,其可替代性往往越低,凡是可替代程度低的矿产资源,其资产价值也越高。

(二) 矿产品的供求状况

矿产资源资产价值受市场供求规律制约,当供大于求时矿产品的价值就会降低,当供小于求时矿产品的价值就会升高。

(三) 矿床自然丰度和地理位置

矿床自然丰度是通过矿体规模、形态、产状、厚薄、品位和埋深等一系列指标综合反映的。矿床自然丰度越高,开采投入成本就越低,企业超额利润就越大,矿产资源资产价值就越高。矿床地理位置对矿产资源资产价格的影响很大。矿床距离加工地和消费地远近以及运输条件的优劣影响矿产企业的生产成本。

(四) 科技进步

当相关的科技进步时,下面几种情况可能发生:原先没有被利用的或者无法被利用的伴生元素或矿物得到开发和利用；可以发现已被使用的矿产资源新的或更有效的利用价值，从而改变和增加矿产资源资产的价值；可以发现和创造对矿产资源开发、利用更有效的方法；可以发现和创造更加有效和现代化的找矿方法。这些可能情况一旦发生将影响矿产资源资产价值。

（五）社会平均资金利润率和矿业资本利润率

矿业资本利润率体现出投资者投资矿业所要求的投资回报率，也体现出资本投入矿业的各种风险。矿业资本利润率与社会平均资金利润率的比较影响投资者的投资决策，从而影响矿业资源资产的价值。

> **课堂讨论**
> 矿产资源的稀缺程度和可替代程度、矿产品的供求状况、矿床自然丰度和地理位置、科技进步、社会平均资金利润率和矿业的资本利润率是如何影响矿产资源资产价值，它们一定导致矿产资源资产价值增加吗？举例加以说明。

三、矿产资源资产评估的主要方法

本节所指矿业资源资产评估实际上是矿业权资产评估，即采矿权和探矿权的评估。采矿权评估主要是采用贴现现金流量法与可比销售法。探矿权评估要求评估师针对不同精度勘察阶段选择合理评估方法。针对高精度勘察阶段，探矿权评估主要采用约当投资—贴现现金流量法、重置成本法和地勘加和法。针对低精度勘察阶段，探矿权评估主要采用地质要素评序法、联合风险勘察协议法和粗估法。

（一）贴现现金流量法

根据矿山现有的或设计的矿山设备、生产条件和方案等，评估师预测矿山企业在未来收益预期内各期开发利用矿产资源所取得的净现金流，选择合理的折现率将各期净现金流折成现值而后加总，以此作为被估采矿权价值的方法。贴现现金流量法的计算公式如下：

$$P = \sum_{t=1}^{n} [(CI_t - CO_t)/(1+r)^t] \tag{5.6}$$

式中，P 为被估采矿权价值，CI_t 为未来第 t 期现金流入量，CO_t 为未来第 t 期现金流出量，n 为未来收益期限，r 表示折现率。

（二）可比销售法

可比销售法是指利用已知采矿权转让中的市场价格作为参照物价格，通过差异因素调整来估算被估采矿权价值的方法。可比销售法的计算公式为：

$$P = \sum_{t=1}^{n} (P_t \times \mu \times \xi \times \varphi \times \theta)/n \tag{5.7}$$

式中，P 为被估采矿权价值，P_x 为参照物价格，μ 为规模调整系数，ξ 为品位调整系数，φ 为价格调整系数，θ 为差异要素调整系数，n 为选择 n 个参照物。

规模调整系数是关于被估采矿权与参照物探明储量差异的调整,其计算公式如下:

$$规模调整系数 = 被估采矿权探明储量 / 参照物采矿权探明储量 \qquad (5.8)$$

品位调整系数是关于被估采矿权与参照物矿产资源品位差异的调整,其计算公式如下:

$$品位调整系数 = 被估采矿权矿产资源品位 / 参照物矿产资源品位 \qquad (5.9)$$

价格调整系数是关于被估采矿权采用的矿产品价格与参照物当时采用的矿产品价格差异的调整,其计算公式如下:

$$价格调整系数 = 被估采矿权采用的矿产品价格 / 参照物当时采用的矿产品价格 \qquad (5.10)$$

差异要素调整系数是关于被估采矿权与参照物之间存在交通条件、自然条件、经济环境以及地质采选条件差异的调整,其计算公式如下:

$$差异要素调整系数 = 被估采矿权差异要素评价总值 / 参照物差异要素评价总值 \qquad (5.11)$$

采矿权差异要素的具体内容如表 5-1 所示。被估采矿权与差异要素评价总值,采取专家对比被估采矿权与参照物各要素差异进行评分的方法获得。

表 5-1　　　　　　　　　　　　采矿权差异主要要素

交通条件	1. 采矿权所在地的公路类型
	2. 采矿权所在地与国道的距离
	3. 采矿权所在地与火车站的距离
	4. 采矿权所在地与市中心的距离
	5. 采矿权所在地与相关公共设施距离
自然条件	1. 采矿权所在地的地形环境
	2. 采矿权所在地的水源状况
	3. 采矿权所在地的气候环境
	4. 采矿权所在地的土地状况
经济环境	1. 采矿权所在地的劳动力状况
	2. 采矿权所在地的供电供气状况
	3. 采矿权所在地的农业状况
	4. 采矿权所在地的居民收入
	5. 采矿权所在地的地方经济政策
地质采选条件	1. 矿产资源埋藏深度
	2. 矿床工业类型
	3. 矿石选冶性能
	4. 水文和工程地质条件
	5. 开采方式
	6. 采选规模

【例 5-1】 假设评估某矿产资源的采矿权,只有一个参照物价格 9 000 万元,被估采矿权储量为 1 200 万吨,参照物的储量为 800 万吨;被估采矿权矿石的品位为 3.8%,而参照物矿石品位为 4%;差异调整系数为 0.95;价格调整系数为 150%。采用可比销售法计算被估采矿权的价值。

解: 被估采矿权价值 = 9 000 × (1 200/8 000) × (3.8%/4%) × 0.95 × 150%
= 18 275.625(万元)

(三) 约当投资—贴现现金流量法

约当投资—贴现现金流量法适用于将探矿权转让从而产生计算原探矿权价值的评估。它是通过将新探矿权人未来开采投入的全部资产的未来预期收益折现加总,按照原探矿权人和新探矿权人投资的比例,对未来预期收益折现加总额进行分割,以原探矿权人分割所得的部分作为原探矿权资产价值。该方法的使用必须具有一定勘察程度,且有较为详细的地勘投资财务资料为基础。约当投资—贴现现金流量法运用步骤如下:

首先,评估师利用搜集资料以及预期未来收益计算新探矿权人的资产收益现值。其计算公式为:

$$W = \sum_{t=1}^{n} [W_t/(1+r)t] \tag{5.12}$$

式中,W 为资产未来各期收益现值加总;W_t 为资产在第 t 年的收益额(年销售收入 - 年经营成本 - 年资源补偿费 - 资源税金 - 其他税金);r 为折现率;n 为资产收益的期限。

其次,评估师将原探矿权人和新探矿权人各自投资折成现值。原探矿权人的投资现值 T_Y 可采用重置成本法将原投资的资产计算出现值。新探矿权人的投资现值 T_X 采用如下公式计算:

$$T_x = \sum_{t=1}^{n} [T_t/(1+r)t] \tag{5.13}$$

式中,T_X 为新探矿权人的投资现值;T_t 为新探矿权人第 t 年投资值;r 为折现率;n 为新探矿权人投资年限。

最后,评估师按照原探矿权人投资占总投资比例分割资产未来预期收益折现加总额,并以此作为原探矿权的价值。其计算公式如下:

$$P = W \times [T_Y/(T_Y + T_X)] \tag{5.14}$$

(四) 重置成本法

探矿权评估重置成本法是指在现行技术条件下采用新的价格费用标准获得与被估探矿权具有相同勘探效果的探矿权重置价值,再扣除技术性贬值,所得余额作为被估探矿权价值的方法。重置成本法的计算公式如下:

$$P = P_b(1+f) \times (1-\xi)$$
$$= \sum_{t=1}^{n} [(U_{bi} \times P_{bi}) \times (1+\varepsilon) \times (1+f) \times (1-\xi)] \tag{5.15}$$

式中:P 为被估探矿权值;P_b 为被估探矿权的重置成本;f 为地勘风险系数;ξ 为技

术性贬值系数;U_{bi}为各类地勘实物工作量;P_{bi}为各类地勘实物工作量对应的现行市价;n为地勘实物工作量项数;ε 四项费用分摊系数。

四项费用分摊系数是指其他地质工作、综合研究、编写报告、岩矿实验和工地建筑四项费用分摊系数。地勘风险系数经过测算获得，比如铁矿全过程地勘风险系数为1.55，普查为4.77，详查为1.40，勘探为0.21。技术性贬值系数是针对地质勘察技术或其他技术原因导致地勘成果质量出现问题或引起已探明储量的损失进行调整。

（五）地勘加和法

地勘加和法是指利用地勘投入的重置成本加上以地勘投入所占比例而分配的超额利润来确定探矿权价值的方法。其计算公式如下：

$$P = P_x + L_n \tag{5.16}$$

$$L_n = M \times [T/(T+G)] \tag{5.17}$$

式中，P为被评估探矿权价值；P_x为不含勘察风险的探矿权净价；L_n为被评估探矿权应分配的超额利润；M为超额利润总额；T为地勘总投入；G为矿山建设总投资。

（六）其他方法

其他矿产资源资产的评估方法是指地质要素评序法、联合风险勘察协议法及粗估法。

1. 地质要素评序法。地质要素评序法是以基础购置费为基数，通过对地勘成果综合评价，将定性的地质要素转化为定量的价值调整系数，对基础购置费进行调整来确定探矿权价值的方法，其计算公式如下：

$$\text{被评估探矿权价值} = \text{基础购置费} \times \text{地质要素调整系数} \tag{5.18}$$

式中，基础购置费包括国家规定缴纳的探矿权使用费和矿业权人承诺履行的地质基本支出或者已经形成的原始地质勘察费。地质要素调整系数是将各地质要素的显示划分为若干等级，并赋予相应价值指数而确定的价值调整系数。主要地质要素显示包括成矿显示、异常显示、品位显示、成因显示、蕴藏规模显示和前景显示。

2. 联合风险勘察协议法。联合风险勘察协议法主要适用于中外合作矿山的矿业权转让价格评估，即针对一方持有探矿权，另一方出资加盟的探矿权价值评估。联合风险勘察协议法是根据该勘察区已经签订的联合风险经营协议条款或类似勘察区签订的协议条款，按照合作公司所承诺的勘察投资及其所获得的相应股权评估探矿权价值的方法。

3. 粗估法。粗估法是在低勘察精度阶段采用的一种近似方法。它主要是根据上市公司公开的资料和股票市场走势的分析资料来估算探矿权的方法，目前常用粗估法是以资源品级价值为基础的和以单位国土资源价值为基础的粗估法。

关键概念

自然资源　资源资产　资源资产评估　森林资源　森林资源资产价格　林木资产的市场法评估　林木资产的剩余价值法评估　林木资产的收益法评估　林木资产的成本法评估　矿产资源资产　贴现现金流量法评估　可比销售法评估　约

第五章 资源性资产评估

当投资——贴现现金流量法评估　矿产资源资产重置成本法评估　地勘加和法评估
地质要素评序法评估　联合风险勘察协议法评估和粗估法评估

思考题

1. 按照各种划分标准自然资源的分类有哪些？
2. 自然资源的各种特征是什么？
3. 森林资源资产的价格构成有哪些内容？
4. 影响矿产资源资产价值的主要因素是什么？
5. 森林资源资产的主要评估方法有哪些？
6. 矿产资源资产的主要评估方法有哪些？

第六章
无形资产评估

【案例导入】

"新百伦"商标纠纷

2004年,周乐伦买下了一个注册于1996年名为"百伦"的商标,随后又注册了包括"新百伦"在内的一系列联合商标,并于2008年拿到了"新百伦"商标的批准。而早年曾以"纽巴伦"为名在国内进行宣传的New Balance,因为其2006年成立的上海公司名为"新百伦",便开始使用"新百伦"作为中文名。有中文商标"新百伦"的周乐伦向广州法院提起侵权诉讼。

广州法院一审判赔近亿元,被告不服上诉。广州法院认为,周乐伦明确以新百伦公司的侵权获利来确定赔偿数额,根据法院保全证据来看,新百伦公司在周乐伦所主张的侵权期间的获利共约1.958亿元,综合考虑新百伦公司主要是在销售过程中使用"新百伦"来介绍和宣传其产品,属于销售行为侵权等因素,故酌情确定新百伦公司向周乐伦赔偿的数额应占其获利总额的1/2,即9 800万元(含合理支出)。新百伦公司不服,提起上诉。

广东高院经审理,确定原审法院查明的事实属实,予以确认。二审法院认为,周乐伦涉案注册商标至今合法有效,权利状态比较稳定,应依法受到保护。新百伦公司于2006年12月27日成立,晚于周乐伦涉案注册商标的申请日。现有证据无法证明,新百伦公司对"新百伦"标识享有在先的企业名称字号权、未注册商标先用权和在先使用的知名商品特有名称权。广东高院判定:以全部产品利润计赔理由不成立。关于赔偿数额,广东高院认为,消费者购买新百伦公司商品更多地考虑"N""NB""NEW BALANCE"商标较高的声誉及其所蕴含的良好商品质量,新百伦公司的经营获利,并非全部来源于侵害周乐伦"百伦""新百伦"的商标,因此周乐伦无权对新百伦公司因其自身商标商誉或者其商品固有的价值而获取的利润进行索赔,周乐伦主张以新百伦公司被诉侵权期间的全部产品利润作为计算损害赔偿数额的依据理由不成立。

此外,新百伦公司侵权主观故意明显,即"New Balance"公司针对周乐伦申请注册"新百伦"商标所提出的商标异议被驳回的情况下,新百伦公司明知周乐伦对"百伦""新百伦"商标享有权利,但仍无视他人商标权的存在和中国商标法的相关规定。

第六章 无形资产评估

综合全案证据,广东高院确定,新百伦公司应赔偿周乐伦经济损失及为制止侵权行为所支付的合理开支共计500万元。

第一节 无形资产评估概述

一、无形资产及其内涵

无形资产是一个使用范围非常广泛,使用频率很高的概念。在会计学、经济学、资产评估学等学科里都广泛使用"无形资产"的概念。由于不同学科的视角差异,对无形资产概念的内涵及外延的定义存在着一定的差异。了解不同学科的无形资产定义,对于全面理解和把握无形资产是有一定帮助的。

我国2007年1月1日起施行的《企业会计准则第6号——无形资产》中对无形资产的定义是:企业拥有或者控制的没有实物形态的可辨认非货币性资产。

我国2017年10月1日起施行的《资产评估执业准则——无形资产》中对无形资产的定义是:特定主体拥有或者控制的,不具有实物形态,能持续发挥作用并且能带来经济利益的资源。同时,《资产评估执业准则——无形资产》把无形资产分为可辨认无形资产和不可辨认无形资产。可辨认无形资产包括专利权、商标权、著作权、专有技术、销售网络、客户关系、特许经营权、合同权益、域名等。不可辨认无形资产是指商誉。

二、无形资产的分类

(一) 按无形资产的性质和属性分类

按照无形资产的性质和属性分类,无形资产大致可分为以下几类:

1. 知识型无形资产。知识型无形资产通常是指通过人类智力劳动创造形成的成果,以及包含、凝结和体现人类智力劳动成果的无形资产。例如,知识产权范畴的无形资产,通常包括工业产权和著作权。工业产权主要包括专利权、商标权、非专利技术等。

2. 权利型无形资产。权利性无形资产是指特定当事人经政府、企业或他人授权,并通常会通过书面(或非书面)契约的形式,以特定当事人付费(或非付费)为代价,获得的能给特定当事人带来超额收益的相关权利,例如租赁权、特许经营权和专卖权等。

3. 关系型无形资产。关系型无形资产是指特定主体通过提高企业经营管理水平、商品质量、服务质量和商品信誉等建立起来的,与相关业务当事人之间的非契约型信任关系所形成的经济资源。关系型无形资产虽然没有契约保证,但特定主体与相关当事人之间的信任关系可以为特定权利主体带来经济利益。能够持续给特定权利主体带来经济利益的非契约型商业信任关系,构成了关系型无形资产的基本内容,例如销售网络、客户关系和专家网络等。

4. 其他类型无形资产。其他类型无形资产本身是一个边界比较模糊的无形资产概念。其他类型无形资产通常被认为是商誉，即包含了所有难以单独存在或难以独立辨识，且又难以归并到上述各种类型的无形资产。例如，属于企业管理和企业文化范畴的无形资产，像合理的企业组织体系和管理制度、企业文化、企业信誉和人力资源等。随着社会经济的发展、科技水平的提高及市场化程度的提高，包括在其他类型无形资产中某些难以单独存在或难以识别的无形资产，有可能会转变为可以单独存在或可以辨认的无形资产。这些无形资产会从其他类型无形资产中逐渐分离出来，成为一个独立的可以辨认的无形资产，例如人力资源无形资产等。

按照无形资产的性质和属性分类，有利于对无形资产性质的认识，有利于评估人员根据不同性质无形资产的价值影响因素进行价值评估。

（二）按无形资产取得的渠道分类

按照无形资产取得渠道分类，通常是以企业为无形资产持有的特定主体，无形资产可分为自创无形资产和外购无形资产。

1. 自创无形资产。自创无形资产是指企业通过自行研究、开发、设计或在生产经营活动过程中形成的无形资产，如自创专利权、自创商标权、自创技术秘密及客户关系等。

2. 外购无形资产。外购无形资产是指企业从外部购入或接受投资形成的无形资产。个别情况下，企业也有接收捐赠无形资产的可能，企业接收的捐赠无形资产也归并到外购无形资产之中。

按照无形资产取得渠道分类的意义，在于能够给评估人员提供某种提示：企业无形资产可能包含了两部分——账面无形资产和账外无形资产；不同获得方式下的无形资产价值在企业账面上的反映有较大的不同。根据现行会计准则及制度，企业自创无形资产有可能并不反映在企业账面上，或者入账价值只反映自创无形资产全部价值的一部分。如自创专利权，反映在企业账面上的价值部分可能只是专利申请费用和律师费用（研发费用全部当期费用化），这并不是自创专利权的全部价值。但是，外购无形资产的取得成本一定会通过企业账面反映出来，而且是以实际取得成本作为入账价值。

（三）按无形资产是否有专门法律保护分类

按无形资产是否有专门法律保护分类，可分为有专门法律保护的无形资产、无专门法律保护或法律不保护的无形资产两种。

1. 有专门法律保护无形资产。有专门法律保护无形资产是指那些有专门法律保护的各类无形资产，如专利权、商标权、著作权和租赁权等。

2. 无专门法律保护或法律不保护的无形资产。无专门法律保护或法律不保护的无形资产是指那些没有专门的法律保护或法律不予保护的无形资产，如非专利技术、技术秘密和经营秘密、客户关系等。

按无形资产是否有专门法律保护分类，目的在于提示评估人员注意：对于有专门法律保护的无形资产的评估，需要关注专门法律、法规的保护条款和约束条件。如果失去了法律保护，这些无形资产将失去其资产属性和价值。所以，评估人员应当关注企业是否已经依法及时获得法律保护，这是此类无形资产具有价值的先决条件。如《中华人民共和国商标法》规定商标权保护期为10年且可以续展，但需要企业提前提出续展申请，如果企业没有在规定的时间内提出续展申请，将被视为企业放弃续展权。对于没有专门法律保护或法律不予保护的无形资产，评估人员应当关注无形资产拥有主体对无形资产的保护程度，这将决定该无形资产是否有价值以及价值量的大小。

（四）按无形资产权益类别分类

按照无形资产的权益类别分类，通常是以企业为无形资产持有的特定主体，无形资产可分为所有权无形资产和使用权无形资产两种。由于同一无形资产的所有权与使用权可以分离且又可以被不同权利主体同时使用的特性，从特定权利主体拥有和使用无形资产的角度看，它既可以是拥有无形资产的所有权，也可以是拥有无形资产的使用权。不论特定主体是拥有无形资产的所有权，还是只拥有使用权，无形资产都可以成为交易、转让和投资的标的，也都可以成为评估对象。

1. 所有权无形资产。所有权无形资产是指特定权利主体对其占有、控制、使用的无形资产拥有所有权。如某大型企业拥有的自创专利权、商标权和非专利技术等。

2. 使用权无形资产。使用权无形资产是指特定权利主体对其占有、控制、使用的无形资产只拥有使用权。如某微型企业通过他人授权获得的专利使用权、商标使用权、特许经营权，以及非专利技术使用权等。

从资产评估的角度讲，按照无形资产的权益类别进行无形资产分类的意义在于明确评估对象无形资产的权利类别，以及不同权益类别无形资产的权益边界、价值影响因素和评估要点。例如，所有权无形资产的权利人首先要履行所有权人的义务，维护无形资产权益的有效性，如专利权要缴纳年费、商标权到期要申请续展，否则无形资产的权益将不复存在。使用权无形资产的拥有者需要根据特许授权协议规定的地域和产品服务领域范围，合理合法地实施无形资产使用权，并按照协议规定支付特许使用费，不可以违约扩展无形资产的使用权益或损害无形资产的所有权权益。

无形资产还可以按照其他标准进行分类，如按照无形资产构成内容分为单项无形资产和无形资产组合；按照无形资产发挥作用的领域，可以将无形资产划分为流通领域的无形资产、生产领域的无形资产和其他领域的无形资产；按照无形资产是否有明确的存续期限，可以将无形资产划分为有明确存续期限的无形资产和无明确存续期限的无形资产等。

三、无形资产的特征

（一）无形资产无物质实体，却需要借助于实体资产发挥作用

无形资产无物质实体性是对无形资产存在形式特性的一个基本描述。无形资产的获利能力，通常是需要通过一定的实体资产的配合使用才能发挥出来。如专利技术或非专利技术的优越性及其获利能力通常需要借助于单台设备、机组、生产线及其工艺发挥出来；商标及品牌的知名度和市场影响力及其获利能力通常需要借助于商品或服务表现出来；著作权无形资产的获利能力通常需要借助于影视作品、小说、图书、软件等物质载体表现出来；而商誉则需要通过整体企业的经营管理水平和效益体现。无形资产虽然是一种独立的且没有物质

实体的资产，其发挥作用及其价值却与其相关实体资产或载体有着密切的关系。无形资产需要借助于实体资产发挥作用的特点，通常被概括为无形资产的依附性特点。

（二）无形资产可以被多个主体同时使用

排他性的占有是所有资产存在的一个充分必要条件，无形资产也并不例外。当然，这里的排他性占有指的是资产所包含的权益的归属是排他的。对于实体性资产而言，不仅资产所包含的权益的归属是排他的，实体资产的使用也具有排他性，即实体资产不能同时被多个不同主体使用。但对于无形资产而言，无形资产是可以同时被多个不同主体使用，即无形资产的权利主体在使用其拥有的无形资产的同时，可以特许他人同时使用该无形资产。无形资产可以同时被多个不同主体使用的特点，即共享性特点，是无形资产具有的明显特点之一，是无形资产价值评估需要考虑的重要因素之一。无形资产共享性的特点表明，无形资产的权益边界并不是固定的。

（三）无形资产的研发投入（取得成本）与无形资产的产出对应性弱

众所周知，不论是技术类的无形资产，还是其他类的无形资产，其研制开发都有很大的不确定性。这种不确定性，不仅表现在研发投入与研发成果之间的投入产出关系的不确定，而且表现在研发投入的数量与研发成果质量之间的不确定。无形资产价值的高低最终是由无形资产的获利能力决定的，而无形资产的获利能力则是由无形资产的功能及效用决定的。虽然无形资产的功能及效用与无形资产的研发投入或成本相关，但无形资产的功能及效用并不完全取决于它的研发成本或投入的数量，无形资产价值与其研发成本之间的弱对应性是比较明显的。

（四）无形资产具有明显的个别性特征

对于大部分无形资产而言，主要是采取个体研发、量身定做，很难通过重复性批量生产。因此，大部分无形资产都具有明显的个别性和独特性。无形资产的个别性特征也就决定了大部分无形资产之间缺乏可比性，包括功能、研发成本和交易的可比性。

由于无形资产研发的个体性和强调其独特性，即使同种类的无形资产也难以保证其功能上的一致。由于不同企业的开发能力、管理水平、员工素质、市场开拓能力等诸多因素的差异，即使研发类似无形资产，其投入的研发费用和取得的无形资产（研发成果）质量及其未来的获利能力等也可能相差甚远。因而，在公开市场上找到可以作为参照物的同类或类似无形资产是非常困难的。所以，无形资产的个别性特征决定了大部分无形资产缺乏可比性。

（五）无形资产获利能力具有较大的不确定性

无形资产获利能力即产生未来收益受到的影响因素及影响程度远远超过有形资产。影响无形资产获利能力的因素，除了与无形资产自身的技术水平、市场影响力有关以外，还与其附着的有形资产的匹配程度、企业的经营管理水平以及相关法律法规相关。无形资产自身的技术水平和市场影响力会受技术进步速度和市场需求变化等因素的影响。无形资产的应用以及发挥效用与其附着的有形资产的质量、规模及其匹配程度都有着直接或间接的关系。由于无形资产权益的可扩散性，拥有无形资产的特定主体的经营管理水平对无形资产获利能力的影响程度，也远大于该因素对有形资产获利能力的影响程度。社会的发展会不断地产生新的知识和技术替代原有的知识和技术，新的市场需求会不断地替代旧的市场需求，更新的营销模式经常要取代传统的营销模式等，所有这些变化都会影响无形资产的获利能力，甚至无形资产本身。因此，无形资产有着更快的更新替代速度，这一特性表明无形资产虽然有着较强的获利能力，但也存在着获利能力不稳定的一面。在无形资产评估过程中切不可顾此失彼。

（六）无形资产有明显的法律属性

无形资产明显的法律属性是指许多无形资产依据法律而形成，依据法律保护而存在，依据法律保护来维权。特别是无形资产的核心部分——知识产权以及权利类的无形资产，就是依相关知识产权法律而形成的资产。例如，专利无形资产是依据专利法的规定而形成的独占权利；商标无形资产是依据商标法的规定而获得的专属权利；著作权类无形资产则是依据著作权法的规定而拥有的排他权利；租赁权主要是依据合同法的保护而成为无形资产。无形资产的法律特性也决定了这些依据相关法律规定和保护而形成的无形资产，其权利和权益具有明显的时间性和地域性，以及对法律保护的依赖性。在正常情况下，这些无形资产是由法律赋予权利人在一定区域和特定时间内对该项权利和权益的独占和垄断，超出法律规定的保护区域和保护时间，上述权利人将失去对该权利和权益的独占和垄断。对于像知识产权以及权利类无形资产，法律保护是这些无形资产获得超额经济收益的保证。因此，这些无形资产的价值与其法律保护程度和强度以及维权能力具有很强的关系。

第二节　商标权评估

一、知识型无形资产评估概述

（一）知识型无形资产的特点

知识型无形资产主要是指知识产权范畴的无形资产，通常包括工业产权和著作权。工业产权主要包括商标权、专利权、非专利技术等。知识型无形资产一般具有以下几个特征：

1. 专有性。专有性是指知识型无形资产的所有人对其无形资产享有专有使用、充分完整支配的权利，即专有、使用、收益和处分的权利。无形资产所有人行使这种权利是绝对的，当然这种专有性要受到法律的约束。未经无形资产所有人同意，其他任何人不得擅自使用其无形资产，否则，无形资产所有人可以依法向侵权人提出停止侵权行为、提出赔偿请求。

2. 可转让性。可转让性指的是知识型无形资产使用权的可转让性,即无形资产所有者可以依法将无形资产使用权转让给他人,可以通过签订许可使用合同,许可他人在一定时间、一定区域内使用其无形资产。

3. 时间性。时间性是指在一定的时间限制内知识型无形资产的所有人享有知识产权,也就是说无形资产所有人只有在法律规定的有效期间内才受法律保护,如果超过了法律规定的保护期限,无形资产所有人对其无形资产所享有的权利就自动终止。

4. 地域性。地域性是指知识型无形资产的知识产权不发生域外效力,即一国法律规定所取得的知识产权,只能在该国境内有效,对其他国家不发生法律效力。无形资产所有人的知识产权只能在授予该项权利的国家领域内受到保护。所以知识型无形资产为了取得其他国家的法律保护,就必须依该国的法律规定,履行必要的程序,获得该国的知识产权。

(二) 知识型无形资产的效用特性

资产的价值往往取决于其效用,即使用价值,所以,要对无形资产做出准确的评估,就需要了解该无形资产的效用特性。无形资产的效用特性主要有如下几种:

1. 间接性。知识型无形资产对于企业或者个人而言,效用都是间接的。因为知识型无形资产通常都是以知识形态出现,或者表现为信息状态,所以它只有与其他要素(如资本、劳动等)有效结合,才能发挥作用。知识型无形资产的使用过程,就是知识的应用和对象化过程。它的效用的充分发挥,建立在相应要素的充分使用或者效用增加的基础上。比如,专利技术,其效用价值的体现,是建立在运用该技术的人力资源效用的提高或者企业生产效能的提高上。

2. 扩散性。由于知识型无形资产效用的间接性是依靠相应要素或者资产的效用发挥而体现的,这就决定了该无形资产的效用具有扩散性。也就是说,一项专利或者发明的相应效用能够扩散到,或者更准确地说是嵌入相应的企业或者个人的其他要素或资产中。同时,这种效用还具有衍生性,可以从一个领域向其他多个领域扩散。最简单的例子就是商标权,虽然现在很多企业采用商标细分的做法,但是在企业横向或者纵向发展时,往往会共用一个商标,这一知识型无形资产的效用就会随着商标权使用范围的推广而扩散到其他产业领域中。随着知识经济的进一步发展,知识和技术的扩散性更加明显。这种扩散不仅扩大了效用的范围和领域,还进一步推动了知识和技术的积累和增长。在这一过程中,就会产生更多的间接经济效用。

3. 增值性。知识型无形资产的效用增值性体现在两个方面:一是引起其他要素或者资产的效用增值,这是该类无形资产效用间接性决定的。二是自身效用的增值。由于知识型无形资产更多地体现的是知识的力量,这种人类复杂劳动所创造的智慧结晶本身就具有很大的潜在价值。它会随着效用的发挥,逐步释放其潜在价值,同时不断创造新的效用领域。这种扩散性的积累会使资产的效用进一步扩张,从而为企业和个人创造持续的经济效益。一部书籍或者一份软件,随着不断的使用和推广,其价值会不断积累与增值。

(三) 知识型无形资产评估的特点

知识型无形资产是一种价值变化大、不易定价的无实物形态的无形资产,对其进行评估之前,就要充分考虑其特有的效用属性。知识型无形资产评估具有以下一些特点:

1. 知识型无形资产评估具有复杂性。知识型无形资产评估中的复杂性直接来源于该类无形资产效用的间接性。由于它的效用是间接体现在其他要素和资产的效用上,所以我们很难有效地区分出知识型无形资产所对应的效用。此外,在各资产和要素之间彼此价值形成的机理虽然是一致的,但实际形成的过程则差异极大,这就造成实际评估的可比性差,增加了对相应效用评估的难度。同时,由于知识型无形资产效用的扩散性,增加了受影响的领域和范围,这就加大了确定效用范围的难度。

2. 知识型无形资产评估具有不确定性。应该说,资产评估都具有不确定性,但是,知识型无形资产评估的不确定性更为突出,其原因就在于其效用的特性。在大多数无形资产评估项目中,都需要预测该项无形资产效用发挥的时间和未来的收益。但是知识型无形资产的效用具有增值性,知识的累积与增值不仅影响了效用发挥的时间,而且增加了未来收益的预测难度,再加上效用的扩散性,使得预测的准确程度更加难以把握。所以,知识型无形资产的评估具有极大的不确定性。

3. 知识型无形资产评估具有动态性。多数知识型无形资产时间更替较快,准确计算其有效使用年限,确定其损耗、使用风险等都较为困难。知识型无形资产评估要从动态的角度去考察评估对象。一方面,无形资产所处的环境是不断发展变化的,比如,一项专利技术成果、一种商标、一部作品的著作权等,由于其所处的技术环境、社会政治经济环境都在变化,这些变化必然影响该项无形资产的价值。另一方面,有些知识型无形资产自身也有发生变化的可能,最明显的是著作权,其价值可能会被再发掘,从而需要重新评估。所以,只有正确把握相关资产的发展进程,适当预计资产更新过程,才能准确核定无形资产的有效使用期限和未来预期收益。只有准确把握外部环境的发展变化,才能更有效地提高资产评估的准确性。

二、商标权的含义与评估价值的影响因素

(一) 商标权的含义

商标权是商标注册后,商标所有者依法享有的权益。它是一种依照有关商标法律,经过一定的程序,符合一定的原则才能确定的权利。商标受法律保护。商标权包括商标所有者对其商标所拥有的独占权、转让权、许可权和继承权等权利。

(二) 商标权评估价值的影响因素

1. 商标的法律状态。我国实行的是"不注册使用与注册使用并行,仅注册才能产生专用权"的商标专用权制度。按照这种制度,只有注册商标才有经济价值,未注册的商标即使能带来经济效益,其经济价值也得不到确认。《中华人民共和国商标法》第三十七条规定:"注册商标的有效期是十年,自核准注册之日算起。"如果十年届满,没有申请续展,则商标的注册将被注销,商标权失效。商标权一旦失效,不再受法律保护,原商标

所有人不再享有商标专用权。丧失了注册商标专用权，也就失去了商品评估的对象，也就不再具有经济价值。还有几种情况可能导致商标权的失效：自行改变注册商标的，自行改变注册商标的注册人名义、地址或者其他注意事项的，自行转让注册商标的，连续3年停止使用的。

2. 商标的知名度。商标的知名度，即商标的驰名度。商标是产品的标志，同时对消费者来说，选择某个商标的产品意味着某种消费观念和价值观念，当这种观念被多数人接受并成为一种时尚时，市场上对这种商标的产品的需求扩大，则商标所带来的超额利润增大，商标价值增高。很多国家对驰名商标的保护力度远大于非驰名商标。不同的商标可以为商标权人带来不同的收益，即使是同样的商品，企业的收益也会相差甚远。一般情况下，同一行业，驰名商标价值高于非驰名商标价值。

3. 商标所依托的商品。商标所有者享有禁止他人未经许可在同一商品或劳务上使用其商品的权利。商标本身不能直接产生收益，其价值是依托有形资产实现的。商标所带来的效益是依托相应的商品或服务来实现的。商标的价值体现为获得超额利润的能力。市场占有率越大，商品销售量越多，超额利润越大，商标价值也就越大。竞争状况同样影响商标价值，竞争越激烈，其他知名商标越多，商标价值越小。商品的生命周期一般有四个阶段：研制阶段、发展阶段、成熟阶段、衰落阶段。若商品处于发展和成熟阶段，获得超额利润的能力强，商标价值高；若处于衰落阶段，则获得超额利润的能力弱，商标价值相应较低；若处于研制阶段，要考虑商品是否有市场、单位产品可获得的利润等因素综合确定商标权的价值。

4. 宏观经济状况。商标价值与宏观经济形式密切相关。在评估基准日若宏观经济景气，评估值相对较高；经济低迷时，评估值相对较低。另外，国家的宏观经济政策同样对商品评估价值有影响，财政政策、货币政策等，尤其被评估商标所处行业政策走向，是商标价值评估必须考虑的因素。例如，国家政策对注册商标、驰名商标是否有相关的法律、法规来对其进行保护及保护力度强弱，都是影响商标价值的重要因素。没有法律保护的商标，研究其价值是没有意义的。

5. 评估目的。在实践中，即使是同样的资产，因为评估目的的不同，其评估方法的选择可能会不同，同一评估方法中各项评估参数的选取也会不同，因而评估值也往往不同。例如，股份制企业的商标评估，通常分为商标权投资入股、商标许可使用和商标转让等；在商标转让的案例中商标转让的方式不同，评估值也不同。通常，商标所有权转让的评估价值高于商标权许可使用的价值。

6. 商标设计、广告宣传。商标的开发购置成本及广告宣传费用是商标成本的重要组成部分。商标的广告宣传是扩大商标知名度和影响力的重要因素，商标的广告宣传对其价值产生重大的影响。通过广告宣传使大众熟悉该产品，刺激和维持消费需求，从而扩大产品销量，为企业带来更多超额利润。商标的艺术价值也是确定商标经济价值的内在因素之一。一个好的商标设计要求美观、有内涵，并能展示企业风格，而商标设计的基础则在于商标名称的创意和设计。

三、商标权评估的方法

商标评估作为无形资产评估的一种,一般而言,无形资产的评估方法也适合商标评估,主要的方法有重置成本法、现行市价法、收益现值法。在商标的实际评估工作中,选择什么样的方法进行评估,要依据评估的目的、当时的具体评估条件以及商标的来源等情况来决定。下面阐述三种方法对商标评估的适应性。

(一)重置成本法

重置成本法是指在现有的市场条件和技术条件下,重新开发一个同样价值的商标需要的成本作为商标的评估价格的一种方法。重置成本法的基本思路是实际投入被评估商标的成本以现行市价重置。显然,重置成本法评估的是商标的外在价值,它适宜对商标转让交换价值的评估。其优点是充分考虑到企业在生产开发商标全过程中的成本投入,评估的结果有坚实的投入基础,准确性和可信性比较高。其局限性是进入商标的成本难以准确界定,而且所有的资料都基于过去,并没有反映未来的盈利能力。在评估实务中常用重置成本法中的成本核算法、市价调整法及投入成本累加法来评估商标的价值。

国外专家进行商标评估时,往往注重对商标外在价值的评估,所以重置成本法是用得比较多的一种方法,而且常用此法来评估商标的整体价值。

【例6-1】Z公司收购Y公司时,对Y公司的唯一的注册商标权S进行评估。尽管Y公司经营状况并不理想,但由于Y公司的商标S已经使用十几年,在当地有一定的知晓度。因此,Z公司收购Y公司后可以直接利用商标S标识商品,可以节省Z商品进入市场的成本。评估人员通过对Y公司历年广告情况的调查,得知商标S的广告主要集中在省、市级媒体。从最近3年的财务记录中查询得知Y公司各年投入的广告费为20万元、25万元和30万元。目前在省、市级媒体做约当数量密度广告宣传,并达到商标S目前的市场知晓度,大约需要投入90万元至100万元。

解:评估人员根据上述调查分析,综合商标S的设计、注册及其他相关必要费用情况,估测商标S的重置成本为100万元。由于Y公司今年来经营出现问题和困难,对商标S造成了一些负面影响,需要Z公司收购后采取适当的宣传及媒体见面会等措施弥补和挽回。考虑上述因素,评估商标S存在贬值20万元。最终确定商标S评估价值为80万元(见表6-1)。

表6-1　　　　　　　　　商标S重置成本计算表

项目	数量	价格	费用(万元)
省电视台	200分钟	2 000元/分	40
市电视台	300分钟	1 000元/分	30
报纸	20个版面	5 000元/版面	10
宣传册	10 000份	10元/份	10
设计注册			10
合计			100

（二）现行市价法

现行市价法是通过市场调查，选择一个或几个与被评估商标相同或相似的商标作为比较对象，分析比较对象的成交价格和交易条件，进行对比调整，估算出评估商标价值的方法。商标的交易市场可以分为两类：一是商标的转让市场；二是商标的许可市场。商标的转让是商标所有权的让渡，转让价格在一定程度上直接反映了商标的价值。商标的许可是商标使用权的让渡，有独占许可、排他许可和普通许可。同类商标的许可价格在一定条件下可作为其他可比商标许可的参考。

任何两个商标的许可都不可能是完全一样的，可以相互比较的商标应满足以下条件：①应当是同行业的商标。一般不是同一行业的商标在自身特性、使用等方面的差距比较大，很难比较。②使用商标的产品或服务的范围应基本相同。③商标许可发生的时间比较近，具有可比性。④商标许可的限制条件明确，无本质差异，可以相互比较，如许可形式一致等。⑤商标许可双方的情况有可比性。

满足以上条件后，具体比较商标许可还要做如下修正：①商标的信誉度，即商标实力的修正，包括商标的领导力、稳定性、市场状况、国际性、发展趋势、投资、保护等方面。②商标许可限制条件的修正，包括许可使用的时间、产品范围、地域、数量、质量保证等方面。③许可发生时间的修正。如果相比较的许可发生的时间不是十分接近，应考虑通货膨胀方面的影响。

现行市价法的优点是评估结果易为商标转让交易双方所接受，可操作性比较好。局限性是在应用时条件比较苛刻，应用该方法评估时有两个前提条件：一个必须有一个完全成熟的、活跃的商标市场；另一个是被评估商标的市场参照物及其相比较的项目、技术参数等资料是可搜集的。在我国商标市场很不完善的条件下，其局限性就更加明显，所以在我国几乎很少应用该方法。相对而言，在国内，收益现值法是评估商标价值运用最多的一种方法，也是最基本、最重要的方法。

（三）收益现值法

收益现值法主要着眼于商标的未来收益，也就是把商标当作能获得收益的资产看待，而不是简单地考虑商标自身的外在价值。这种方法是将商标在剩余有效期内预期创造的总收益贴现为商标评估时的现值，其计算公式如下：

$$\text{商标的评估值} \, v = \sum_{i=1}^{n} \frac{c_i}{(1+r)^i} \tag{6.1}$$

式中，c_i 为使用该商标第 i 年所取得的收益额；r 为折现率；n 为商标预期使用的年限。

用收益现值法来评估反映了商标的内在价值，是一种比较理想的评估方法，比较适合评估商标的整体价值。但收益现值法评估结果的准确性主要取决于相关参数的设计，然而参数的选取是一个比较难的问题，主要是商标往往与企业其他资产共同创造价值，所以很难分离出商标所创造的收益。而且商标评估的结果往往偏高，商标交易的卖方能够接受，但买方一般都不接受，一般很难达成真正的交易。

具体参数的选取主要包括商标预期的收益、商标的收益年限、商标收益的折现率。

1. 商标预期的收益。商标预期的收益是指预计由商标带来的未来收益。运用收益现值法评估商标，首先必须科学、合理地分离出商标创造的未来收益。评估商标预期的收益，需要考虑以下因素：

（1）商标收益的分离。商标不能单独创造收益，它只有与企业其他资产相结合才能创造收益。企业整体创造的收益，既有企业所拥有的有形资产带来的收益，也有企业拥有的无形资产所创造的收益。企业的无形资产一般情况下不只是商标，还可能包括专利及专有技术、版权、顾客关系、销售网络、商誉等。

现在一种比较通行的方法是用企业超额收益来替代商标收益。这样做有一定的合理性，它被认为商标价值是商誉价值的外在表现。企业的超额收益指的是企业所获得的超过行业平均水平的收益。

（2）商标收益的预测。商标收益的预测是建立在对商标权所有者销售业绩与行业业绩预测的基础上，因为我们所界定的商标收益就是企业的超额利润。所谓超额，就是超过行业平均水平的部分，所以我们要对商标所有者与行业两个方面进行预测。

对商标收益的预测可以采用直接分析法，即直接分析将来每年的收益值，也可以运用历史的数据建立数学模型，还可以将两者方法结合起来，即在依据历史数据建立数学模型预测数据的基础上，根据实际的情况进行调整。

2. 商标的收益年限。商标收益年限的确定主要考虑以下因素的影响：

（1）商标的法律保护年限。根据《中华人民共和国商标法》第三十九条的规定，注册商标的有效期为十年，自核准注册之日起计算。同时第四十条对商标的续展注册也做了明确的规定，续展之后的有效期仍为十年。从理论上讲，只要商标所有者依法经营，商标的法律保护年限可以是无限的。

（2）商标的经济年限。商标的经济年限需要考虑以下几个因素：企业的发展方向、商标的发展潜力、企业商标策略、行业发展趋势以及整个国民经济的发展。

3. 商标收益的折现率。计算商标的折现率可以有以下几种方法：

（1）资本资产定价模型，其计算公式如下：

商标收益的折现率 = 无风险报酬率 + 企业风险报酬率 (6.2)

式中，企业风险报酬率可以分解成行业平均风险报酬率与企业独有的风险报酬率，所以计算公式如下：

商标收益的折现率 = 无风险报酬率 + 行业平均风险报酬率 + 企业独有风险报酬率

式中，无风险报酬率一般用同期政府债券的利率或同期银行贷款利率；行业风险报酬率一般用行业组合的 β 值与报酬系数的乘积；企业独有风险报酬率可以由专家鉴定。

（2）从行业平均收益出发，在计算商标收益的时候我们采用行业平均收益作为参照系，所以折现率也可以采用行业平均收益率来替代。也就是说，商标收益的折现率等于行业平均收益率。

【例 6-2】A 啤酒厂将清爽牌啤酒的注册商标使用权通过许可使用合同允许 B 啤酒厂使用，使用时间为 5 年。双方约定，按照啤酒行业商标特许使用费惯例，由 B 啤酒厂每年按使用该商标新增利润的 25% 支付给 A 啤酒厂，作为商标使用费，试评估清爽牌啤酒商标使用权特许使用价值。其评估过程如下：

解：（1）预测 B 啤酒厂使用期限内新增利润总额。新增利润取决于 B 啤酒厂使用清爽牌啤酒商标后每吨啤酒提价的新增利润和预计产量。对于产量的预测，应根据许可合同的有关规定及市场情况进行，包括许可合同中规定的地域界限。根据评估人员预测，每吨啤酒可新增净利润 50 元，第 1 年至第 5 年 B 啤酒厂生产的啤酒分别是 20 万吨、25 万吨、28 万吨、30 万吨、30 万吨。由此确定每年新增净利润（假设折现率为 10%）（见表 6-2）。

表 6-2　　　　　　　　　　　每年新增净利润折现值

年份	新增净利润额（万元）	折现系数	折现值（万元）
1	1 000	0.9091	909.1
2	1 250	0.8264	1 033
3	1 400	0.7513	1 051.82
4	1 500	0.6830	1 024.5
5	1 500	0.6209	931.35
合计			4 949.77

（2）按 25% 的分成率计算确定商标使用权的评估值为：

评估值 = 4 949.77 × 25% = 1 237.44（万元）

第三节　专利权评估

一、专利权概述

（一）专利权的含义

专利权是指专利权人在法定期限内对其发明创造成果享有的专有权利。其主要作用体现在以下两个方面：①专利权人依法对发明创造享有制造、使用、销售的独占实施权或者许可他人实施的权利等。②专利权人有权对未经其允许而以经营为目的使用其专利的行为起诉，要求侵权人停止侵害、赔偿损失。

（二）专利的类型

《中华人民共和国专利法》保护三种专利，即发明专利、实用新型专利和外观设计专利。

1. 发明专利。发明专利是指以发明为保护客体的专利权。发明是指对产品、方法或者改进所提出的新的技术方案。发明一般分为产品发明和方法发明两类。产品发明是指人们通过研究开发出来的关于各种新产品、新材料、新物质等的技术方案,如电子计算机、超导材料等。方法发明是指人们为制造产品或者解决某个技术课题而研究开发出来的关于操作方法、制造方法以及工艺流程等技术方案,如汉字输入方法、无铅汽油的提炼方法等。

2. 实用新型专利。实用新型专利是指以实用新型为保护客体的专利权。实用新型是指对产品的形状、构造或者其结合所提出的适于实用的新的技术方案。实用新型具有如下特征:①实用新型是一种新的技术方案。②实用新型仅限于产品,不包括方法。③实用新型要求产品必须是具有固定的形状、构造的产品。气态、液态、凝胶状或者颗粒粉末状的物质或者材料,不属于实用新型的产品范围。

3. 外观设计专利。外观设计专利是指以工业品外观设计工作为保护客体的专利权。外观设计是指对产品的形状、图案或者其结合以及色彩与形状、图案的结合所做出的富有美感并适于工业应用的新设计。外观设计具有如下特征:①外观设计必须与产品相结合。外观设计是产品的外观设计,外观设计必须以产品的外表为依托,构成产品与设计的组合。②外观设计必须能在产业上应用。外观设计必须能够用于生产经营目的的制造或生产。如果设计不能用工业的方法复制出来,或者达不到批量生产的要求,就不是专利法意义上的外观设计。③外观设计富有美感。外观设计包含的是美术思想,即解决产品的视觉效果问题,而不是技术问题。

此外,在其他国家还设有植物专利、产品专利、方法专利、改进专利、独立专利、从属专利、输入专利等。

(三)专利权资产价值的影响因素

1. 经济因素。专利技术的开发成本是决定专利权价值的重要因素。专利技术的开发成本包括直接成本和间接成本,还要考虑后续因为持有或者转让授权所衍生的成本和费用。相关行业的经营和市场状况也会影响专利权的价值。不同的使用领域,其平均利润不同,这对专利技术的价值也会造成影响。市场前景的差异,会对专利权的评估结果造成影响。

2. 技术因素。技术因素包括技术本身和技术的成熟度。如果一项专利技术所涉及的是高新技术中尖端领域,那它无疑是极为复杂的,而且具有很大的难度。假设这项专利技术不仅处在高新技术中的尖端领域,而且与同类已有技术相比,该技术本身还具有突出的创造性、显著的新颖性,那么其评估价值会进一步得到提升。如果一项专利技术涉及的是极为普通的技术领域,那它肯定不会十分复杂,而且难度也不会太大,那么与高端技术相比,其评估价值会明显偏低。当然,如果该技术因其创造性与新颖性而使得其应用前景巨大,那么即使该技术是相对低端领域的专利权,也会有一个较高的评估值。

专利技术的成熟度,也就是专利技术的更新周期。技术更新周期越长,替代技术的出现也就越晚,对于许可方而言,可以有较长的时间使用该项专利技术,同时也可以进行多次转让,容易获得长期的经济回报,投资收益期也会相应延长。

3. 环境因素。专利权的评估是在一定的政治、法律和社会环境中进行的。宏观的社会环境包括国家法律和政策环境(包括产业政策、进出口关税、知识产权保护法律法规等），这些都会对专利权的价值评估造成影响。一般说来，国家在经济、技术、税收方面的法律对专利权价值的影响较大，在评估实践中必须予以高度重视。这是因为在国家制定的法律法规中，有些是鼓励技术进步以促进经济增长的，有些是鼓励开发与合理利用资源的，有的则是保护资源、保护环境，限制某些行为的。显然，与前两类法律有关的技术由于符合国家法律且属于被鼓励的范畴，其评估价值有可能较高；而与后一类法律有关的技术，则要具体问题具体分析。合法的且属于资源与环境保护方面的技术，价格就可能较高，反之，则可能较低，甚至会受到法律制裁。税法对技术价格的影响也很大，因为它涉及所得税、财产税、关税等税负由谁承担的问题。

二、专利资产价值评估

专利权的评估方法主要有两种：一种是基于收益现值法而衍生的超额收益法；另一种就是参照实物期权法的专利权评估方法。

（一）超额收益法

专利技术之所以有价值，关键在于它能够帮助企业提高产品质量，增加销售收入和降低生产成本，使企业在原有的基础上获得超额收益。因此，对专利技术的价值评估经常采取超额收益法。超额收益法就是以专利技术未来的超额收益现值作为计价基础，按照将本求利的原则进行逆运算，通过以利索本的评估思路，对专利技术进行评估。它类似于商标权评估中的收益现值法，是目前专利技术评估中最常用的一种方法。其计算公式为：

$$p = K \times \sum_{i=1}^{n} R_i \times (1+r)^{-i} \tag{6.3}$$

式中，p 为专利权评估值；R_i 为第 i 期的预期超额收益；r 为折现率；n 为预期收益期限；k 为专利权分享的超额收益分成率。

1. 预期超额收益的确定。评估结果对预期超额收益变动的敏感程度最大，必须在实际评估中予以特别重视。在对预期超额收益进行测算时，首先，要对专利技术的特性做出评价。其次，要尽量选择专利技术使用过程中的净现金流量作为反映超额收益的指标，这是因为净现金流量指标比较客观、规范，综合反映能力强。最后，还要根据评估基准日所处的阶段，充分考虑资金、市场与管理等方面的综合因素。预期超额收益的来源在于收入的增加和成本费用的节约，在实际评估中，超额收益往往是收入变动与成本变动共同形成的结果。因此，在具体评估时，应加以综合考虑与测算。

2. 超额收益分成率的确定。超额收益分成率是指同专利权相结合的要素或者资产共同形成的利润的分成比率。这一参数也类似于商标权的利润或收入分成率。超额收益分成率与企业规模、产品质量、销售额、提成年限、专利技术复杂程度、双方对技术转让承担的责任等因素有关。在具体测算时，可依照边际分析法、约当投资分成法等方法来计算。此外，也可以按照专利技术交易、转让实务中的经验资料来确定。联合国工业发展组织对印度等发展中国家引进技术的价格进行分析后，得出的结论是：收益提成率在16% ~ 27%之间比较合适。还有一些统计分析资料说明，包括发达国家在内，在世界范围内，15% ~ 30%的提成率是一个基本的界限。

3. 预期收益期限的确定。专利权的预期收益期限是指专利技术发挥作用带来超额收益的时限。预期收益期限的确定应当考虑以下几个方面：法律规定的有效期限、合同或协议规定的有效期限、与市场上同类专利技术进行比较研究确定的有效期限、专利技术本身的技术使用期限。在实际评估中，收益期限的取值应为各种方法所确定的期限值的最小值。

4. 折现率的确定。同样类似于商标权评估中的折现率，要根据专利技术的功能、投资条件及可能性条件等因素来测算。另外，折现率的测算口径应当与专利技术的预期超额收益的测算口径相一致。

【例6-3】某专利技术预计剩余经济寿命为5年，未来5年的收益额分别为500万元、650万元、800万元、1 000万元、1 200万元，无风险利率为10%，行业风险报酬率为10%，折现率为20%，技术分成率为5%，则该专利的评估价值的计算结果如表6-3所示。

表6-3　　　　　　　　某项专利技术评估价值计算表

年份	1	2	3	4	5
年收益额（万元）	500	650	800	1 000	1 200
折现系数	0.8333	0.6944	0.5787	0.4823	0.4019
折现额（万元）	416.65	451.36	462.96	482.30	522.47
现值合计（万元）	2 335.74				
技术分成率	5%				
专利技术价值（万元）	116.79				

（二）实物期权方法

实物期权方法是近年来发展起来的一种新的专利权价值的评估方法。由于传统的评估方法都存在一定的缺陷，比如收益现值法没有充分考虑专利权所具有的选择价值，不适用于计算当前不产生现金流、近期也不产生现金流、但却具有潜在的在将来为企业创造价值的资产。这时，就有必要寻求一种能够更为全面、准确的对专利权的未来价值做出评估的方法，于是实物期权法应运而生。

实物期权法是将专利权看作一项期权，对未来的收益进行评估的方法。企业获得并实施专利权，其实是企业对自身发展的投资。与其他类型的投资相比，这种投资同样具有风险和回报的随机性。因此，专利权本身也包含有隐性的期权，可以将其看作一种项目投资的经营性期权。专利权的价值就是给投资者带来的投资机会的价值，可以运用期权定价的方法对其进行评估。

目前使用的专利权实物期权评估方法，都是根据金融数学中最典型的期权定价公式——Black-Scholes公式展开的。

计算专利权价值的公式为：

$$V = S \times [N(d_1) - 1] - h \times e^{-rt}[N(d_2) - 1] \tag{6.4}$$

式中，

$$d_1 = \frac{\ln\left(\frac{S}{h}\right) + \left(r + \frac{\delta^2}{2}\right) \times t}{\delta \sqrt{t}}$$

$$d_2 = d_1 - \delta \sqrt{t}$$

式中，v 为专利权价值；s 为专利权经济收益期末企业收益的现值；h 为专利权未使用时的企业价值状况；r 为折现率；t 为收益期限；δ 为专利权预期收益的对数标准差；$N(x)$ 为标准正态分布的累计概率分布函数。

在具体的评估中，最为关键的是对相关参数和变量的评估与测算。

1. 企业收益现值的测算。如果专利权已经投入使用，我们可以根据企业的收益情况进行估算；如果没有先例参考，我们可以采用概率分析进行模拟计算。预期收益现值一般要受到专利期限内的实际生产状况、企业经营状况和市场情况等因素的影响。在计算预期收益的同时，可以计算出相应的收益标准差。

2. 确定专利权未使用时的企业收益状况，可以通过企业资料计算出来。

3. 预期收益期限，可以按照专利权的预期使用期限来估算。

第四节 著作权评估

一、著作权的含义和特征

著作权也称"版权"，是指作者及其他著作权所有人对文学、艺术和科学作品所想要的各项专有权利。

著作权作为知识产权的一部分，具有专有性、地域性、时间性等知识产权的一般特征。同时，著作权又具有与专利权、商标权不同的法律特征。著作权与专利权不同，著作权的专有性只是针对作品本身的复制而言，这种专有性与专利权的专有性相比是相对的。同样内容的作品，只要是独立创作的，其所有人都可以获得著作权保护，即著作权可以同时为多人所有。而相同内容的发明创造，专利权只能授予一个。另外，著作权并不限制他人将作品的内容应用于实践领域。而别人要使用专利的内容必须取得专利权人的许可才行。著作权与商标权也有不同。商标权离不开使用该商标的特定商品，只要与先注册的同类商品上的商标相似或相同就不能取得商标权，而相同作品则不然，符合一定条件依然可以取得著作权。

二、作品的概念

作品包括文学、艺术和科学技术领域内的作品，作品应该具有以下必要条件：①必须属于创作，而不是抄袭；②必须属于文学、艺术和科学范围的创作；③必须有一定的表现形式;④能够固定于某种有体物上,并能复制使用。

根据我国《著作权法》规定,作品分为以下几类(不包括民间艺术作品):

1. 文字作品:指以文字、数字或符号表现的作品。

2. 口述作品:指以口头语言组成而尚未以文字或录音形式固定下来的已公开的作品,如老师的讲学、某人的报告、即席致词、诉讼中的辩护词等。

3. 音乐、戏剧、曲艺、舞蹈、杂技艺术作品:音乐作品是指以乐谱形式或未以乐谱形式出现的能演奏或配调演唱的作品;戏剧作品是指以剧本等形式表现的作品;曲艺作品是指可供说唱演出的作品,它可以文字形式出现,也可以口述形式出现;舞蹈作品是指以舞谱形式或未以舞谱形式出现的但可通过经提炼、组织和艺术加工的人体动作、姿态、节奏、表情来表达思想感情的作品。

4. 美术、建筑作品:美术作品是指通过视觉给人以美感的作品,通常包括绘画、书法、雕塑、工艺美术等;建筑作品是指建筑物本身,包括建筑物上附加的艺术装饰。

5. 摄影作品:摄影作品是指借助器械在感光材料上记录人、物形象的作品。但翻拍照片、翻拍文件、书刊等纯复制性的照片不是摄影作品。

6. 电影作品和以类似摄制电影的方法创作的作品:摄制在一定物质上,由一系列相关联的画面或加上伴音组成并且借助机械装置能放映、播放的作品。但复制性的录制他人报告、讲学等而制作的电视片、录像片等不属于作品。

7. 工程设计图、产品设计图、地图、示意图等图形作品和模型作品:工程设计图纸及其说明是指在工厂、矿山、铁路、桥梁及建筑工程建设之前,所创作的能为建设施工提供依据的设计图纸及其说明;产品设计图纸及其说明是指生产企业为确定产品的构成、成分、规格和各项应达到的技术经济指标而设计的图纸及其说明;示意图是指用简单的线条或符号来显示某一概念和现象的图,如人体针灸穴位图、植物构成图、解剖图等;模型作品是指依照实物的形状和结构按比例制成的物品,如建筑模型等。

8. 计算机软件:指计算机程序及其文档。

9. 法律、行政法规规定的其他作品。

三、著作权的内容

《中华人民共和国著作权法》(以下简称《著作权法》)将著作权权利分为以下17项。著作权的权利包括人身权和财产权两个方面。就资产评估而言,一般考虑的主要是权利人拥有的财产权。

人身权一般是指不能转让、许可他人使用,并且是永久保护(发表权有例外情况)的权利。《著作权法》中列举的第1~4项著作权权利统称为著作权的人身权。

财产权是指可以依法转让、许可他人行使,并依照约定或者《著作权法》的有关规定获得报酬的权利。这些权利可以转让并获得报酬,具有财产属性。《著作权法》中列举的第5~17项著作权权利统称为著作权的财产权。

1. 发表权,即决定作品是否公之于众的权利。

2. 署名权,即表明作者身份,在作品上署名的权利。

3. 修改权,即修改或者授权他人修改作品的权利。

4. 保护作品完整权,即保护作品不受歪曲、篡改的权利。
5. 复制权,即以印刷、复印、拓印、录音、录像、翻录、翻拍等方式将作品制作一份或者多份的权利。
6. 发行权,即以出售或者赠与方式向公众提供作品的原件或者复制件的权利。
7. 出租权,即有偿许可他人临时使用电影作品和以类似摄制电影的方法创作的作品、计算机软件的权利,计算机软件不是出租的主要标的的除外。
8. 展览权,即公开陈列美术作品、摄影作品的原件或者复制件的权利。
9. 表演权,即公开表演作品,以及用各种手段公开播送作品的表演的权利。
10. 放映权,即通过放映机、幻灯机等技术设备公开再现美术、摄影、电影和以类似摄制电影方法创作的作品等的权利。
11. 广播权,即以无线方式公开广播或者传播作品,以有线传播或者转播的方式向公众传播广播的作品,以及通过扩音器或者其他传送符号、声音、图像的类似工具向公众传播广播的作品的权利。
12. 信息网络传播权,即以有线或者无线方式向公众提供作品,使公众可以在其个人选定的时间和地点获得作品的权利。
13. 摄制权,即以摄制电影或者以类似摄制电影的方法将作品固定在载体上的权利。
14. 改编权,即改变作品,创作出具有独创性的新作品的权利。
15. 翻译权,即将作品从一种语言文字转换成另一种语言文字的权利。
16. 汇编权,即将作品或者作品的片段通过选择或者编排,汇集成新作品的权利。
17. 应当由著作权人享有的其他权利。

四、著作权评估的影响因素

(一) 法律因素

法律对著作权保护的严格程度以及权利范围、诉讼成本的高低和诉讼结果的公平程度、社会公众的著作权保护意识等都会影响到著作权人的收益是否能够得到充分保障。如果著作权相关权利人创作、传播和使用作品均依照法律的规定,自觉自愿支付使用费,侵权代价高昂,那么著作权的价值自然较高。

根据权利主体的不同,即自然人还是单位、单人还是多人合作,以及作品类型的不同,即是文字作品、电影作品还是其他作品,我国著作权法规定的保护期限有所不同。其法定保护期限和剩余保护期限都对著作权的价值产生一定的影响。另外,基于著作权签订的合同所约定的著作权使用期限应当在法定的剩余保护期限之内,这样合约规定的适用期限才是有效的,才能成为著作权价值评估的基础。

(二) 成本因素

著作权的成本是指为获得著作权而付出的全部费用。著作权的成本是著作权价值的基础,是凝结在著作权中的人力资本以及一切可确定的费用之和。著作权保护对象很复杂,其中既包括创造性较高的对象,如小说、美术作品等,又包括一些创造性并不高的对象,如汇编作品。一般来说,创造性高的作品所包含的创造性劳动很难量化。但对于那些创造性比较低的作品来说,它的成本主要由人工成本构成,而且这些成本可以根据社会相似人员的工资水平和社会必要劳动时间来计算,所以这种著作权的价值主要由取得该著作权所需要的成本来决定。但是,即使同一类别的作品,其创造性的高低也有很大的不同。比如,对于软件作品而言,常规软件与专业软件相比,在创造性方面相差很远。所以,在评估过程总,我们应针对各评估对象的特征,选择最适合的方法。

(三) 收益因素

著作权的收益是指权利人依靠拥有的著作权,特别是拥有的使用权及许可使用权,在一段时间内所得到的收益。著作权可以为权利人带来经济收益,是其具有价值的最直接体现,所以收益的大小是影响著作权价值的重要因素之一。收益因素对著作权价值的影响,又表现在收益额和收益期两个方面。由于著作权涵盖的客体很广,这些客体的经济寿命也有很大的不同。例如,一些流行歌曲,其寿命可能只有一两年;而一些经典名著、名曲的寿命则可能比法律保护期还要长。所以在评估过程中,收益额大小和收益期长短的确定,会对评估值产生很大的影响。

著作权的财产权主要有两种收益方式:销售型和使用型。前一种主要是通过销售其作品从而获得直接收益;后一种是指通过使用该作品的方式间接地实现其收益。例如,一组机器的设计图纸,其价值实现方式体现在根据该图纸制造出来的机器设备的价值收益中。对于能够通过销售实现收益的著作权,通常采用市场上惯用的或法律规定的一定比例的版税或提成费用的评估方法,直接获得著作权的评估价值。对于通过使用的方式实现收益的著作权,评估过程中涉及的问题较为复杂,需要考虑作品的社会影响力、技术发展的水平等较难可靠量化的因素,因此有可能漏计或多计其贡献,影响其价值。

(四) 市场因素

著作权作为一项特殊资产,参与经济活动,同样会受到市场供求关系以及同类产品价值的影响。著作权的使用权是可以转让的,而且这种转让可以是独家的,也可以是多次的,两种情况的评估价值也不同。转让后市场份额的变化对评估价值有很大的影响。占有的市场份额越大,相应其评估价值也越大。另外,在评估时,还应注意新版本的问题。对于软件、字典或者词典等,新版本的推出对原有版本的价值也会有一定的影响。

(五) 风险因素

著作权的一个显著特点是创作难度很大,但复制比较简单。其复制成本相对于创作成本来说,几乎可以忽略不计。所以著作权作品相对于有形资产来说,存在着被复制和被剽窃的风险。一般来说,风险越大,著作权的价值就越小。所以在进行评估时,评估人员要充分考虑到评估对象存在的风险。尤其是计算机软件等高智力产品,我国现阶段对知识产权的法律保护还不算健全,盗版在短时期内还是会存在的。

五、著作权评估的方法

著作权价值评估的基本方法有成本法、市场法和收益法三种。这些方法在原理上与评估其他资产是一样的,但实际应用到著作权评估中又具有一定的特殊性。

(一) 成本法

运用成本法进行著作权资产评估时,应当合理确定作品的重置成本。作品重置成本包括创作人员和管理人员的人工成本、材料成本、创作环境成本、场地使用或占用等合理成本,以及合理利润和相关税费等。同时,还应了解著作权资产的贬值在其经济寿命期内可能不是均匀分布的,应当采用适当方法确定评估对象的贬值。

在实际评估过程中,运用重置成本法对著作权进行评估存在一定的困难。但是当著作权评估的目的是为财务记账摊销服务的时候,采用重置成本是合理的。例如,对一家出版社来说,要确定其所购买的某一种图书出版权的摊销费用,就可以根据该出版社为这本图书所付出的全部费用评估,可以从基本稿酬、印数稿酬及其他杂费的发生额来考虑。另外,著作权的成本构成很合理和清晰时,也可以考虑成本法。当然,这种情况是很少见的。

重置成本法的基本公式是:

$$评估值 = 重置成本 - 损耗 \tag{6.5}$$

$$评估值 = 重置成本 \times (1 - 成新率) \tag{6.6}$$

通常情况下多采用第二个公式,因为直接计算损耗是比较困难的,而从成新率的角度来考虑损耗则比较简单。用重置成本法对著作权进行评估时,就需要从重置成本和成新率两个因素入手,结合具体情况进行评估。

1. 取得重置成本。在不同的具体情况下,取得重置成本的方法也不尽相同。当著作权的实际成本有据可查,且评估的目的是为财务记账和摊销服务时,可以采用财务核算法和指数调整法。财务核算法的基本公式为:

$$重置成本 = \sum(实耗材料量 \times 现行价格) + \sum(实耗工时 \times 现行费用标准) \tag{6.7}$$

因为著作权是创造性劳动的结晶,一般不能原样复制,也无法模拟在现有环境下再生产的消耗量,所以公式中选用的是实际的物质材料及工时消耗量。另外,由于评估是为财务记账以及摊销服务的,若模拟现有的条件下估计重置成本,也会影响著作权价值的补偿。由于自创著作权的实际物耗和工时消耗很容易得到,所以这种算法特别适用于评估自创的著作权的价值。

另外,还可以采用指数调整法来估算重置成本。指数调整法是用著作权的历史成本乘以适合的价格指数转化为现时价格。其计算公式为:

$$\begin{aligned}重置成本 &= 实际总成本 \times 综合价格指数\\ &= 实际物质材料成本 \times 生产资料价格指数 + 实际人工成本\\ &\quad \times 生活费用指数\end{aligned} \tag{6.8}$$

如果著作权的成本不易区分成两个部分,可选第一个公式,用综合价格指数来进行调整。综合价格指数可以根据两类费用的大致比例,用生产资料价格指数和生活费用指数加权得到;或者也可根据行业特点来选择行业价格指数。

2. 确定成新率。在确定著作权的成新率时就会发现,著作权的损耗一般只有经济型

第六章 无形资产评估

损耗,这是因为版权是一种权利,是一种特殊的无形资产,在权利的使用中不存在有形损耗。因此用直接的方法得到的著作权的损耗是比较困难的,所以只能根据其尚可使用年限或摊销余额来确定此著作权的成新率。

对于一项著作权,可以通过其经济寿命及评估人员的经验和调查研究等方法来确定其尚可使用年限。为了使问题简单化,假定著作权的成本在摊销期内每年的摊销额是一样的,即假定其损耗是线性的,那么成新率就可确定为:

$$成新率 = \frac{尚可使用年限}{已使用年限 + 尚可使用年限} \times 100\% \qquad (6.9)$$

在以成本摊销为目的的著作权评估中,也可以用摊销余额确定其成新率。其计算公式为:

$$成新率 = \frac{摊销余额}{应摊销余额} \times 100\% \qquad (6.10)$$

如果有合同约定,某些购入的著作权的尚可使用年限完全由合同的期限决定,其成新率的计算公式为:

$$成新率 = \frac{剩余合同年限}{总合同年限} \times 100\% \qquad (6.11)$$

【例 6-4】某项已获著作权的艺术作品已经有 10 年的使用历史。据评估人员实地考察以及向专家咨询后得知:如重新创造同样作品所需材料成本费为 8 000 元,其他成本费用为 34 800 元。该项艺术作品的评估中,有两项增贬值因素:一是该项艺术作品采用的是传统工艺,尽管曾经使用过 10 年,仍可增值 12%;二是由于艺术加工、创造技术的改进,使一般作品质量提高,故被评估艺术作品相应有 4% 的贬值。若被评估艺术作品仍可有 55 年的著作权保护期,用重置成本法评估该艺术作品的价值。

解:该项艺术作品的著作权重置成本为材料成本和其他成本之和,即:

重置成本 = 8 000 + 34 800 = 42 800(元)

考虑到著作权不同于其他产权,其增贬值与艺术性、科学性相关,而与所用材料关系不是很大。因此,在评价该艺术作品,特别是在涉及由于使用年限及作品的功能因素变化对著作权的影响价值时,应剔除材料成本。所以该项艺术作品由于因素变化而产生的影响值为:

影响值 = 34 800 × (1 + 12%) × (1 - 4%) - 34 800 = 2 616.96(元)

由于该项艺术作品已使用 10 年,尚可使用年限为 55 年,所以该项艺术作品的成新率为:

$$成新率 = \frac{55}{10 + 55} \times 100\% = 84.62\%$$

该项艺术作品的价值 = 重置成本 × 成新率 = (42 800 + 2 616.96) × 84.62%
= 38 434.83(元)

(二)市场法

市场法是通过分析当前市场上可对比资产交换价格来确定资产的评估值。这要有足够多的可对比的市场参照物,且它们与被评估对象之间有较强的相似性。由于著作权本身的独特性,不容易找到可类比的价格,而且许多著作权交易具有保密性,造成查询困难,故在著作权评估中市场法应用较少。只有通俗小说、通俗音像制品等著作权交易在市场上较常见，运用此法是可行的。在使用这种方法时，还应指明参考资料的来源、参照物的数量和特征等。

【例 6-5】 某风景画可给某杂志社作封面用，印数为 18 000 册，试评估其价值。

解： 可以用市场法进行评估。经过市场调查，评估人员搜集到四幅风景照片用于杂志封面、插画以及封底的交易实例，交易价格分别为 5 500 元、3 800 元、4 250 元及 5 600 元。经分析，第一例与本项评估相关程度最大：两者均作杂志封面用，且发行数量均为 18 000 册；两幅作品均为山水风景类照片，属于胶片类载体，而且均为原作品，著作权受到法律的保护。评估时，又对该作品是否首次发表、其获奖情况及成交日期等相关因素进行了调整，取调整系数 0.88，因此被评估照片的价值为 5 500×0.88 = 4 840（元）。

（三）收益法

采用收益法来对著作权进行评估，相对于前两种方法来说具有更多的优点。首先，著作权作为一种权利，它存在价值，就是因为它能给权利所有人带来利益，因此，从理论上来讲，从收益方面评估其价值是合理的。另外，由于著作权的交易一般来说不是很频繁，而且经常还是保密的，所以很难具备运用市场法的条件。还有著作权成本与收益之间存在弱对应性，对以投资转让为目的的著作权，用成本法也不是很合理。用收益法对著作权进行评估，首先需要确定该著作权的收益额、收益年限以及合适的折现率。

1. 著作权所带来的收益额。分析著作权带来的收入，首先要区分哪部分是真正来自著作权的。对于一个出版社而言，出版发行一本图书的收入并不完全是由著作权带来的，其中还有正常的利润等。所以能不能从总收入中合理地分离出著作权收入是评估价值准确与否的重要条件。我们可以采用直接和间接两种方法来确定著作权带来的收入。直接法就是用总收入减去成本以及正常的利润。其计算公式为：

著作权所带来的收入 = 总收入 − 成本 − 总收入 × 成本利润率　　　　(6.12)

该方法在应用中有两个难点：一个是确定成本。该成本既包括版权的成本，也包括使用版权的成本。二是确定成本利润率。当以上两点可以较好地确定时，采用直接法就比较好。但这两点不好确定时，我们也可以避开直接法，用间接的方式，即版税节约法来确定著作权的收入。著作权的价值在于它能给权利人带来收入。如果使用者不拥有版权，他就必须付给所有者一定比例的费用，通常以版税的形式表现，而对所有者就是使用者的情况，所有者可以节约这一部分费用，除去缴纳的所得税，剩余部分节省的版税就可以视为著作权的收入。

2. 收益年限。著作权收入维持的时间主要取决于该著作权的经济寿命。著作权的经济寿命可通过分析著作权本身的特点，研究市场需求与竞争情况，预测未来情况来加以确定。不同行业、不同著作权、不同应用都会导致著作权经济寿命的不同。例如，有些流行的作品两三年之后就销声匿迹，而一些经典的作品却是历久弥新。这就需要评估人员对所评估资产有准确的分析、判断以及预见能力。

3. 折现率。著作权收入的报酬率应该考虑无风险利率、预期通货膨胀率和风险率三个因素。具体到某一个行业，还应该考虑该行业的平均报酬率。

当有充分证据证明著作权作品在可预见的未来会演绎出新作品并产生衍生收益时,资产评估人员应当谨慎、恰当地考虑这种衍生收益对著作权资产价值的影响。当原创作品的演绎作品尚未形成时,评估人员应当了解其衍生收益的产生在评估基准日具有较大的不确定性,应当按或有资产评估衍生收益对应的著作权资产价值估算。

(四) 相对值计价评估法

当发生版权转让时,由于转让方的价值很难一次性准确地估价,因此,在转让时可以由转让方与受让方共同预测版权转让后取得的相对收益,确定具体的分成比例和分成年限,在此基础上确定该项著作权的价值。相对值计价评估法的计算公式为:

$$V = \sum_{t=1}^{n} K_t M_t \tag{6.13}$$

式中,V 为著作权的评估价值;K_t 为第 t 年出让方的利润分成率;M_t 为第 t 年的预测效益值;n 为提成年限。

由于是一个预测值,在预测时应主要参考该版权转让前 5 年的收益,做出效益预测曲线,还要与其他同类著作权客体 10 年的效益曲线进行对比分析,以便使其预测值尽量贴近真实值。提成年限一般以不超过 5 年为宜,对于某些文学艺术或学术价值高、社会影响大的著作权客体,也可考虑适当延长提成年限,但一般不应超过 10 年。提成比例由双方共同商定,通常为 3% ~ 6%。

采用相对价值计价评估法对无形资产进行评估时计算比较简单,由于提成比例与提成年限是由双方共同认定,效益的预测值比较客观,也比较合理,所以容易被著作权的转让双方接受。另外,在计价时充分考虑到供需双方的经济利益,有利于调动双方的积极性。

著作权的评估方法很多,在实际评估中,情况往往比较复杂,应该根据不同的场合与评估对象选择使用恰当的评估方法。单纯依靠一种方法评估的结果往往不令人满意,因此,常常是几种方法共同使用,并对结果进行权衡,这需要具体情况灵活掌握。

第五节 特许经营权评估

一、权利型无形资产评估

权利型无形资产是指由于书面或非书面契约条款产生的对于契约方具有经济利益约束的一种无形资产,主要包括土地使用权、租赁权和特许经营权。权利型无形资产是一种特殊的资产,它比知识产权有更强的法律约束力,同时又具有更强的直接经济效应。这类无形资产价值的评估较多地涉及法律意义上的确认问题。在具体的评估实践中,权利型无形资产评估要注意评估对象的确认和评估方法的选择。

从评估实践看，土地使用权评估和租赁权评估更多的是从属于房地产评估，它们涉及的知识基本重复，这里着重介绍特许经营权评估。

二、特许经营权价值的形成与评估的特点

（一）特许经营权价值的形成

作为特殊的权利型无形资产，特许经营权的价值来自于特许经营权利的产生。下面我们将从以下三个方面考察特许经营权价值的形成机理。

1. 行业优势。特许经营权一般分为两类：行政性特许经营权和纯商业性特许经营权。行政性特许权的产生来自不同时期国民经济发展对不同行业（产业）的不同要求。为了适应国家经济社会发展的需要，同时也为了促进国民经济的稳定持续发展，需要政府对某些行业给予适当的政策保障和扶持，以保证它们维持比较明显的发展优势。当政府的保障转化为特许经营权时，就保障了该行业（产业）的竞争优势和良好的发展格局。同时，政府为避免这类行业无序扩张，争夺市场及资源，扰乱国民经济的正常秩序，比如采取准入制度，选择符合经营条件的有实力的企业进入，并特许它们实现该行业的各项经营职能。因而，这类企业获得了行业的优势，能够创造出比其他企业更为优秀的经营业绩。这一优秀的业绩就是行业优势的价值转化，因为别的企业进入该行业也同样能够实现。这一点在外贸进出口、资源开采与专卖等方面尤其突出。

关于纯商业性的特许经营权，某些国际性的企业集团如麦当劳、星巴克等，其特许权来自原有品牌服务以及行业竞争优势的延续。当进入一个新的市场时，这种特许权可以马上转化为行业竞争优势，迅速给经营者带来收益。正是基于类似的考虑，在一些准入门槛较低、充满竞争的行业，采取特许经营方式开拓新兴市场，能够使授权企业迅速获取行业（产业）内的竞争优势。

从上述两个方面看，特许权权利的产生首先来自于行业的竞争优势，换句话说，特许经营权可以巩固并转化为行业的竞争优势，而这样的竞争优势又可以马上转化为超额收益，这是特许经营权价值的第一个来源。

2. 垄断收益。无论是行政性的特许权还是纯商业性的特许权，基于其权利的特殊性所产生的行业竞争优势，都会促使拥有特许权的经营者在自身所处的行业内处于相对垄断的地位。最突出的例子就是烟草专卖。由于地区烟草专卖制度，使得拥有烟草专卖权的经营者拥有超额垄断收益。这种收益直接得益于特许经营权，构成了特许经营权价值的第二个来源。

当然，某些特许权的垄断性直接来自于行业自身的自然垄断性，如一些公共事业经营项目和资源开采业。这些实施特许经营的行业，自身具有一定程度的垄断要求，尤其是关系国计民生的一些重要基础性产业和经济领域，在相当长的时期内都有实施国家垄断经营的必要。如果政府对这类行业采取特许经营政策，业内垄断企业很容易获取高额垄断利润。

3. 风险回报。对于特许经营权的经营者而言，拥有特许经营权虽然可以带来竞争优势和垄断收益，但是都存在较大的经营风险。对于纯商业特许权而言，由于需要开辟新的市场，不可避免地会遇上各种各样的风险。如果原有授权企业发生问题，经营风险还会进

一步扩大。对于行政性特许权而言，政府对某些可能存在较大风险的新生行业往往会采取偏保守的政策，以防大量企业盲目投资，产生巨额风险损失。拥有特许权的企业一般具有较雄厚的经济实力、较丰富的从业经验和较强的抗风险能力。作为高风险的回报，这类企业在经营中往往能够较多地得到国家的政策优惠和扶持，只要经营得当，风险控制得力，这些企业的收益可能会远远高于其他行业的一般企业。显然，这些企业更能凸显特许经营权的价值。我国在通信产品制造、信息等高科技产业实施开发权、特许经营许可证等政策措施，正是从维护新兴产业健康成长的目的出发，力求给业内企业带来更多的发展机遇。无论是纯商业特许权还是政策性特许权，相应的风险回报就成为特许经营权价值的另一个重要来源。

综上所述，特许经营权资产价值的形成和存在是客观事实，企业不仅要适时将其列入资产管理范围，而且在涉及该类资产权属或经营方式变动等多种经济事项时，确有必要明确了解相应的特许经营权的价值。

（二）特许经营权评估的特点

只要授权主体依法享有许可，并为受权人带来额外经济效益，我们就可以评估特许经营权的价值。但是，由于特许权价值的基础是特许权所能带来的经济收益，分辨特许权的收益就是特许经营权价值评估的关键所在。在实践中，进行特许经营权评估要注意以下几个问题：

1. 明确政府特许权与商业特许经营权的区别。特许权有广义和狭义之分。广义的特许权包括政府特许权和商业特许权，而狭义的特许权只包括商业特许权。二者的授权主体存在的差别，会导致其经营性质有所不同。

因此，在评估时一定要首先分清特许权的性质。政府授予的特许权的授权主体是政府，带有行政垄断的性质，这种特许权往往不能随意转让。获得这种特许权的企业可以依靠这种垄断权获取超额收益，因而这种特许权也是企业的一项资产。同时，由于这是政府授予特许权，因而受到政策的影响相对较大，受到市场完善程度的影响相对较小，收益也相对固定。在实际评估中，对这种特许权的评估一般较少使用市场法。

商业特许权是包括授权主体的商标、专利权及专有技术在内的一整套经营模式，授权主体是为了取得分成收益而将特许权授予其他人。这类特许权受到法律保护，在公开市场中进行交易，受市场因素影响较大，所以也较容易进行价值评估。

2. 辨别特许权与商标、专利及其他技术许可的关系。企业在获取特许权尤其是商业特许经营权时，往往会牵涉到商标和专利技术等的共同使用授权，这就涉及特许权的价值范围问题。由于商标、专利权及专有技术也常常采用特许的方式进行转让，所以人们容易把特许权同这些交易相混淆。在评估时，必须对二者加以区分：商标、专利及专有技术授权的是单项无形资产的许可使用，分析的是单项无形资产未来所能产生的收益，进而以此为基础评估价值；特许经营权则不同，它不是一种单一的无形资产，企业授予的特许经营权往往包含商标、专利权及专有技术在内，是一个整体经营模式的特许。在对特许经营权进行评估时，一定要把特许经营的整体作为评估的对象。

3. 注意不同的特许方式对特许收益的影响。特许经营的授权方式很多，在不同的授权方式下，受权人享有的权利范围不一样，所获得的特许权的收益差异也会很大。受权人享有的权利范围按从大到小排列的顺序依次为特许经营、独占许可和普通许可，相应的，它们的价值从大到小依次为特许经营、独占许可和普通许可。在评估时应注意这一特点。

三、特许经营权的评估方法

特许经营权的评估方法主要有以下两种：

（一）收益现值法

1. 基本概念。收益现值法是无形资产评估的基本方法，由于特许经营权的价值更多地体现在其未来收益上，在对特许经营权进行评估时，运用较多的也是收益现值法。特许经营权评估的收益现值法，是指将特许经营期间的收益作为特许经营权的价值予以折现。收益现值法是将特许经营权同其他资产要素一起视为经营者的一项投入，并把因该项投入而产生的未来收益作为该项投入的价值。在具体评估时，要注意分离特许经营权与其他要素资产对企业收益的贡献。在评估实践中，最关键的是计算与特许经营权对应的预期超额收益。

2. 基本计算公式如下：

$$p = \sum_{i=1}^{n} R_i (1+r)^{-i} \tag{6.14}$$

式中，p 为特许经营权的评估价值；R_i 为第 i 期的特许经营权的预期超额收益；r 为折现率；n 为预期收益期限。

将收益现值法应用于特许经营权评估时，还要根据特许经营权的种类以及特许经营权授权使用的实际情况进行调整。一般比较常用的是收益提成的方法，这种方法可以兼顾特许权受让双方的利益。受让双方可以通过协商，根据特许权的实际使用效果分享收益。

3. 参数与变量的确定。

（1）确定特许经营权的预期超额收益。在确定特许经营权预期超额收益时，最重要的是如何从经营收益中分离出因特许权而产生的收益。一般而言，特许权的超额收益可以从特许经营企业同行业一般利润水平进行对比而得到。但在具体计算时，要注意不同行业、不同企业的差别。

（2）确定折现率。确定折现率的目的是将未来的收益折现，折现率的计算要体现资金的时间价值。此外，折现率的高低，应考虑特许经营权产生超额收益时的风险状况，同时要兼顾一般资本回报率。

（3）确定预期收益期限。特许经营权的收益期限一般取决于特许经营权的特许时间，通常以年为单位。

当然，确定这些参数时，还要考虑行政性特许权和纯商业特许权的区别，无论是收益还是折现率，两种特许权都有很大的不同。

（二）市场比较法

1. 基本概念。特许经营权的市场比较法是用市场上相同或者类似条件的交易价格，通过比较分析，对特许经营权的价格进行估价的一种方法。这一方法的原理比较简单，人们在进行市场交易时一般都会参考类似交易，确定相关交易的价格。市场比较法就是运用已经被市场检验的结论对特许经营权进行评估。

虽然市场比较法也是特许经营权评估中的一种比较常用的方法，但由于该方法要求一定的市场条件，因而较常用于纯商业特许权的评估。因为这种特许权的市场相对发达，市场化程度比较高，同时也有比较多的案例可供参考比较。相对于纯商业性的特许权而言，行政性特许权市场化程度一般比较低，没有充足的类似案例进行比较，因此较少采用市场比较法进行价格评估。

在运用市场比较法时，首先，要进行市场调查，选择3个以上正常交易的案例作为参照。其次，参照案例与评估对象应属同一市场区域，交易条件应基本一致，交易时间也应尽量接近于评估基准日。最后，要对一些个别因素进行调整，以便最终确定评估值。

2. 计算公式。市场比较法是将已知的类似的特许经营权交易案例资料经过交易情况修正、交易日期修正以及个别因素修正等因素修正后，最终计算出特许经营权的评估值。其计算公式如下：

$$\text{特许权价格} = \text{比较案例价格} \times \text{交易情况修正系数} \times \text{交易日期修正系数} \times \text{个别因素修正系数} \quad (6.15)$$

【例6-6】甲公司是一家著名企业，其市场开拓采取特许加盟的方式。现在准备在乙城市建一个特许加盟企业，要求评估特许加盟费用。为了进行准确的评估，经过调查，找到了临近城市近期的特许加盟案例，基本情况如表6-4所示（折现率8%）。试评估其特许经营权价值。

表6-4　　　　　　　　　　特许加盟成交案例资料

	待评估案例	案例A	案例B	案例C
交易情况	特许经营	类似	类似	类似
交易日期	2006年6月	2005年6月	2005年10月	2006年1月
区域状况	100	95	93	100
市场状况	100	98	95	96
特许经营费用	?	5万元/年	4.5万元/年	8万元/年

解：首先我们可以确定，该案例使用市场比较法进行评估，现根据市场比较法做出以下修正和计算。

（1）交易情况修正。3个案例交易情况相同，无须修正。

（2）交易日期修正。根据调查，2005年6月至2006年6月，消费物价水平平均每月上涨0.5%。所以，

$$\text{案例A的交易日期修正系数} = \frac{\text{评估日消费价格指数}}{\text{案例交易日消费价格指数}} = \frac{106\%}{100\%} = 1.06$$

类似地，案例B和案例C的交易日期修正系数分别为1.04和1.025。

（3）区域因素修正。根据调查所得的区域状况指数，可以计算出：

案例 A 的区域修正系数 $= \dfrac{100}{95} = 1.053$

类似地,案例 B 和案例 C 的区域修正系数分别为 1.075 和 1。

(4) 市场因素修正。根据调查所得的市场状况指数,可以计算出:

案例 A 的市场修正系数 $= \dfrac{100}{98} = 1.02$

类似地,案例 B 和案例 C 的市场修正系数分别为 1.053 和 1.042。

(5) 计算特许经营费用:

案例 A 的调整价格为:50 000 × 1 × 1.06 × 1.053 × 1.02 = 56 925.18(元)

案例 B 的调整价格为:45 000 × 1 × 1.04 × 1.075 × 1.053 = 52 976.43(元)

案例 C 的调整价格为:80 000 × 1 × 1.025 × 1 × 1.042 = 85 444(元)

所以待评估的特许经营费用为:

(56 925.18 + 52 976.43 + 85 444)/3 = 65 115.20(元)

第六节 商誉评估

一、商誉概述

关于商誉的解释,通常可以分为会计学和经济学两大类。经济学视角更强调商誉的价值内涵和价值来源,而会计学领域则重视商誉的确认和计量。在资产评估中,评估人员应当重视从经济学视角分析商誉价值产生和存在的基础,但从操作上讲,又应当与会计实践紧密结合。

(一) 商誉的定义

根据国际评估准则委员会(IVSB)2011 年发布的国际评估准则(IVS)——《无形资产评估准则》(IVS210)的定义,"任何与企业或资产组相联系的,且不可辨认的无形资产通称为商誉"。该准则指出,在计量上,商誉的价值是从企业价值中扣除所有可辨认的有形资产、无形资产与货币资产,以及调整后的实际或潜在负债的价值后剩余的金额。中国资产评估协会发布的《资产评估准则——无形资产(2017)》中指出:"不可辨认的无形资产是指商誉。"

(二) 商誉价值的来源

虽然在会计和评估准则中通常从企业价值与可确指资产价值的差额角度来进行商誉价值的计量,但是评估人员还应当从经济学角度理解商誉的价值内涵。企业商誉的价值是其拥有的不可确指的可预期的未来超额收益能力的资本化价值。评估人员在评估商誉价值时，应当关注企业未来超额收益能力的来源。《国际评估准则（2011）》指出，商誉是产生于企业、企业权益或不可分离的资产组的未来经济利益，这些经济利益包括：企业合并产生的协同效应，例如，经营成本的降低或其他资产价值中没有反映的规模经济；增长机遇，例如，在不同市场的扩张；组织资本，例如，产生于集合网络的利益。

（三）商誉的特点

1. 商誉的依附性。企业的商誉是企业所有资产共同起作用的结果，离开了企业（包括可确指的有形资产和无形资产），也就无商誉可言。商誉也不像商标权、专利权、特许权那样可与企业分立独立存在，且分离后不影响其使用价值。因此，必须把商誉看成一种组合无形资产，并且只有在企业继续经营的条件下，企业的商誉才有价值，如不继续经营下去，企业的商誉没有价值。

2. 商誉的累积性。企业的商誉不是一天形成的，而是企业长期经营管理的结果。一个企业在长期经营中形成一种自己的独具特色的经营管理方式，这种独特的经营管理方式必然会在社会上形成一种形象，使顾客和客户产生信任和好感，企业因此取得比同行一般企业高得多的收益。

3. 商誉的持续性与不确定性。商誉的存续依赖于企业的持续经营。就商誉自身寿命而言，除了受到企业存续状态的限制，其寿命周期具有不确定性。企业良好的商誉能够长期存在，没有法定的时间限制。虽然良好的商誉能够长期持续存在，但评估人员也应当注意商誉的高度不确定性，企业经营不善可能导致持续累积的商誉毁于一旦。如三鹿集团因为"三聚氰胺事件"而破产，企业长期经营过程中形成的商誉也随之消散。

4. 商誉的动态性。商誉是不可确指的无形资产，但可确指和不可确指是相对的，从而商誉的内涵是动态的。随着人们观念的转变、分析计量技术的进步以及法制的不断完善，过去可能属于不可确指的无形资产，现在可能变为可确指的无形资产。例如，能为企业带来超额收益的先进技术、秘密配方、品牌等，随着知识产权制度的完善，逐步形成了专利权、商标权、专有技术和计算机软件（版权）等，这些知识产权逐步从商誉中独立出来，成为可确指的无形资产。现在仍然保留在商誉之中的不可确指无形资产，不久的将来也许也会成为可确指的无形资产而独立出来。但无论如何，商誉这种不可确指的无形资产不会在无形资产领域中消失。这是由于科学技术的进步会有越来越多的新的无形资产形成，而这些无形资产不可能全部确指，因为管理中的许多复杂因素难以明确确指。

二、商誉价值评估的准备工作

（一）商誉评估目的与范围的确定

实施商誉评估与分析的目的很多，不同的评估目的，可能会限制商誉评估或分析所适用的环境条件。国际评估准则委员会发布的《无形资产评估准则》（IVS210）特别指出：在特定的财务报告或税收制度下，对商誉概念的定义是不同的，当基于这些目的实施商誉价值评估时，应当注意反映这些差异。因此，在实施商誉价值评估时，首先需要明确评估商誉价值的原因。根据评估实务和相关会计准则的规定，可以把商誉价值评估和分析的原因分为以下几类：

1. 以企业会计确认和计量为目的的评估。以企业会计确认和计量为目的的评估通常发生在企业合并活动中，对合并形成的商誉的价值进行确认和分摊，以及合并后的减值测试。由于企业合并后的价值分摊会影响企业的税收和每股盈余，因此需要仔细分析商誉的价值来源，准确地把企业的可确指资产从合并对价分离出来确认为单项资产，从而最后确定合并产生的商誉价值。企业合并后，根据我国会计准则的规定，商誉价值不需要摊销，但每年要进行减值测试，通过评估商誉价值来确定其是否减值以及减值的数额。

2. 税务目的的评估。企业经营活动中经常会涉及纳税问题。国家的税收法规对不同的资产、不同的经营活动制定相应的纳税条款。不论是同一控制下的公司之间的企业权益转让、企业性质的变化，还是企业资产或权益交易过程中的税收问题，都需要考虑企业商誉价值变化的税收影响。

3. 商誉损害分析目的的评估。当一个企业或专业机构由于他人的诋毁和破坏活动而使其声誉、信用或企业形象受到损害时，衡量损害的方法之一就是依据这种行为对公司商誉价值造成的贬损程度；当企业因罚没、征用或政府行为而使企业权益受到损害时，商誉的价值评估是损害分析中一项非常关键的评估项目。这类评估是通过对破坏行为发生前后企业商誉价值的比较来进行的。

4. 企业经营决策目的的评估。企业制定经营决策过程中，经常会遇到需要了解企业商誉价值的情形，如企业进行偿债能力的测试、破产还是重组的决策等。企业在融资或财务重组过程中，需要特别关注企业的偿债能力，以检验借款企业是否存在欺诈，因而需要对其商誉价值进行评估，以确定公司是否存在资不抵债。在确定企业是否值得重组时，在分析企业可辨认资产价值的基础上，分析企业商誉的价值对选择破产还是重组的决策具有重要意义。

在实践中，进行商誉价值评估的原因除了上述常见类型以外，可能还有很多。评估人员应当根据具体的经济行为，明确评估目的，从而明晰商誉价值评估的目标和所依赖的约束条件。

（二）商誉评估的信息资料搜集与准备工作

任何一项资产评估都需要信息资料搜集与准备工作，商誉评估也不例外。评估人员在进行商誉评估之前，应当对与企业商誉相关的信息资料进行搜集并做好以下准备工作：

1. 调查核实企业的可辨认的有形资产和无形资产的存续情况和运用情形，包括营运资本、不动产、有形资产和各类无形资产的详细清单，以及这些可辨认资产在企业中发挥的作用程度。如果这些资产已有评估记录，需要搜集各类资产最近的评估资料。

2. 搜集企业过去的经营状况和未来经营成果预测资料，包括各种财务报表数据、现行的预算、计划、预测和为其他目的编制的项目计划等。

3. 分析企业盈利能力以及影响其盈利能力的因素，分析它们对企业预期收益的影响。

4. 搜集行业同类企业的经营财务数据，确定企业在行业中的地位和经营水平。

5. 利用行业比较或其他方法，检验分析企业的历史及现在是否存在超额收益，验证企业商誉的存在性。

6. 研究评估商誉价值的标准和方法，制订相应的评估程序。

三、商誉评估方法

由于商誉的不可确指性及构成要素的多样性，国际评估界很少采用成本法和市场法评估商誉价值，一般采用收益法对商誉进行评估。在商誉价值评估实践中，在收益法中两种最常见的具体评估方法是割差法（也称"企业剩余价值法"）和超额收益法。

（一）割差法

割差法的思路就是将企业的总体价值减去可确指的各单项资产的价值，其差额就是商誉的价值，其计算公式是：

$$商誉评估值 = 企业整体资产评估值 - 企业各单项可确指资产评估值之和（含可确指无形资产） \qquad (6.16)$$

企业整体资产评估值可以通过多种途径和方法进行评估，如现金流量折现法、市场法和资产加和法等。这里需注意的是：企业的整体资产评估值是企业全部资产组合成一体所具有的价值。企业的各单项可确指资产，包括有形资产和无形资产，其评估值是指其独立使用的贡献价值或独立转让价值。在不同企业中，由于各项可确指资产不同的组合，处于不同的使用情况和管理水平之下的运行效果不同，导致其组合而成的企业整体价值不同。各种单项资产组合后产生的超过各项单项资产价值之和的价值，即为商誉的价值。

（二）超额收益法

超额收益法是指对目标企业获取的超额经济收益进行资本化或者折现而得到商誉价值的一种评估具体方法。在实际评估中，根据被评估企业的具体情况不同，又可分为超额收益资本化法和超额收益折现法。

1. 超额收益资本化法。超额收益资本化法是把被评估企业的超额收益进行资本化还原来确定该企业商誉价值的一种方法，它适用于经营状况一直较好、超额收益比较稳定的企业。超额收益资本化法的计算公式为：

$$商誉的价值 = \frac{企业预期年收益额 - 行业平均收益率 \times 企业的单项资产评估值之和}{适用的资本化率} \qquad (6.17)$$

$$或 = \frac{企业的单项资产评估值之和 \times （企业预期收益率 - 行业平均收益率）}{适用的资本化率} \qquad (6.18)$$

式中，

$$企业预期收益率 = \frac{企业预期年收益额}{企业的单项资产评估值之和} \times 100\%$$

2. 超额收益折现法。超额收益折现法是把企业可预测的若干年预期超额收益进行折现来确定为企业商誉价值的一种方法。其计算公式为：

$$商誉的价值 = \sum_{i=1}^{n} \frac{R_i}{(1+r)^i} \qquad (6.19)$$

式中，R_i 为第 i 年企业预期超额收益；r 为折现率；n 为收益年限。

超额收益折现法适用于评估超额收益只能维持有限期的企业。

四、商誉价值评估中应注意的问题

（一）关于商誉的确认

商誉只存在于那些长期具有超额收益的企业之中，这种超额收益应具有一定的稳定性。对那些偶然的超额收益，不应确认为由商誉带来的。确认一个企业是否存在商誉，不能按会计学中根据企业并购中实际支付的价格与被并购企业公允市场价值的超额来确定，而应对企业各种能带来超额利润的因素进行具体分析，并与同行业企业相比较，看其具备哪些有利条件，这些有利条件的稳定性如何。

（二）关于评估方法和评估技术参数的选择

由于影响商誉价值的因素众多，商誉未来的收益能力具有很大的不确定性。因此，在选择商誉的评估方法和技术参数时，应当注意商誉的存续年限和商誉存续期间对应的风险因素。

1. 对商誉存续期限的选择。目前的商誉一般应在未来数年内逐渐消耗殆尽，故其收益年限不应太长（也有特殊情况下可认为商誉具有无限期的收益年限）。Stephan H. Penman（1991）的实证研究发现，企业目前的超额盈利能力可在未来大约 5 年的时间里得以保持，随后慢慢趋向于市场平均值。在实际评估中，以 5 年为限来衡量企业的商誉不失为一种较为合理的选择，但同时也应结合企业的具体情况进行适当调整。

2. 要选择适当的折现率或资本化率。折现率或资本化率是资产获得未来收益所面临的风险的反映。评估人员通常选择行业平均利润率作为适当的折现率或资本化率，这并不是最佳的选择。因为当行业平均利润率高于市场平均利润率时，该行业单位净资产所获平均利润大于市场平均值。这种整个行业的平均盈利能力仍然不可单独辨认，无法脱离行业出售，因而仍应归结为商誉的范畴。从理论上讲，用市场平均利润率作为折现率或资本化率可能更合适。

（三）关于企业负债、负债规模与企业商誉

有观点认为，企业负债累累就不具有商誉。这种认识是偏颇的。在市场经济条件下，负债经营是企业融资策略之一。从财务学原理分析，企业负债不影响资产收益率，而影响投资者收益率，即资本金收益率。资本金收益率与资产收益率的关系可以表述为：

资本金收益率 ＝ 资产收益率／（1 － 资产负债率）

在资产收益率一定且超过负债资金成本的条件下，增大负债比率，可以增加资本金收益率，并不直接影响资产收益率。资产收益率高低受制于投资方向、规模以及投资过程中的组织管理措施。商誉评估值取决于预期资产收益率，而非资本金收益率。当然，资产负债率应保持一定限度，负债比例增大会增加企业风险，最终会对资产收益率产生影响。对此，评估商誉时应有所考虑，但不能因此得出负债企业就没有商誉的结论。

（四）关于商誉评估与企业整体价值评估的关系

商誉的评估离不开企业整体资产评估。一方面，企业的商誉不能离开整体的企业而单独存在，也不能与企业可确指的各项资产分开出售；另一方面，形成商誉的个别因素不能用任何方法或公式进行单独的计价，只有把企业作为一个整体来看待时，其价值能按总额加以确定。同时，企业商誉的未来利益可以在企业合并时确认，它可能和建立商誉过程中所发生的成本没有关系。因为商誉的产生不一定需要支付各种成本，而且商誉本身也不是一项单独产生利益的无形资产，它只是表明该企业各项资产的整体价值超过了其个别价值的总和，即由于资产的有机组合而提高了单项资产的价值量之和。可见，只有利用整体资产评估原则，才能正确评估商誉的价值。

采用割差法及超额收益法评估商誉价值更多的是一种概括，说明商誉的形成来源。割差法及超额收益法的运用也离不开企业整体资产价值评估基础。孤立地使用割差法及超额收益法评估商誉价值存在某些局限性。在割差法的运用中，应特别注意企业整体资产价值评估和各单项资产独立评估的客观性，避免出现由于采用不同评估方法导致的误差，使得割差后的价值无法反映商誉的真正内涵价值。运用超额收益法时，应当清楚，超额收益法通常是假定被评估企业的其他资产按行业平均收益率来确定其收益水平，但行业平均收益率可能已包含了其他企业的商誉的回报，在实践中无法剔除该因素，因而有可能低估被评估企业的商誉价值。

关键概念

无形资产　　专利资产　　商标　　著作权资产　　商誉　　特许经营　　销售网络
客户关系　　商誉　　割差法

思考题

1. 简述无形资产的含义特点及其功能特性。
2. 无形资产评估方法的选择具有什么样的特点？
3. 如何测算无形资产的超额收益？
4. 什么是著作权和著作权资产？具体说明著作权资产的财产权利形式。
5. A企业的预期年收益额为125万元，各单项资产的重估价值之和为900万元，企业所在行业的平均收益率为10%，并以行业平均收益率作为适用的资本化率。

要求：试确定A企业商誉的评估值。

6. B企业拟转让其拥有的某产品的商标使用权，该商标产品单位市场售价为999元/台，比普通商标同类产品单位售价高100元/台，拟购买商标企业年生产能力10万台，双方商定商标使用许可期为5年，被许可方按使用该商标的产品年超额利润的30%作为商品特许权使用费，每年支付一次，5年支付完价款。被许可方的正常销售利润率为11%，折现率按11%计算（暂不考虑税的因素）。

7. C企业技术先进，产品比同类产品性能优越。经了解，同类产品平均价格为140元/件，该产品价格为190元/件。目前该产品年销售量为20万件。经分析，技术寿命还可以维持9年。由于该企业已经比较稳固地占领了市场，竞争者估计将采取扩大市场范围的市场策略，预计该企业将会维持目前的市场占有，但价格将呈下降趋势。产品价格预计为：今后第1~3年维持现行价格，第4~6年降为170元/件，第7~9年降为160元/件。估计成本变化不大，故不考虑其变化（折现率为11%，所得税税率为15%，暂不考虑流转税的因素）。

要求：试用超额收益法评估该项技术。

8. D企业进行股份制改组，根据企业过去的经营情况和未来市场形势，预测其未来5年的收益额分别是14万元、15万元、12万元、13万元和16万元，并假定从第6年开始，以后各年的收益额均为15万元。根据银行利率及企业经营风险情况确定的折现率和资本化率均为10%。并且，采用单项资产评估方法确定该企业各单项资产评估之和（包括有形资产和可确指的无形资产）为95万元。

要求：试确定该企业的商誉评估值。

9. E企业的预期年收益额为150万元，该企业的各项资产的评估价值之和为600万元，企业所在行业的平均收益率为20%，以此作为适用资本化率计算出的商誉的价值为多少？

10. 评估时F公司的预期年收益额为160万元，该公司的各单项资产的重估价值之和为1 200万元，以20%作为资本化率，评估时该公司的负商誉或经济性贬值为多少？

第七章
长期投资性资产评估

【案例导入】

某电子集团长期投资评估

一、背景

某电子集团是以生产电视机偏转线圈为主的现代企业集团,公司共有投资20项,有长期债权投资1项,长期股票投资1项以及其他长期投资18项,其中其他长期投资包括控股企业8家和非控股企业10家。

评估目的:该电子集团公司进行现代企业制度改制,需进行整体资产评估,涉及对该公司所拥有的长期投资评估。

评估基准日:20××年×月×日

二、项目基本分析

在长期投资评估过程中,对委托方填写的长期投资评估明细表进行审核,并向委托方索取并审核了有关的投资协议、章程、验资报告等资料。

经评估师分析判断,在长期投资评估中采用以下三种方法:对公司持有债券,按债券票面价值加上应收利息确定评估值。对公司持有的股票,若该股票可上市交易,按评估基准日该股票的收盘价确定评估值;若该股票是法人股,目前未上市,按收益现值法确定其评估值。对其他长期投资评估,按具体情况确定其评估值。

三、评估方法、过程、结果

……

第一节 长期投资性资产评估概述

一、长期投资性资产的定义、分类与特点

（一）长期投资性资产的定义和分类

长期投资性资产评估是指对长期投资的评估。长期投资性资产是指企业不准备随时变现，持有期在一年以上的投资性资产，包括长期债券投资资产和长期股权投资资产。

长期投资性资产按其投资性质可分为长期股权投资、持有至到期投资和混合型投资三种。

1. 长期股权投资亦称"权益性投资"，是指企业为了获得其他企业的权益或净资产而进行的投资，包括对其他企业的股票投资、联营投资、合营投资等。

2. 长期债券投资亦称"债券型投资"，是指为了取得其他企业（金融机构、政府）的债券进行的投资，包括购买企业债券、金融债券、政府公债等。

3. 混合长期投资亦称"混合型投资"，是指兼有权益性投资和债券性投资的性质，包括购买其他企业的优先股股票、可转换公司债券等。

（二）长期投资性资产评估的特点

长期投资，从投资者的角度来看是不准备随时变现，持有时间超过一年的对外投资。长期投资的根本目的是获取投资收益和投资资本增值。当然为了实现上述目的，长期投资可以采取各种形式或不同阶段性目的表现出来。例如，通过购买其他企业发行的股票或者直接投资于其他企业，以实现控制被投资企业的目的。又如，通过长期投资于另一个企业以达到与该企业建立起长期的合作关系，等等。不论长期投资采取什么样的形式，以及阶段性目标如何，最终目的是获得投资收益，表现为直接的投资收益，或者是投资企业获得更大的发展增加了收益。

长期投资的上述特点，决定了长期投资性资产评估具有以下特点：

1. 长期股权投资评估是对资本的评估。企业的长期投资虽然有不同的目的动机、投资类型、出资方式和存在形式，但总是以其各类资产作为资本金对外投放的，而用于长期投资的资产则发挥着资本的功能。如将企业的闲置资金或专项资金投资于有价证券获取利息收入，所投资金发挥着生息资本的作用，即为取得债权收益的投资实质上是一种借贷资本。以实物资产或股票形式获取受资方的股权或产权，是资本收益性投资，所投资产则成为受资方的法人资本金。从此意义上讲，对长期投资的评估实际上是对资本的评估。

2. 长期股权投资评估是对被投资企业获利能力的评估。长期股权投资的根本目的是获取投资收益和实现投资增值。因此，被投资企业的获利能力就成为长期投资评估的决定

因素。

长期投资的根本目的是获得投资收益，它的价值也主要体现在它的获利能力的大小上。此时，长期投资资产的获利能力与投资企业本身没有直接联系，而主要取决于被投资企业、单位等的获利能力以及与此相联系的风险。例如，对以债权投资形式存在的长期投资，投资方更多关心的是定期收取规定的利息，以及债权到期时如数收回本金。因而对债权投资评估主要考虑的是债券发行主体的获利能力和偿债能力。股权投资亦是同理。所以，对被投资方的获利能力和偿还能力的评估是长期投资评估的又一显著特点。

3. 长期债权投资评估是对被投资企业偿债能力的评估。由于长期债权投资到期应收回本息，被投资企业偿债能力的大小直接影响着投资企业债权投资到期收回本息的可能性。因此，被投资企业偿债能力就成为长期债权投资评估的决定因素。

从某种意义上讲，长期投资性资产评估已经超出了对被评估企业自身的评估，有时需要对被投资企业或单位进行审计、验资和评估。能否以及怎样对被投资企业或单位进行审计、验资或评估，要受现行有关法律法规、制度等的制约。因此，在有些情况下，长期投资性资产的评估会受到某些限制。充分利用资产评估的"替代原则"，采用切实可行的评估途径和评估方法对长期投资进行合理的估价，是长期投资性资产评估的另一特点。

二、长期投资性资产评估的程序

（一）明确长期投资项目的具体内容

首先，在进行长期投资性资产评估时，应明确长期投资的种类、原始投资额、评估基准日余额、投资收益计算方法、历史收益额、长期股权投资占被投资企业实收资本的比例以及相关会计核算方法等。

（二）进行必要的职业判断（审核和鉴定）

进行长期投资性资产评估时，应审核鉴定长期投资的合法性和合规性，以及长期投资账面金额、各期投资收益计算的正确性和合理性，判断被评估的长期投资余额、投资收益率等参数的准确性。而这些参数的合理性是长期投资评估的基础和基本依据。

（三）根据长期投资性资产的特点选择合适的评估方法

将长期投资分为可上市交易和不可上市交易两类。对于可以在证券市场上市交易的股票和债券一般应采用市场途径以及现行市价法进行评估，按评估基准日的收盘价确定评估值。对于不可以上市交易的股票和债券一般应先考虑采用收益途径及其相应的方法进行评估，当然也可采用评估人员认为其他可行的评估途径及其方法进行评估。

（四）测算长期投资价值，得出评估结论

根据影响长期投资价值的各种因素，选择相应的评估方法，通过分析判断得出评估结论。

第二节 长期债权投资资产评估

一、长期债权投资的定义与特点

(一) 长期债权投资的定义

长期债权投资是企业购买的各种一年期以上的债券，包括其他企业的债券、金融债券和国债等。债权投资不是为了获取被投资单位的所有者权益，债权投资只能获取投资单位的债权，债权投资自投资之日起即成为债务单位的债权人，并按约定的利率收取利息，到期收回本金。长期债权投资又可分为债券投资和其他债权投资。

长期债权投资评估是对被投资企业偿债能力的评估。由于长期债权投资到期应收回本息，被投资企业偿债能力的大小直接影响着投资企业债权投资到期收回本息的可能性。因此，被投资企业偿债能力就成为长期债权投资评估的决定因素。债权有多种存在形式，其中债券是最具有代表性的一种。本书就以债券为例来展开讨论。

(二) 长期债权投资的特点

债权投资与股权投资相比较，具有如下特点：

1. 投资风险较小，安全性强。债权投资的风险较小。在正常情况下，不论是政府、企业还是银行发行债券都须按国家有关债券发行的规定严格执行。政府发行债券要有国家财政担保；银行发行债券要以银行的信誉及资产作后盾；发行企业债券的企业通常是有发展前途的，并有企业资产作担保。通常银行发行的金融债券和企业发行的企业债券的期限较短，加之财产担保，投资风险相对较小。

因为国家对债券发行有严格的规定，发行债券必须满足国家规定的基本要求。

2. 到期还本付息，收益相对稳定。债券通常事先规定好债券利率，它并不随市场利率变动而变动。一般情况下，债券发行主体为了吸引投资者，通常要把债券利率定得高于同期银行储蓄利率。在银行储蓄利率以不大幅度上升时，债券的收益是比较稳定的。只要债券发行主体不发生较大变故，债券的收益是相当稳定的。

3. 流动性强。我国目前发行的债券中，有相当部分是可上市债券，这种债券随时可以在证券市场上变现，变现能力较好，流动性较强。

二、长期债权投资的评估

(一) 上市交易债券的评估

上市交易的债券是指可以在证券市场上交易、自由买卖的债券，对此类债券一般采用现行市价法进行评估，按照评估基准日的收盘价确定评估值。当长期投资中的债券作为评估对象时，如果该种债券可以在市场上流通买卖，并且市场上有该种债券的现行价格，那么相对于投资者而言，尽管不准备将这些债券短期内兑现（短时期内变现的债券归属短期投资），该种债券的现行市价仍然是确定该种债券评估价值的最重要的依据。在正常情况下，上市债券的现行市场价格可以作为它的评估值。当然，在某些特殊情况下，如证券市场投机严重、债券价格严重扭曲、债券价格与其收益现值严重背离等，对上市债券的评估才可以抛开债券的市场价格进行客观的评价，具体评估方法可参照非上市债券的评估方法。

可上市流通债券的现行市价一般是以评估基准日的收盘价为准。评估人员需在评估报告中说明可上市流通债券的评估方法、评估依据，以及评估结果的时限性。

【例7-1】 某被评估企业的长期债权投资账面资料如下：2010年发行的政府债券1000张，每张面值100元，票面利率5%，期限为3年，已上市交易。根据评估人员市场调查，在评估基准日该种债券当日市场收盘价为108元。要求确定该种债券的评估值。

解：评估值 = 1 000 × 108 = 108 000（元）

（二）非上市交易债券的评估

不能进入市场流通的债券无法直接通过市场判断其评估价值，采用收益途径及其方法评估非上市债券的评估价值是一种比较好的途径。

非上市债券的评估主要采用收益途径中的若干方法。根据非上市债券的种类和非上市债券还本付息的方式，把非上市债券分为每年支付利息到期还本债券和到期一次性还本付息、平时不支付利息债券两大类。对每一类债券采取不同的具体评估方法。

1. 每年支付利息、到期还本债券的评估。每年支付利息、到期还本债券的评估，采用有限期的收益现值法，其计算公式为：

$$P = \sum_{t=1}^{n} \frac{R_t}{(1+r)^t} + \frac{P_0}{(1+r)^n} \tag{7.1}$$

式中，P 为债券的评估值；R_t 为债券在第 t 年的预期收益（利息）；r 为适当的折现率；P_0 为债券的面值或本金；t 为年期序号；n 为年限数。

如果是每期支付利息、到期还本债券的评估，采用有限期的收益现值法，其计算公式为：

$$P = \sum_{t=1}^{n} \frac{R_t \frac{1}{m}}{\left(1+\frac{r}{m}\right)^t} + \frac{P_0}{\left(1+\frac{r}{m}\right)^{nm}} \tag{7.2}$$

式中，m 为期数。

由于债券利率和还本期都是事先规定好的，计算债券的预期收益并不困难。而债券评估的折现率是由两个部分的内容构成：无风险报酬率和风险报酬率。无风险报酬率通常以银行储蓄利率、国库券利率及国家公债利率为准。而风险报酬率的高低则取决于债券发行主体的具体情况。如债券发行主体是企业，那企业的经营情况和业绩、企业的竞争能力、企业的财务状况，以及企业所在行业的风险等都是影响债券风险报酬率的因素。就我国企业债券发行情况来看，企业发行债券需要国家批准，而且国家对发行债券的企业有着较为严格的条件约束。所以，发行债券的一般都是信誉好、经营效益较高、风险较小的企业。就债券评估而言，只要评估人员认为债券发行主体有足够的偿还能力和付息能力，债券投资的风险不是很大。

【例7－2】被估企业持有某钢铁企业发行的非上市企业债券50万元，年利率为15%，期限为3年，每半年付息一次，到期还本。评估时该债券已购入半年，第一次利息已到账。评估时政府债券的年利率为10%。评估人员经调查了解，该钢铁企业实力雄厚，完全有能力按期支付利息到期还本，考虑到非上市债券流动性较差，其风险报酬率定为2%，求该债券的评估值。

解：
$$p = \sum_{t=1}^{2.5 \times 2} \frac{75\,000 \times \frac{1}{2}}{(1 + \frac{0.12}{2})^t} + \frac{500\,000}{(1 + \frac{0.12}{2})^{2.5 \times 2}}$$
$$= 37\,500 \times 4.212 + 500\,000 \times 0.747$$
$$= 157\,950 + 373\,500$$
$$= 531\,450 \text{（元）}$$

2. 到期后一次性还本付息债券的评估。到期后一次性还本付息债券，是指平时不支付利息，到期后连本带利一次性返还的债券。此类债券的评估可按下列公式计算：

$$P = F(1 + r)^{-n} \tag{7.3}$$

式中，P 为债券的评估值；F 为债券到期时本金和利息之和；n 为从评估时点算起到债券期满还本付息止的期限（以年或月为单位）；r 为折现率。

关于本利和 F 的计算要视债券利息是采用单利率计算还是采用复利率计算而定。

（1）采用单利率计算的终值可按下式计算：

$$F = P_0(1 + nr) \tag{7.4}$$

式中，P_0 为债券的面值或计息本金值；n 为债券的期限或计息期限；r 为债券利息率。

（2）采用复利率计算的终值可按下式进行：

$$F = P_0(1 + r)^n \tag{7.5}$$

式中符号含义同上。

【例7－3】被评估企业拥有某钢铁厂发行的4年期一次性还本付息债券1万元，年利率18%，不计复利，评估时债券的购入时间已满3年，当时的政府债券利率为10%。评估人员通过对红星机械厂的了解，认为该债券风险不大，按2%的风险报酬率，以政府债券利率为无风险报酬率，折现率定为12%。求该债券的评估值。

解：$F = 10\,000 \times (1 + 18\% \times 4) = 17\,200$（元）
$P = 17\,200 \times (1 + 12\%)^{-1} = 17\,200 \times 0.8929 = 15\,358$（元）

第三节 长期股权投资资产评估

股权投资是投资主体以现金资产、实物资产或无形资产等直接投入到被投资企业，取得被投资企业的股权，从而通过控制被投资企业获取收益的投资行为。

股权投资包括两种投资形式：一种是直接投资形式，投资主体通常以现金、实物资产及无形资产等直接投入到被投资企业，并取得被投资企业出具的出资证明书，确认股权；二是间接投资形式，投资主体通常是在证券市场上，通过购买股票发行企业的股票实现股权投资的目的。对股权投资的评估将按直接投资和间接投资分别讨论。

一、直接投资形式的长期股权投资资产评估

企业拥有以直接投资形式存在的股权投资，主要是由于组建联营企业、合资企业或合作企业等经济合作项目产生的，而且合作通常是有期限的。直接投资形式的股权投资大都是通过投资协议或合同，规定投资方和被投资方的权利、责任和义务，以及投资收益的分配形式，投资本金的处理办法等。投资收益的分配形式比较常见的方式有：①按投资方投资额占被投资企业实收资本的比例参与被投资企业净收益的分配；②按被投资企业销售收入或利润的一定比例提成；③按投资方出资额的一定比例支付资金使用报酬等。

而投资本金的处置方法取决于投资是否是有期限的，无期限的不存在处置办法。投资协议规定投资是有期限的，则投资本金在投资期限届满时的处置方法要依投资协议规定办理。协议期满，通常的处置方法有：①按投资时的作价金额以现金返还；②返还实投资产；③按协议期满时实投资产的变现价格或续用价格作价以现金返还等。

对股权投资收益部分的评估，不论采取何种分配形式和方法，其评估方法基本上是按收益现值法进行的。根据投资协议投资为有期限的，按有期限的收益现值法进行评估；如协议规定投资为非有限期的，则按非有限期收益现值法进行评估。对于投资本金部分，则要视协议的具体规定酌情评定。凡是以现金返还的，可以用收益现值法对到期回收的现金进行折现或资本化处理。凡是返还实投资产的，则应根据实投资产的具体情况进行评估。

【例7-4】 甲企业和乙企业签订联营协议，期限10年，约定双方以各自投资比例分配利润。甲企业向乙企业投入机器设备，价值200万元，占乙企业资本总额15%。协议约定投资期满时，乙企业按甲企业投入机器设备的折余价值返还甲企业，设备年折旧率为5%，至评估基准日双方已联营5年，前5年甲企业从乙企业分别获得20万元、24万元、30万元、29万元、30万元。评估人员经调查分析，认为乙企业今后5年内经营收益稳定，甲企业每年获得30万元收益最为可能。投资期满，乙企业将返还甲企业机器设备折余价值60万元，根据评估时银行利率、通货膨胀率及乙企业经营状况，折现率定为12%。求该长期投资的评估值。

解：
$$P = \sum_{t=1}^{5} \frac{30}{(1+12\%)^t} + 60(1+12\%)^{-5}$$
$$= 30 \times 3.604 + 60 \times 0.5674$$
$$= 108.12 + 34.044$$
$$= 142.164(万元)$$

以上是股权投资中直接投资评估的基本思路。直接投资中可能还会有许多特殊情况，如投资方的直接投资份额在被投资企业的资本总额中所占比例很小，评估人员直接调查了解被投资企业生产经营、财务状况有诸多不便，在这种情况下，除了可以采用收益现值法就投资收益及协议规定的投资本金处置办法评估该项直接投资外，评估人员还可以根据具体情况，运用替代原则选择最恰当的方法合理地评估小股权的价格。如果股权投资为控股投资，则对控股投资的评估就要对被投资企业进行整体评估。

二、间接投资形式的长期股权投资资产评估

股权投资中的间接投资主要是股票投资。股票的种类很多，而且可以按不同的标准进行分类。按票面是否记名可分为记名股票和不记名股票；按有无票面金额可分为面额股票和无面额股票；按股票持有人享有权利和承担风险大小可分为普通股、优先股和后配股；按股票是否上市可分为上市股票和非上市股票。股票不仅种类繁多，而且有各种价格，包括股票的票面价格、发行价格、账面价格、清算价格、内在价格和市场价格。股票评估与股票的票面价格、发行价格及账面价格关系并不十分紧密，而与股票的内在价格、清算价格和市场价格有关。股票清算价格是公司清算时公司的净资产与公司股票总数之比值。如公司真正到了清算地步，对于公司股票清算价格评估的实质等于对公司净资产的评估，并要考虑公司清算费用等因素。

股票的内在价格是一种理论价格或模拟市场价格，它是根据评估人员对股票未来收益的预测经过折现得到的股票价格。股票内在价格的高低主要取决于公司的发展前景、财务状况、管理水平及获利风险等因素，也包括了评估人员对公司前景的个人判断。股票的市场价格是证券市场上买卖股票的价格。在证券市场发育比较成熟的条件下，股票的市场价格就是市场对公司股票的一种客观评价，不需要人们再对股票价格做主观的判断。

由于股票有上市和非上市之分，股票评估也按上市交易股票和非上市交易股票两大类进行。

（一）上市交易股票的评估

上市交易股票是指企业公开发行的，可以在股票市场上自由交易的股票。上市交易股票在正常情况下随时都有市场价格。因此，在股市发育完全、股票交易比较正常的情况下，股票的市场价格基本上可以作为评估股票的基本依据。但在股市发育不完全、股市交易不正常的情况下，作为长期投资中股票投资的价值就不能完全取决于不正常的股票市场价格，而应以股票的内在价值或理论价值为基本依据，以发行股票企业的经济实力、获利能力等来判断股票的价值。以股票的理论价格为依据的评估可参见非上市交易股票的评估方法。其计算公式为：

上市交易股票评估值 = 股票持股数 × 评估基准日该股票市场收盘价 (7.6)

课堂讨论

　　股票价格在评估基准日有多种形式,开盘价、收盘价、最高价、最低价、成交价等。在股市波动加大的时候,这些价格差异也较大,究竟应以何价格为基准才较为公平呢?

(二) 非上市交易股票的评估

　　非上市交易股票的评估一般采用收益法。用收益法时,评估人员要综合分析股票发行主体的经营状况及风险、历史利润水平、行业收益水平等因素,合理预测股票投资的未来收益,并选择适宜的折现率进行折现来确定评估值。

　　非上市交易股票的评估要区分普通股和优先股来进行。普通股是最常见的一种股票,它没有固定的股利,收益大小主要取决于被投资企业的经营业绩;优先股则兼有普通股票和债券的性质,它有固定的股利,不用还本,在企业清算时的财产分配上优先于普通股,而且优先股的股利是在缴纳企业所得税后支付(我国企业目前还不能发行优先股)。

　　1. 普通股的评估。普通股的股息和红利的分配是在优先股收益分配之后进行的,实际上是企业剩余权益的分配。这样一来,普通股预期收益的预测相当于股票发行企业剩余权益的预测。因此,对普通股进行评估,就必须对股票发行企业进行全面的了解,具体包括股票发行企业历史上的利润水平、收益分配政策,股票发行企业所在行业稳定性,股票发行企业管理人员的素质和能力,股票发行企业经营风险、财务风险预测,股票发行企业预期收益预测。

　　以上各种因素的分析和预测与企业整体评估中对企业的分析和预测基本相同,具体做法请参见企业整体评估。这里只假定上述的分析和预测工作已经完成,只研究普通股的评估技术。

　　为了便于普通股的评估,根据普通股收益的几种趋势情况,把普通股评估收益分为三种类型:固定红利模型、红利增长模型和分段式模型。

　　(1) 固定红利模型。固定红利模型是针对经营一直比较稳定的企业的普通股评估设计的。它根据企业经营及红利分配比较稳定的趋势和特点,以假设的方式认定企业今后分配的红利稳定地保持在一个相对固定的水平上。根据这些条件可运用固定红利模型评估普通股的价值。其计算公式为:

$$P = \frac{R}{r} \quad (7.7)$$

　　式中,P 为股票评估值;R 为股票未来收益额;r 为折现率。

　　【例 7-5】 甲企业拥有乙企业发行的非上市普通股股票 1 万股,每股面值 15 元,评估人员经过分析调查了解到,乙企业生产经营状况比较稳定,企业所处的行业也相对比较稳定,在今后若干年内,股利分配能保持稳定,预计今后收益率能维持在平均 16% 的收益率,当前国库券预计利率 4%。考虑到通货膨胀等因素确定风险报酬率为 4%,股票的评估价值为:

解:$P = \dfrac{10\,000 \times 15 \times 16\%}{4\% + 4\%} = 300\,000$(元)

(2) 红利增长模型。红利增长型股利分配政策是指股票发行企业有很大的发展潜力，在今后若干年，股票的收益率会逐渐提高，红利呈增长趋势。这一政策的假设前提是股票发行企业并未将剩余收益分配给股东，而是用于追加投资。红利增长模型适用于成长型的企业。股票评估值的计算公式为：

$$P = \dfrac{R}{r-g} \quad (r > g) \tag{7.8}$$

式中，P 为股票评估值；R 为股票未来收益额；r 为折现率；g 为股利增长率。

在实践中对股利增长率 g 的计算方法主要有两种：一是统计分析法，即根据过去股利的数据，用统计学的方法进行计算；二是趋势分析法，即用企业剩余收益中用于再投资的比率与企业净资产利润率相乘来确定，即

g = 再投资的比率（即税后利润的留存比率）× 净资产利润率
　 = (1 − 股利支付率) × 净资产利润率 　　　　　　　　　　(7.9)

【例 7-6】甲企业拥有乙企业发行的非上市普通股股票 1 万股，每股面值 100 元，发行企业前 3 年的股票年收益率分别为 10%、12%、13%。评估人员经过分析调查了解到，乙企业经过 3 年的发展，目前生产经营状况比较稳定，企业所处的行业处于上升发展期，预计下一年能有 15% 的收益率，且预计以后每年能以 2% 的比率增长。当前国库券预计利率 8%，考虑到通货膨胀等因素确定风险报酬率为 4%，则股票的评估价值为：

解:$P = \dfrac{10\,000 \times 100 \times 15\%}{12\% - 2\%} = 1\,500\,000$(元)

【例 7-7】某评估公司受托对甲企业进行资产评估。甲企业其拥有某非上市公司的普通股股票 20 万股，每股面值 1 元，在持有股票期间，每年股票收益率在 12% 左右。股票发行企业每年以净利润的 60% 用于发放股利，其余 40% 用于追加投资。根据评估人员对企业经营状况的调查分析，认为该行业具有发展前途，该企业具有较强的发展潜力。经过分析后认为，股票发行企业至少可保持 3% 的发展速度，净资产收益率将保持在 16% 的水平，无风险报酬率为 4%，风险报酬率为 4%，则确定折现率为 8%。该股票评估值为：

解:g = 再投资的比率（即税后利润的留存比率）× 净资产利润率
　　 = 40% × 16% = 6.4%

$P = \dfrac{200\,000 \times 12\%}{4\% + 4\% - 6.4\%} = 1\,500\,000$(元)

(3) 分段式模型。分段式模型是针对前两种模型过于极端化、很难运用于所有股票评估这一特点，有意将股票的预期收益分为两段，以针对被评估股票的具体情况灵活运用。第一段时间的长短通常以能较为客观地估测出股票收益为限，或以股票发行企业的某一生产经营周期为限；第二段通常是以不直接估测出股票具体收益的时间为起点，采取趋势分析法分析确定或假定第二段的股票收益；分别运用固定红利模型或红利增长模型进行评估，然后将两段股票收益现值相加，得到股票评估值。

【例 7-8】某资产评估公司受托对甲公司的资产进行评估。甲公司拥有某一公司非上市交易的普通股股票 15 万股，每股面值 1 元。在持有期间，每年股利收益率（股利除以

股本）均在 10% 左右。评估人员对发行股票公司进行调查分析后认为，前 3 年可保持 10% 的收益率；从第 4 年起，一套大型先进生产线交付使用后，可使收益率提高 10 个百分点，并将持续下去。评估时国库券利率为 4%，假定该股份公司是公用事业企业，其风险报酬率确定为 2%，则折现率为 6%，则该股票评估值为：

解：P = 前 3 年收益的折现值 + 第 4 年后收益的折现值
$= 150\,000 \times 10\% \times (P/A, 6\%, 3) + (150\,000 \times 20\% \div 6\%) \times (1 + 6\%)^{-3}$
$= 15\,000 \times 2.6730 + 30\,000 \div 6\% \times 0.8396$
$= 40\,095 + 419\,800 = 459\,895 \text{（元）}$

2. 优先股的评估。一般情况下优先股在发行时就已经规定了股息率，因此对优先股风险评估主要判断股票发行主体是否有足够的税后利润用于股息分配。这要依据对股票发行企业的全面了解和分析，包括股票发行企业的生产经营状况、利润实现情况、股本构成中优先股的比例、股息率的高低、股票发行企业的负债情况等。如果股票发行企业资本结构合理，实现利润较多，支付能力较强，评估人员就可根据事先确定的股息率计算年收益额，选取合适的折现率计算评估值。其计算公式为：

$$P = \sum_{t=1}^{\infty} [R_t(1+r)^{-t}] = \frac{A}{r} \tag{7.10}$$

式中，R 为第 t 年优先股的收益；r 为折现率；A 为优先股的年等额收益。

【例 7-9】某被评估企业持有另一家股份公司优先股 500 股，每股面值 10 元，年股息率为 10%。评估时，无风险利率为 7%，评估人员经过调查分析，确定风险报酬率为 2%，该优先股评估值为：

解：$P = \dfrac{500 \times 10 \times 10\%}{7\% + 2\%} = 5\,555.56 \text{（元）}$

如果非上市优先股有上市的可能，且持有人又有转售的意向，可参照以下公式对优先股价值进行评估：

$$P = \sum_{t=1}^{n} [R_t(1+r)^{-t}] + F(1+r)^{-n} \tag{7.11}$$

式中，F 为优先股预期变现价格；n 为优先股持有年限。

第四节 其他长期性资产评估

一、其他长期性资产的构成

其他长期性资产是指不包括在流动资产、长期股权投资、持有至到期投资、固定资产、无形资产等以外的资产，主要包括长期性质的待摊费用和其他长期资产。长期待摊费用是指企业已经支出，但摊销期限在一年以上（不含一年）的各项费用，包括开办费、租入固定资产的改良支出及摊销期在一年以上的固定资产大修理支出、股票发行费用等。其他长期资产是指具有特定用途，不参加正常生产经营过程的，除流动资产、长期投资、固定资产、无形资产和长期待摊费用以外的资产，一般包括经国家特批的特准储备物资、银行冻结存款和冻结物资、涉及诉讼中的财产等。

二、其他长期性资产的评估

其他长期性资产的不同构成内容应采取不同的评估和处理方法。其他长期性资产能否作为评估对象取决于它能否在评估基准日后带来效益，要根据评估目的实现后资产的占有情况和尚存情况，而且与其他评估对象没有重复计算的现象存在。

（一）开办费

开办费是指企业在企业批准筹建之日起到开始生产、经营（包括试生产、试营业）之日止的期间（即筹建期间）发生的费用支出，包括筹建期人员工资、办公费、培训费、差旅费、印刷费、注册登记费以及不计入固定资产和无形资产购建成本的汇兑损益和利息支出。

> **资料链接**
>
> 开办费的具体内容包括：
> 1. 筹建人员开支的费用。
> （1）筹建人员的劳务费用，具体包括筹办人员的工资奖金等工资性支出，以及应缴纳的各种社会保险。在筹建期间发生的如医疗费等福利性费用，如果筹建期较短可据实列支；筹建期较长的，可按工资总额的14%计提职工福利费予以解决。
> （2）差旅费，包括市内交通费和外埠差旅费。
> （3）董事会费和联合委员会费。
> 2. 企业登记、公证的费用，主要包括登记费、验资费、税务登记费、公证费等。
> 3. 筹措资本的费用，主要是指筹资支付的手续费以及不计入固定资产和无形资产的汇兑损益和利息等。
> 4. 人员培训费，主要有以下两种情况：
> （1）引进设备和技术需要消化吸收，选派一些职工在筹建期间外出进修学习的费用。
> （2）聘请专家进行技术指导和培训的劳务费及相关费用。
> 5. 企业资产的摊销、报废和毁损。
> 6. 其他费用：
> （1）筹建期间发生的办公费、广告费、交际应酬费。
> （2）印花税。
> （3）经投资人确认由企业负担的可行性研究所发生的费用。

(4) 其他与筹建有关的费用，例如资讯调查费、诉讼费、文件印刷费、通讯费以及庆典礼品费等支出。

不列入开办费范围的支出：

1. 取得各项资产所发生的费用，包括购建固定资产和无形资产时支付的运输费、安装费、保险费和购建时发生的相关人工费用。

2. 规定应由投资各方负担的费用。如投资各方为筹建企业进行了调查、洽谈发生的差旅费、咨询费、招待费等支出。我国政府还规定，进行中外合资谈判时，要求外商洽谈业务所发生的招待费用不得列作企业开办费，由提出邀请的企业负担。

3. 为培训职工而购建的固定资产、无形资产等支出不得列作开办费。

4. 投资方因投入资本自行筹措款项所支付的利息不得计入开办费，应由出资方自行负担。

5. 以外币现金存入银行而支付的手续费，该费用应由投资者负担。

在评估中应注意：①只有在筹建期间，才存在开办费的评估问题。②在筹建期间评估开办费的价值时，按照其账面价值计算其评估值。

（二）其他长期待摊费用

1. 从理论上看，根据企业的收益状况、收益时间及货币时间价值，现行会计制度的规定等因素确定评估值。货币时间价值因素一年内的不予考虑，超过一年的根据具体内容、市场行情的变化趋势处理。

2. 从实践上看，如果物价总水平波动不大，可以将其账面价值作为其评估价值，或者按其发生额的平均数计算。

关键概念

长期投资性资产　　固定红利模型　　红利增长模型　　分段式模型

思考题

1. 什么是长期投资性资产？
2. 长期投资性资产评估有什么特点？
3. 被评估债券为2010年发行，面值100元，年利率为10%，3年期。2013年评估时，债券市场上同种同期债券交易价为110元，计算该债券的评估值。
4. 被评估债券为非上市债券，期限3年，年利率为17%，按年付息，到期还本，面值100元，共1 000张。评估时债券购入已满一年，第一年利息已经入账，当时一年期国库券利率为10%，一年期银行储蓄利率为9.6%，计算被评估债券的评估值。
5. 被评估企业拥有海西公司面值共90万元的非上市股票，从持股期间来看，每年股利分派相当于股票面值的10%，评估人员通过调查了解到海西公司只把税后利润的80%

用于股利分配，另 20% 用于公司扩大再生产，公司有很强的发展后劲，公司的股本利润保持在 15% 水平上，折现率设定为 12%，试运用红利增长模型评估被评估企业拥有的海西公司股票。

6. 假设被评估企业拥有海西公司的非上市普通股 15 000 股，每股面值 1 元。在持有期间，每年的收益率一直保持在 15% 左右。经评估人员了解分析，股票发行企业经营比较稳定，管理人员素质高、管理能力强。在预测该公司以后的收益能力时，按稳健的估计，今后若干年内，其最低的收益率（是收益与股票面值的比率）仍然可以保持在 10% 左右。评估人员根据该企业的行业特点及当时宏观经济运行情况，确定无风险报酬率为 5%，风险报酬率为 4%。根据上述资料，计算评估值。

7. 某评估机构于 2010 年 1 月对海西公司进行评估。海西公司拥有红星公司发行的非上市普通股 200 万股，每股面值 1 元。经评估人员预测，评估基准日后该股票第一年每股收益率为 5%，第二年每股收益率为 8%，第三年每股收益率（每股股利与每股面值的比例）为 10%，从第 4 年起，因生产、销售步入正轨，专利产品进入成熟期，因此每股收益率可达 12%。而且从第 6 年起，红星公司每年年终将把税后利润的 80% 用于股利分配，另 20% 用于公司扩大再生产，红星公司净资产收益率将保持在 15% 的水平上。如果无风险报酬率为 4%，风险报酬率为 6%，评估基准日为 2005 年 1 月 1 日，求海西公司所拥有的红星公司股票的评估值。

第八章
流动资产评估

【案例导入】

振华公司流动资产评估

振华公司委托中介机构对其拥有的全部流动资产进行评估,为振华公司整体改制为股份有限公司提供价值依据。评估范围包括货币资金、应收账款、预付账款、其他应收款、存货、待摊费用等。

在了解被委托评估资产现状的基础上,评估人员和振华公司的有关部门进行了充分的交流与分析,并据此开展流动资产评估的具体工作。

1. 核对账目。对振华公司提供的价值评估申报清单进行逐项核对、归纳,与资产负债表、总账及明细账的相关科目 2016 年 3 月 31 日期末金额进行核对,验证评估申报表的正确性;同时通过抽查部分凭证和查阅有关资料进行验证。

2. 现场勘查及实物核对。与振华公司有关人员共同到存货现场进行盘点,对重要的、价值量较大的存货进行抽验,并与库存账进行清对核实;对往来账项、债权、债务进行函证核实。

3. 根据振华公司流动资产的具体情况,主要采用成本法和市场法进行评估。

(1) 货币资金的账面金额为 8 880 972.48 元,其中现金 1 676.87 元,银行存款 8 879 295.61 元。在验证振华公司提供的申报表、银行对账单等资料的基础上,以核对无误后的账面价值确认评估值,评估值为 8 880 972.48 元。

(2) 应收账款、其他应收款的账面金额分别为 3 206 873 元和 8 214 180 元。在对各种应收账款核实无误的基础上,根据每笔账款可能收回的数额确定其评估值。在操作中应注意借助历史资料和函证调查了解的情况,具体分析应收数额、欠款时间和原因、款项回收情况,以及欠款方的资金、信用、经营、管理现状等,对款项回收的可能性进行综合判定。由于振华公司的应收账款全部为近两年经常性业务往来发生额,不存在无法收回的确定因素,因此确认应收账款评估值为 3 206 873 元,其他应收款评估值为 8 214 180 元。

(3) 预付账款的账面余额为 13 902 280 元。在对预付账款账面值核实无误的基础上,以账面值确认评估值为 13 902 280 元。

(4) 待摊费用的账面余额为 390 217 元。经核实，全部为在用工具器具，将其转入低值易耗品评估，因此，此项待摊费用评估值为零。

(5) 存货包括原材料、在产品、半成品、产成品、委托加工材料及低值易耗品。原材料大都为近期购入，历史成本和市场价格差别不大，故按账面价值评估。在产品、自制半成品、产成品等都按账面价值评估。低值易耗品分为在库和在用两种情况，在库低值易耗品为近期购入，保存良好，按账面价值确定其评估值。在用低值易耗品由于单位价值量低、数量大，难以逐项操作，按产品规格、用途、使用部门、使用年限等分项归类，采用重置成本法进行评估。按历史成本增加 5%～10% 的磨具设计、购置、保管费用，再按机械工业产品出厂价格指数求取重置成本，成新率采用年限法。另有从待摊费用项内转入在用工具器具账面价值 390 217 元，也采用上述方法进行评估。

第一节 流动资产的特点和评估程序

一、流动资产概述

（一）流动资产的含义

流动资产是指企业可以在一年内或者超过一年的一个营业周期内变现或者耗用的资产，包括现金及各种存款、其他货币资金、应收及预付账款、存货、交易性金融资产、其他流动资产等。现金是指企业的库存现金，包括企业内部各部门周转使用的备用金。各种存款是指企业的各种不同类型的银行存款。其他货币资金是指除现金和银行存款以外的其他货币资产，包括外埠存款、银行本票存款、银行汇票存款、存出投资款、信用卡存款、信用证保证金存款等。应收账款是指企业因销售商品、提供劳务等应向购货和受益单位收取的款项。预付账款是指企业按照购货合同规定预付给供货单位的购货定金或部分货款。存货是指企业的库存材料、在产品、产成品、商品等。交易性金融资产是指企业购入的各种能随时变现，持有时间不超过一年的投资，包括不超过一年的股票、债券、基金等有价证券和其他投资。

1. 流动资产的分类。流动资产按其存在形态的不同、发挥效用形式的不同，评估方法也可能不同。因此，按资产的存在形态对流动资产进行分类有利于流动资产的评估。

(1) 货币类流动资产，包括现金和各项存款及交易性金融资产。

(2) 实物类流动资产，包括各种材料、在产品、产成品等。

(3) 债权类流动资产，包括应收账款、预付账款等。

(4) 其他流动资产。

2. 流动资产的特点。

(1) 周转速度快。流动资产一般经过一个营业周期就改变其形态，具有周转速度快的特点。

（2）变现能力强。流动资产的流动性决定了流动资产的变现能力强于不动产和其他非流动资产，因此，在偿债能力分析中，流动资产是重要的偿债能力保证因素。但各种形态的流动资产的变现能力是有区别的。其中变现能力最强的是货币资产，最差的是各种存货。评估时应充分考虑不同类型资产的变现能力，以便合理评估各种不同类型资产的价值。

（3）形态多样化。从流动资产的类型可以看出，流动资产有的以货币资产的形态存在，有的以实物类资产的形态存在，还有的以金融资产的形态存在。不同的存在形态，其价值的构成不同，价值量的评估方法也不同。

（4）数量波动大。由于流动资产具有较强的流动性，流动资产的数量可能在较短的时间内发生较大的变动，因此在评估时必须选定评估基准日，以利于价值的评估。

二、流动资产评估的特点

由于流动资产的流动性较强，容易变现，其账面价值与市场价值较为接近，因此，流动资产的价值评估与其他资产的评估相比，具有如下特点：

1. 流动资产评估主要是单项资产评估。因为它是以单项资产为对象进行的资产评估，所以不需要以其综合获利能力进行综合性价值评估。

2. 必须选准流动资产评估的基准时间。相对于非流动资产而言，流动资产的数量和价值更具波动性，因而评估基准日的选择需要更精准。一般地，评估基准日应尽可能选择在会计期末，评估是必须在规定的时点进行财产清查、登记和确定流动资产的数量和账面价值，避免因资产发生流动造成评估结果的失真。

3. 资产清查工作量大。流动资产一般数量大、种类多，因而清查工作量大，与之相反的是，流动资产的价值量可能不大，因此，在评估流动资产时如果能够保证评估的质量，可以考虑评估成本的节约。

对流动资产评估时往往需要根据不同企业的生产经营特点和流动资产分布的情况，对流动资产分清主次、重点和一般，选择不同的方法进行清查和评估，做到突出重点，兼顾一般。在清查时采用的方法主要有抽查、重点清查和全面清查。当抽查核实中发现原始资料或清查盘点工作可靠性较差时，应扩大抽查面，直至核查全部流动资产。

4. 流动资产的账面价值基本上可以反映出流动资产的现值。由于流动资产周转速度快、变现能力强，在价格变化不大的情况下，调整后流动资产的账面价值基本上可以反映出流动资产的现值，因此，在特定条件下，可以采用历史成本作为其评估值。

5. 流动资产的评估一般较少考虑无形损耗。对低值易耗品，呆滞、积压存货类流动资产进行评估时，应当考虑其实体性贬值，但一般无须考虑资产的功能性贬值因素。

三、流动资产评估的程序

（一）确定评估范围

1. 鉴定流动资产的资产属性。进行流动资产评估时，首先应明确被评估流动资产的范围，必须划清流动资产与非流动资产的界限，防止将不属于流动资产的机器设备等作为流动资产,也不得把属于流动资产的低值易耗品等作为非流动资产,以避免重复评估和漏评估。

2. 查核待评估流动资产的产权。企业进行资产评估前,首先应核实流动资产的产权。存放在企业中的外单位委托加工材料、代为保管的材料物资等,尽管存于企业中,但由于其产权不属于被评估单位,故不得将其列入流动资产的评估范围。

3. 对被评估流动资产进行抽查核实并验证基础资料。准确地评估资产清单是正确地评估资产价值的基础资料,被评估资产的清单应以实存数量为依据,而不能仅仅以账面记录为准。

(二) 对实物类流动资产进行质量检测和技术鉴定

对企业需要评估的材料、半成品、产成品等流动资产进行检测和技术鉴定,目的是了解这部分资产的质量状况,以便确定其是否还具有使用价值,并核对其技术情况和登记与被评估资产清单的记录是否一致。对被评估资产进行技术检测是正确评估资产的重要基础。特别是对那些时效性较强的存货,如有保鲜期要求的食品,有有效期要求的药品、化学试剂等,对其进行技术检测尤为重要。存货在存放期内质量发生变化,会直接影响其变现能力和市场价格,因此,评估时必须考虑各类存货的内在质量因素。对各类存货进行技术检测时,可由被评估企业的有关技术人员、管理人员与评估人员合作完成。

(三) 对企业的债权情况进行分析

根据对被评估企业与债务人的经济往来资信情况的调查了解,以及对每项债权资产的经济内容、发生时间的长短及未清理的原因等因素进行核查,综合分析确定各项债权回收的可能性、回收的时间、回收时将要发生的费用等。

(四) 合理选择评估方法

经清查核实后货币类流动资产的账面价值本身就是现值,不需采用特殊方法进行评估,但是对外币存款应按评估基准日的汇率进行折算。

对实物类流动资产的评估,可以采用市场法或成本法。对存货类流动资产的评估,如果其价格变动较大,则以市场价格为基础,对购入价格较低的存货,按现行市价进行调整;而对于购入价格较高的存货,除考虑现行市价外,还要分析最终产品价格是否能够相应提高,或存货本身是否具有按现行市价出售的可能性。

对债权类流动资产的评估,宜采用可变现净值法。

对于其他流动资产,应分别按不同情况进行,其中有物质实体的流动资产,则应视其价值情形,采用与机器设备等相同或相似的方法进行评估。

(五) 评定估算流动资产并出具评估结论

经过上述程序后,可以根据选用的方法对流动资产进行评估,分析确定评估结论,并得出相关结论。

第二节 实物类流动资产评估

一、材料的评估

（一）材料评估的内容与步骤

按其存放的地点，企业中的材料可以分为库存材料和在用材料。在用材料是指生产过程中形成的产成品或半成品，已不再作为单独的材料存在，故材料评估是指对库存材料的评估。

库存材料包括各种主要材料、辅助材料、燃料、修理备用件、包装物和低值易耗品等。库存材料的特点是品种多，金额大，而且性质各异，计量单位、计价和购进时间、自然损耗各不相同。根据库存材料的特点，评估时可按下列步骤进行：

1. 账、表与实物数量应相符，并查明有无霉烂、变质、毁损的材料，有无超储呆滞的材料等。

2. 根据不同的评估目的和待估资产的特点，选择合适的评估方法。多采用成本法、市场法。

3. 运用企业库存管理的 ABC 管理法，按照一定的目的和要求，对材料排队，分清重点，着重对重点材料进行评估。

（二）材料评估的方法

对材料进行评估时，可以根据材料购进情况的不同选择相适应的方法。

1. 近期购进库存材料的评估。近期购进的材料库存时间短，在市场价格变化不大的情况下，其账面值与现行市价基本接近。评估时，可以采用历史成本法，也可以采用市场法。

【例 8-1】甲企业 A 材料系 1 个月前从外地购进的，材料明细账的记载：数量为 2 000 千克，单价为 5 元/千克，运杂费为 1 000 元。根据材料消耗的原始记录和清楚盘点，评估时库存尚有 1 000 千克。试评估该材料的价值。

解：对于以上材料，消耗部分应合并在产品价值中，为了防止重复评估，本例中只评估库存材料价值，可用账面成本。

$$库存材料评估价值 = 1\,000 \times (5 + 1\,000/2\,000) = 5\,500（元）$$

说明：因运杂费发生额较大，在评估时应将由被评估材料分担的运杂费计入评估值；如果运杂费发生额较少，如在本市购进时，评估时则可以不考虑运杂费。

2. 购进批次间隔时间长和价格变化大的库存材料评估。对这类材料进行评估时，可以采用最接近市场价格的材料价格或直接以市场价格作为其评估值。

【例 8-2】 企业库存 B 材料明细账如下：2009 年该材料分两批购进，第 1 批购进时间为 2009 年 1 月，数量为 1 000 千克，单价为 500 元/千克；第 2 批购进时间为 2009 年 4 月，数量为 2 000 千克，单价为 550 元/千克。2009 年 4 月 12 日为评估基准日，试评估该企业 B 材料的价值。

解： 经查清资产，2009 年 1 月购进的 B 材料尚存 200 千克，2009 年 4 月购进的 B 材料全部为库存。因此，需评估的 B 材料库存数量为 2 200 千克。又经调查，2009 年 4 月 12 日该材料的市场价格为 600 元/千克。

$$B \text{ 材料的评估值} = 2\ 200 \times 600 = 1\ 320\ 000\ (\text{元})$$

注意： 有时候由于材料是分期购进的且购价各不相同，企业采用的核算方法不同，材料的账面余额就不一样。但核算方法的差异不应影响评估结果。在评估时关键是核查库存材料的实际数量，并按最接近市场的价格计算确定其评估值。

3. 缺乏准确现行市价库存材料的评估。购进时间早、市场已经脱销、没有准确市场现价的库存材料评估，可以通过寻找替代品的价格变动资料来修正材料价格；也可以在市场供需分析的基础上，确定该项材料的供需关系，并以此修正材料价格；还可以通过市场同类商品的平均物价指数进行评估。

【例 8-3】 某企业库存 C 材料为 2009 年 1 月购进，数量为 5 000 千克，单价为 600 元/千克。2010 年 5 月 8 日为评估基准日，但在评估时，该材料已脱销，市场上不能查询到相同材料的价值。资产评估师经过市场调查，认为如果这种材料出售，其售价会比账面价值高出 5%。试评估该企业 C 材料的价值。

解： 经清查资产，2009 年 1 月购进 C 材料尚存 1 000 千克，因而其评估值 = 1 000 × 600 ×（1 + 5%）= 630 000（元）。

4. 超储积压物资的评估。首先应对超储积压物资的数量和质量进行核实和鉴定，然后区别不同情况进行评估。对其中失效、变质、残损、报废、无用的，应通过分析计算，扣除相应的贬值额后，确定其评估值。对于库存材料中，盘盈、盘亏的材料，评估时如果根据会计账面单价确定其评估值，则评估时应认真审核其数量，原则上应以审计后的数量或资产评估师实际盘点的数量作为评估依据。

二、低值易耗品的评估

低值易耗品是指单项价值在规定限额以下或使用期限不满一年，但能多次使用而基本保持其实物形态的劳动资料。不同行业对固定资产和低值易耗品的划分标准不完全相同。在评估过程中判断劳动资料是否为低值易耗品，原则上视其在企业中的作用而定。同时，低值易耗品又是特殊流动资产，与典型流动资产相比，它具有周转时间长、不构成产品实体等特点。掌握低值易耗品的分类，是进行低值易耗品评估的前提。

1. 按低值易耗品的用途分类，可以分为一般工具、专用工具、替换设备、管理用具、劳动保护用品和其他。

2. 按低值易耗品的使用情况分类，可以分为两类：一是在库低值易耗品；二是在用低值易耗品。

在库低值易耗品的评估，可以根据具体情况，采用与库存材料评估相同的方法。在用

低值易耗品可以采用成本法进行评估,其计算公式如下:

$$在用低值易耗品评估值 = 全新成本价值 \times 成新率 \quad (8.1)$$

对低值易耗品进行评估时,由于其使用期限短于固定资产,一般不考虑其功能性损耗。其成新率计算公式如下:

$$成新率 = \left(1 - \frac{低值易耗品实际已使用月数}{低值易耗品可使用月数}\right) \times 100\% \quad (8.2)$$

说明:由于低值易耗品采用摊销的方式将其价值转入成本、费用中,而摊销的目的在于计算成本、费用,但是低值易耗品的摊销在会计上采用了较为简化的方法,并不能完全反映低值易耗品的实际损耗程度。因此,资产评估师在确定低值易耗品成新率时,应根据其实际损耗程度,而不能按照其摊销方式。这一点类似于固定资产会计折旧与实际损耗的关系。

【例8-4】某企业的D低值易耗品,原价为1 000元,预计使用1年,现已使用6个月。该低值易耗品的现行市价为1 200元,由此确定其评估值:

解:在用低值易耗品评估值 = 1 200 × (1 - 6/12) = 600(元)

三、在产品的评估

在产品包括在生产过程中尚未加工完毕的在制品、已加工完毕但不能单独对外出售的半成品(可直接对外出售的半成品视为产品进行评估)。在对这部分资产进行评估时,一般可采用成本法或市场法进行评估。

(一)成本法

对于生产周期在半年或一年以上,仍需继续生产、销售并且有盈利的在制品,可以根据技术鉴定和质量检测的结果,按评估时的相关市场价格及费用水平重置同等级在制品及自制半成品所需投入合理的料工费计算评估值;对生产周期短的在制品主要以其发生成本为计价依据,在没有变现风险的情况下,可根据其账面值进行调整。具体方法有以下几种:

1. 按价格变动系数调整原成本。对生产经营正常、会计核算水平较高的企业中的在制品的评估,可参照实际发生的原始成本,根据评估日的市场价格变动情况,调整成重置成本。评估的方法和步骤如下:

(1)对被评估在制品进行技术鉴定,将其中超出正常范围的不合格在制品成本从总成本中剔除。

(2)分析原成本,将非正常的不合理费用从总成本中剔除。

(3)分析原成本中的材料从其生产准备开始到评估日为止的市场价格变动情况,并测算出价格变动系数。

(4)分析原成本中的工资、燃料、动力等制造费用从开始生产到评估日有无大的变动,是否做了调整,并测算出调整系数。

(5)根据技术鉴定、原始成本的分析及价格变动系数的测算,调整成本,确定评估值,必要时还要从变现的角度修正评估值。

其计算基本公式如下:

某项或某类在产品的评估值 = 原合理材料成本 × (1 + 合理材料价格变动系数) +
原合理工资费用 × (1 + 合理工资费用变动系数) (8.3)

说明:在产品成本包括材料、工资、制造费用和期间费用四个部分。评估时,制造费用可以通过一定的方法分摊计入在产品成本;期间费用一般考虑管理费用和借款费用,为了简便起见,通常只有在产品需要经过较长时间制造的情况下才予以考虑,通常可以忽略不计。

2. 按社会平均成本和现行市价评估。由于资产的社会平均成本往往以资产消耗的社会平均工艺定额来反映,根据公允的含义,资产的现行市价也反映社会平均劳动生产率,所以用成本法评估在产品的价值时,可按重置同类资产的社会平均工艺定额确定。计算评估值的基本公式如下:

某在产品评估值 = 在产品实有数量 × (该工序单件材料工艺额 × 单位材料现行市价 + 该工序单件工时定额 × 正常工资费用) (8.4)

对于工艺定额的选取,如果有行业的平均物料消耗标准,可按行业标准计算;没有行业统一标准的,按企业现行的工艺定额计算。

【例 8 - 5】 某企业 A 在产品共计 500 件,每件在产品消耗甲材料定额为 20 千克,乙材料消耗定额为 50 千克。据账面记载,企业购入甲材料的单价为 6 元/千克,乙材料的单价为 8 元/千克。而在评估基准日,甲材料的正常市场售价为 5 元/千克,乙材料的正常市场售价为 10 元/千克,单件工时定额为 100 小时,正常工资费用为 15 元/小时。试评估该批在产品的价值。

解: 根据上面的计算公式,该批在产品的评估值 = 500 × (20 × 5 + 50 × 10 + 100 × 15)
= 1 050 000 (元)

3. 按在产品的完工程度计算评估值。因为在产品的最高形式为产成品,因此,计算确定在产品评估值时,可以在计算产成品重置成本的基础上,按在产品完工程度计算确定在产品的评估值。其计算公式如下:

在产品评估值 = 产成品重置成本 × 在产品约当量
在产品约当量 = 在产品数量 × 在产品完工率 (8.5)

在产品约当量、在产品完工率可以根据其完成工序与全部工序的比例,生产完成时间与生产周期的比例确定。当然,确定时应分析完成工序、完成时间与其成本耗费的关系。

(二) 市场法

市场法是指按同类在产品和半成品的市价,扣除在销售过程中预计发生的费用后计算评估值。一般来说,被评估资产通用性好,能够作为产成品的部件或用于维修,其评估值就较高。对不能继续生产、又无法通过市场调剂出去的专用配件,只能按废料回收价格进行评估。

此类在产品计算评估值的计算公式如下:

某在产品评估值 = 该种在产品实用数量 × 可接受的不含税单位市场价格 - 预计在销售过程中发生的费用 (8.6)

第八章 流动资产评估

如果在调剂过程中有一定的变现风险,还要考虑设立一个风险调制系数,计算可变现的评估值。其计算公式为:

$$某报废在产品评估值 = 可回收的废料重量 \times 单位重量现行回收价格 \qquad (8.7)$$

【例 8-6】A 企业因产品技术落后而全面停产,现准备与 B 公司合并,有关在产品的资料如下:

在产品原账面记录的成本为 175 万元,按其状态及通用性分为三类:

第一类为已从仓库中领出,但尚未进行加工的原料。

第二类为已加工成部件,可通过市场销售且流动性较好的在制品。

第三类为加工成的部件,无法销售,又不能继续加工,只能作报废处理的在制品。

对于第一类在制品,可按实有数量、技术鉴定情况、现行市场价格计算其评估值。对于第二类在制品,可根据市场可接受的现行价格、调剂过程中的费用、调剂的风险确定其评估值。对于第三类在制品,只能按废料的回收价格计算其评估值。

根据评估资料可以确定评估结果,如表 8-1、表 8-2、表 8-3 所示。

表 8-1　　　　　　　　车间已领用尚未加工的原材料

材料名称	计量单位	实有数量	现行单位市价/元	按市价计算的资产价值/元
S_1	吨	150	1 600	240 000
S_2	千克	3 000	18	54 000
S_3	千克	7 000	12	84 000
合计				378 000

表 8-2　　　　　　　车间已加工成部件并可直接销售的在制品

部件名称	编号	计量单位	实用数量	现行单位市价/元	按市价计算的资产价值/元
A	B001	件	1 800	54	97 200
B	B002	件	600	100	60 000
C	B003	台	100	250	25 000
D	B004	台	130	165	21 450
合计					203 650

表 8-3　　　　　　　　　　报废制品

在产品名称	计量单位	实有数量	可回收废料/(千克/件)	可回收废料数量/千克	回收价格/(元/千克)	评估值/元
D001	件	5 000	35	175 000	0.40	70 000
D002	件	6 000	10	60 000	0.40	24 000
D003	件	4 500	2	9 000	6	54 000
D004	件	3 000	11	33 000	5	165 000
合计						313 000

四、产成品及库存商品的评估

这部分流动资产包括完工入库和已完工并经过质量检验但尚未办理入库手续的产成品、商业企业的库存商品等。对此类存货应依据其变现能力和市场可接受的价格进行评估,适用的方法有成本法和市场法。

(一) 成本法

采用成本法对生产及加工工业的产成品评估时,主要根据生产、制造该项产成品全过程发生的成本费用确定其评估值。在具体应用过程中,可分以下两种情况进行:

1. 评估基准日与产成品完工时间较接近。当评估基准日与产成品完工时间较接近时,成本升降变化不大,可以直接按照产成品账面成本确定其评估值。其计算公式如下:

$$产成品评估值 = 产成品实用数量 \times 单位产成品账面成本 \tag{8.8}$$

2. 评估基准日与产成品完工时间相距较远。当评估基准日与产成品完工时间相距较远时,制造产成品的成本费用变化较大,产成品评估值可按下列公式计算:

$$产成品评估值 = 产成品实有数量 \times (合理材料工艺额 \times 材料单位现行价格 + 合理工时定额 \times 单位小时合理工时工资费用) \tag{8.9}$$

或:

$$产成品估值 = 产成品实际成本 \times (材料成本比例 \times 材料综合调整系数 + 工资费用成本比例 \times 工资费用综合调整系数) \tag{8.10}$$

【例 8-7】 A 企业产成品实有数量为 1 000 件。根据该企业的成本资料,结合同行业耗用资料分析,合理材料工艺定额为 400 千克/件,合理工时定额为 50 小时。评估基准日生产该产品的材料单价为 50 元/千克,单位小时合理工时费用为 16 元/小时。根据上述分析和有关资料,确定该企业产成品评估值。

解: 产成品评估值 = 1 000 × (400 × 50 + 50 × 16) = 20 800 000 (元)

(二) 市场法

市场法是指按不含价外税的可接受市场价格,扣除相关费用后计算被评估产成品评估值的方法。其中,工业企业的产成品一般以卖出价为依据,商业企业一般以买入价为依据。

采用市场法评估产成品时,现行市价中包含了成本、税金和利润的因素。如何处理待实现的利润和税金,就成为一个不可忽视的问题。

1. 假如以产成品出售为目的,就应直接以现行市场价格作为其评估值,而无须考虑扣除其销售费用和税金。

2. 对于缴纳增值税的产成品来说,其销项税款尽管是向购买方收取的,但并不构成产成品价格。而且,对于买方来说,支付给卖方的销项税额即自身的进项税额,当购进的产成品销售时,企业所支付税款是销项税款与进项税款的差额,这本身就意味着税款的扣除。

3. 在对企业以投资为目的的产成品进行评估时,一方面,由于产成品在新的企业中

第八章 流动资产评估

按市价销售后，流转税金和所得税等要流出企业，追加的销售费用也应得到补偿；另一方面，产成品评估值折价后作为投资者权益，具有分配收益的依据。因此，在这种情况下，必须从市价中扣除各种税金和利润后，才能作为产成品评估值。其计算公式如下：

$$评估价值 = 库存数量 \times (不含税的出厂单价 - 销售税金 - 销售费用 - 企业所得税)$$
(8.11)

第三节　货币类资产、债权类资产及其他流动资产评估

货币性资产主要是指现金和各种银行存款以及交易性金融资产。债权类资产主要包括应收账款、预付账款、应收票据等。其他流动资产主要是指待摊费用和预付费用等。

一、货币类资产的评估

1. 现金和各项存款的评估。众所周知，资产评估主要是对非货币性资产而言的，货币性资产不会因时间的变化而发生差异。因此，现金和各项存款的评估实际上是对现金和各项存款的清查确认。首先，通过清查盘点及与银行对账，核实现金和各项存款的实有数额；然后，以核实后的实有数额作为评估值。如有外币存款，可按当时的国家外汇牌价折算成人民币值。

2. 交易性金融资产的评估。交易性金融资产是企业利用在正常营运中暂时闲置的资金购入一些可随时变现的有价证券，这样既能保证企业现金支付的需要，又可提高资金的使用效益。由于短期投资大多为在证券市场上公开交易的有价证券，因此可按评估基准日的相关有价证券的收盘价确定评估值（市场法）。

二、应收账款及预付账款的评估

企业的应收账款和预付账款是指企业在经营过程中由于赊销原因而形成的尚未收回的款项以及企业根据合同规定预付给供货单位的货款等。在对这些资产估算时，一般应从两个方面进行：一是清查核实应收账款（预付账款）；二是判断估计可能的坏账损失。其计算公式如下：

$$应收账款评估值 = 应收账款账面余额 - 已确认坏账损失 - 预计可能发生的坏账损失$$
(8.12)

具体进行应收账款的评估时，其基本程序如下：

1. 确定应收账款账面价值。对机构内部独立核算单位之间往来进行双向核对，避免重计、漏记及其他不真实的债权关系。

2. 确认已确定的坏账损失。已确定的坏账损失是指评估时债务人已经死亡或破产倒闭而确实无法收回的应收账款。

3. 确定预计坏账损失。分类情况如下：

（1）业务往来较多，对方结算信用好。这类应收账款一般能够如期收回。

（2）业务往来少，对方结算信用一般。这类应收账款收回的可能性很大，但回收时间不确定。

（3）一次性业务往来，不太清楚对方信用。这类应收账款可能只收回一部分。

（4）长期拖欠或对方单位已撤销，这类应收账款可能无法收回。

预计坏账损失定量分析的方法如下：

第一种，坏账比例法。坏账比例法是指按坏账占全部应收账款的比例来判断不可收回的应收账款，从而确定坏账损失的数额。坏账比例的确定，可以根据被评估企业前若干年（一般为3~5年）的实际坏账损失额与其应收账款发生额的比例确定。其计算公式如下：

$$坏账比例 = \frac{评估前若干年发生的坏账数额}{评估前若干年应收账款余额} \times 100\% \tag{8.13}$$

如果一个企业的应收账款多年来未清理，账面找不到处理坏账的数额，也就无法推算出坏账损失率，在这种情况下就不能采用这种方法。

【例8-8】经核实，截至评估基准日，某企业应收账款的账面余额为784 500元，前5年的应收账款余额合计为1 000 500元，实际发生的坏账合计数为67 860元。试评估应收账款的价值。

解：根据上面的计算公式，前5年坏账占应收账款的百分比：

坏账占应收账款的比例 = （67 860/1 000 500）×100% = 6.78%

预计坏账损失额 = 784 500 × 6.78% = 53 189.10（元）

应收账款的价值 = 784 500 - 53 189.10 = 731 310.9（元）

说明：在确定坏账损失比例时，还应分析某些特殊原因造成的坏账损失，这部分坏账损失产生的坏账比例有其特殊性，不能直接作为未来预计损失的依据。

第二种，账龄分析法。账龄分析法是指按应收账款拖欠时间的长短，分析、判断可收回的金额和坏账。一般来说，应收账款账龄越长，产生坏账的可能性就越大。因此，可将应收账款按账龄长短分成不同的组别，按不同组别估计坏账损失的可能性，进而估计坏账损失的数额。

【例8-9】经核实，某企业应收账款实有数为784 500元，具体发生情况如表8-4所示。

表8-4　　　　　　　　坏账损失计算分析表　　　　　　　　单位：元

账龄	应收金额	预计坏账损失率（%）	坏账金额
未到期	246 000	1	2 460
已过期：0.5年以下	112 000	6	6 720
0.5~1年	325 200	12	39 024
1~2年	332 500	26	86 450
3年以上	91 000	38	34 580
合计	784 500	—	169 234

解：应收账款的评估值 = 784 500 – 169 234 = 615 266（元）

一般来说，如果根据应收账款评估结果重新建账，则新账的账面上的"坏账准备"科目应按零值计算。

三、应收票据的评估

应收票据是指由付款人或收款人签发，由付款人承兑，到期无条件付款的一种书面凭证。应收票据是企业因销售商品、提高劳务而收到的尚未兑现的各种票据，是企业持有的经债务人书面承诺、具有法定形式和已确定收款期限的债权凭证。

按承兑人不同，应收票据可分为商业承兑汇票和银行承兑汇票，商业汇票可依法背书转让，也可以向银行申请贴现。应收票据按是否带息分为带息商业汇票和不带息商业汇票两种。不带息商业汇票的评估值为其票面金额，带息商业汇票的评估值等于其本金加利息。具体来说，有以下两种评估方法：

（一）按本金加利息确定

按本金加利息的计算公式为：

$$应收票据评估值 = 本金 \times (1 + 利息率 \times 时间) \tag{8.14}$$

【例 8–10】 某企业拥有一张期限为 3 个月的商业汇票，本金为 700 万元，月息为 6‰。截至评估基准日，离付款期尚差 2 个月的时间。试评估该应收票据的价值。

解：根据上面的计算公式，应收票据的评估值 = 700×(1 + 6‰×2) = 708.4（万元）

（二）按应收票据的贴现值计算

按应收票据的贴现值计算的公式为：

$$应收票据评估值 = 票据到期价值 - 贴现息 \tag{8.15}$$
$$贴现息 = 票据到期价值 \times 贴现率 \times 贴现期$$

【例 8–11】 某企业向甲企业出售一批材料，价款 600 万元，商定 6 个月后收款，采取商业承兑汇票结算。该企业于 1 月 5 日开出汇票，并经甲企业承兑。汇票到期日为 7 月 5 日。试评估该笔应收票据于 5 月 5 日的评估价值。

解：（1）计算贴现息。贴现期为 2 个月，贴现率按月息 6‰计算，则：

贴现息 = 600×6‰×2 = 7.2（万元）

（2）应收票据评估值 = 600 – 7.2 = 592.8（万元）

如果被评估的应收票据是在规定的时间内未收回的票据，则由于会计上将此应收票据视同应收账款管理，并转入"应收账款"账户。因此，此时应按应收账款的评估方法进行价值评估，在评估应收票据时不要重复计算。

四、待摊费用、预付费用的评估

（一）待摊费用的评估

待摊费用是指企业中已经支付或发生，但应由本月和以后各个月份负担的费用。待摊费用本身不是资产，它是已耗用资产的反映，但它的支出可以形成一定形态的有形资产和无形资产。因此,要评估确定待摊费用的价值,实际上是确定其实体资产或某种权利的价值。

对于待摊费用的评估,原则上应按其形成的具体资产价值来确定。

(二)预付费用的评估

预付费用之所以作为资产,是因为这类费用在评估日之前企业已经支付、但在评估日之后才能产生效益。如预付的报刊费、预付的保险金、预付的租金等。

预付费用的评估主要依据其未来可产生效益的时间。如果预付费用的效益已经在评估日前全部体现,只因发生的数额过大而采取分期返销的办法,这种预付费用不应在评估中作价。只有那些在评估日之后仍将发挥作用的预付费用,才是评估的对象。

【例8-12】截至评估基准日,某企业待摊费用和预付费用的账面明细如下:

(1)预付1年的保险金36万元,已摊销9万元。

(2)尚待摊销的低值易耗品余额为36.90万元,现行市价48万元。

(3)预付的房屋租金为100万元,已摊销50万元。根据租约,起租时间为2008年4月30日,租约终止期为2012年4月30日。试评估该企业待摊费用和预付费用的价值。

解:(1)预付的保险金的评估值为摊余价值。

应预留保险金(评估值)=36-9=27(万元)

(2)未摊的低值易耗品的评估值应为市价,评估值为48万元。

(3)固定资产租金的评估。租入固定资产的价值按租约规定的租期和4年总租金计算,每年的租金为25万元,租赁的房屋尚有2年使用权。

租金的评估值=50(万元)

关键概念

流动资产   成本法   市场法   实物类流动资产   债权类流动资产
货币资金

思考题

1. 简述流动资产评估的特点。
2. 简述针对不同类别的流动资产,如何合理选择评估方法。
3. 简述库存材料的评估方法。
4. 简述应收账款的评估思路。
5. 2017年3月1日对库存甲种材料进行评估。库存该材料共两批,2016年12月购入550公斤,单价1 240元,已领用400公斤,结存150公斤;2017年2月购入300公斤,单价1 500元,尚未领用。企业会计采用先进先出法核算,该库存材料评估值为多少?
6. 某项在用低值易耗品,原价1 000元,按"五五"摊销法,账面余额为500元。该低值易耗品使用寿命为1年,评估时点已使用了6个月,该低值易耗品的现行市场价格

第八章 流动资产评估

为1 300元,由此确定该在用低值易耗品价值为多少?

7. 某企业3月初预付12个月的房屋租金96万元,当年6月1日对该企业评估时,该预付费用评估值为多少?

8. 对某企业进行评估时,一部分产品正处于生产加工中尚未完工,数量为300个,这部分在制品已经过17个小时的加工工序,而完成单位产成品需要21个工时。已知在评估基准日同类产品的单位重置成本为90元,经评估人员确定该产品的成本消耗与生产工时成正比,则该在制品的评估值是多少?

9. 某企业向甲企业售出材料,价款5 000万元,商定6个月后收款,采取商业承兑汇票结算。该企业于5月10日开出汇票,并由甲企业承兑,汇票到期日为11月10日。现对该企业进行评估,基准日定位7月10日,由此确定贴现日期为120天,贴现率按月息6‰计算,因此该应收票据的评估值为多少?

10. 某企业产成品实有数量800台,每台实际成本940元,该产品的材料费与工资、其他费用的比例为70:30,根据目前有关资料,材料费用综合调整系数为1.20,工资、其他费用综合调整系数为1.08。该产品的评估值为多少?

第九章
企业价值评估

【案例导入】

1. 项目名称：北京世纪瑞尔技术股份有限公司拟发行股份及支付现金购买的资产涉及天津市北海通信技术有限公司股东全部权益价值评估报告。
2. 评估目的：发行股份及支付现金购买资产。
3. 评估基准日：2016 年 10 月 31 日。
4. 评估对象及评估范围：本次评估对象为被评估单位的股东全部权益，评估范围系被评估单位全部资产和负债，具体包括流动资产、非流动资产（包括长期股权投资、固定资产——房屋建筑物、固定资产——设备、无形资产、递延所得税资产）及负债等。资产评估申报表列示的账面净资产为 128 730 158.29 元。
5. 价值类型：市场价值。
6. 评估方法：采用收益法和资产基础法评估，在对被评估单位综合分析后最终选取收益法的评估结论。
7. 评估结论：经评估，被评估单位股东全部权益价值为人民币 503 000 000.00 元。

第一节
企业价值评估概述

一、企业与企业价值

（一）企业的概念

企业一般是指以营利为目的，运用各种生产要素（土地、劳动力、资本、技术和企业家才能等），向市场提供商品或服务，实行自主经营、自负盈亏、独立核算的法人或其他社会经济组织。

第九章 企业价值评估

在商品经济范畴内,作为组织单元的多种模式之一,按照一定的组织规律,有机构成的经济实体,一般以营利为目的,以实现投资人、客户、员工、社会大众的利益最大化为使命,通过提供产品或服务换取收入。它是社会发展的产物,因社会分工的发展而成长壮大。企业是市场经济活动的主要参与者,在社会主义经济体制下,各种企业并存共同构成社会主义市场经济的微观基础。企业存在三类基本组织形式,即独资企业、合伙企业和公司,依照我国法律规定,公司是指有限责任公司和股份有限责任公司,具有企业的所有属性。公司制企业是现代企业中最主要的最典型的组织形式。

现代经济学理论认为,企业本质上是"一种资源配置的机制",其能够实现整个社会经济资源的优化配置,降低整个社会的交易成本。

(二) 企业价值

企业价值即指企业本身的价值,是企业有形资产和无形资产价值的市场评价。企业价值不同于利润,利润是企业全部资产的市场价值中所创造价值中的一部分,企业价值也不是指企业账面资产的总价值,由于企业商誉的存在,通常企业的实际市场价值远远超过账面资产的价值。

企业价值具有多种不同的表现形式,如账面价值、内涵价值、市场价值、清算价值、重置价值等等。客观地讲,每一种价值形式都有其合理性与适用性。

1. 账面价值。采用账面价值对企业进行评价是指以会计的历史成本原则为计量依据,按照权责发生制的要求来确认企业价值。企业的财务报告可以提供相关的信息,其中资产负债表最能集中反映公司在某一特定时点的价值状况,揭示企业所掌握的资源、所负担的负债及所有者在企业中的权益,因此资产负债表上各项目的净值,即为公司的账面价值。企业账面价值有时为适应不同需要,可以进行适当调整。比如,为确定普通股东的净值,对有发行在外优先股的股份有限公司,应将优先股的价值从净值总额中扣除,以确定属于普通股东的净值。该净值被发行在外的普通股数相除即可得出每股账面价值。再如,为稳健起见,在计算企业账面净值时,通常要剔除无形资产如商誉、专利权等,以及债券折价、开办费用和递延费用等,而其他一些项目,如存货估价准备,则可能要被加回。账面价值可以直接根据企业的报表资料取得,具有客观性强、计算简单、资料易得等特点。

2. 内涵价值。内涵价值又称为"投资价值""公平价值"等,是指企业预期未来现金流收益以适当的折现率折现的现值。其价值大小取决于专业分析人士对未来经济景气程度的预期、企业生命周期阶段、现阶段的市场销售情况、企业正在酝酿的扩张计划或缩减计划,以及市场利率变动趋势等因素,由于大多数因素取决于专业人士的职业判断,所以在使用时需要设定一些假设条件,比如现金流收益按比例增长或固定不变等等。

3. 市场价值。市场价值是指企业出售所能够取得的价格。当企业在市场上出售时,其买卖价格即为该企业的市场价值。市场价值通常不等于账面价值,其价值大小取决于市场的供需状况,但从本质上看,市场价值亦是由内涵价值所决定。

4. 清算价值。清算价值是指企业由于破产清算或其他原因,要求在一定期限内将企业或资产变现,在企业清算日预期出售资产可收回的快速变现金额,即为该企业的清算价值。对于企业股东而言,清算价值在优先偿还债务后的剩余价值才是股东的清算价值。企业清算时,既可整体出售企业,也可拆零出售单项资产,采用的方式以变现速度快、收入高为原则。企业在清算倒闭时,价值的性质及其计量与在持续经营中的企业价值截然不同,必须明确区别之。

5. 重置价值。重置价值是指在市场上重新建立与之相同的规模、技术水平、生产能力的企业需要花费的成本。首先,根据企业的各项资产特性,估算出各资产的重置必要成本,再扣除企业已经发生的各种损耗,从而得出企业的重置价值。其中,资产的各种损耗既包括资产的有形损耗,又包括资产的无形损耗。

二、企业价值评估

(一) 企业价值评估概念

2017年中国资产评估协会根据《资产评估基本准则》,对《资产评估准则——企业价值》进行了修订,制定了《资产评估执业准则——企业价值》,于2017年10月1日起施行。《资产评估执业准则——企业价值》(2017)中将企业价值评估定义为:资产评估机构及其资产评估专业人员遵守法律、行政法规和资产评估准则,根据委托对评估基准日特定目的下的企业整体价值、股东全部权益价值或者股东部分权益价值等进行评定和估算,并出具资产评估报告的专业服务行为。不论企业价值评估的是哪一种价值,它们都是企业在特定时期、地点和条件约束下所具有的持续获利能力的市场表现。

(二) 企业价值评估的特点

企业价值评估是将一个企业作为一个有机整体,依据其拥有或占有的全部资产状况和整体获利能力,充分考虑影响企业获利能力的各种因素,结合企业所处的宏观经济环境及行业背景,对企业整体公允市场价值进行的综合性评估。其具有以下特点:

1. 企业价值评估对象是有多个或多种单项资产组成的资产综合体。
2. 决定企业价值高低的因素,是企业的整体获利能力。
3. 企业价值评估是一种整体性评估,它与构成企业的各个单项资产的评估值简单加和是有区别的。

(1) 两种评估所确定的评估价值的含义是不相同的。利用单项资产评估,是一种静态的反映方法。将企业整体作为评估对象,是一种动态的反映方法。

(2) 两种评估所确定的评估价值的价值一般是不相等的。企业的价值不仅反映资产的重置成本,而且必须包括十分重要的组织成本,即企业价值=资产重置成本+组织成本。

(3) 两种评估所反映的评估目的是不相同的。如果企业的资产收益率与社会(更多的是与行业)平均资产收益率相同,则单项资产评估汇总确定的企业资产评估值应与整体资产评估值趋于一致;如果企业资产收益率低于社会(或行业)平均资产收益率,单项资产评估汇总确定的企业资产评估值就会比整体企业评估值高。反之,如果企业资产收益率高于社会(或行业)平均收益率,整体企业评估值则会高于单项企业评估汇总的价值,超过的部分则是企业商誉的价值。

（三）企业价值评估目的

企业价值评估适用于设立公司、企业改制、股票发行上市、股权转让、企业兼并、收购或分立、联营、组建集团、中外合作、合资、租赁、承包、融资、抵押贷款、法律诉讼、破产清算等目的。

三、企业价值评估的范围

进行评估时应首先明确评估范围，企业价值评估评估范围的确定较为复杂。通常企业价值评估范围包括两个层次：一是一般范围（从企业产权角度界定）；二是具体范围（从企业资产有效性角度界定）。

（一）企业价值评估的一般范围

企业价值评估的一般范围是从产权角度界定的，应包括企业产权所涉及的全部资产，具体包括：①企业产权主体自身拥有并投入经营的部分；②企业产权主体自身拥有未投入经营部分；③企业实际拥有但尚未办理产权的资产等；④虽不为企业产权主体自身占用及经营，但可以由企业产权主体控制的部分。如全资子公司、控股子公司，以及非控股公司中的投资部分；企业拥有的非法人资格的派出机构、分部及第三产业等。

在具体界定企业价值评估的一般范围时，应根据以下有关数据资料进行：①企业价值评估申请报告及上级主管部门批复文件所规定的评估范围；②企业有关产权转让或产权变动的协议、合同、章程中规定的企业资产变动的范围；③企业有关资产产权证明、账簿、投资协议、财务报表；④其他相关资料等。

（二）企业价值评估的具体范围

企业价值评估的具体范围是从企业资产有效性角度界定的，是指资产评估专业人员具体实施评估的有效资产范围。它是在一般范围基础上经合理必要的选择重组后的评估范围。其关键在于如何划分有效资产和无效资产。

有效资产是指企业中正在运营，或虽未正在运营但具有潜在运营能力、并能对企业盈利做出贡献、发挥作用的资产。无效资产是指企业中不能参与生产经营，不能对企业盈利做出贡献的非经营性资产、闲置资产，以及虽然是经营性的资产，但在被评估企业已失去经营能力和获利能力的资产的总称。值得注意的是，有效资产和无效资产的划分及其定义都是特指的，仅仅在企业价值评估具体操作中使用，这些定义并不具有一般性。

在界定企业价值评估一般范围及有效资产与无效资产时，应注意以下几点：

1. 对于在评估时点产权不清的资产，应划为"待定产权资产"，可以列入企业价值评估的一般范围，但在具体操作时，应做特殊处理和说明，并需要在评估报告中披露。

2. 在产权清晰的基础上，对企业的有效资产和无效资产进行区分。需要注意的是对企业有效资产的判断，应以该资产对企业盈利能力形成的贡献为基础，不能背离这一原则。在有效资产的贡献下形成的企业盈利能力，应是企业的正常盈利能力，由于偶然因素而形成的短期盈利及相关资产不能作为判断企业盈利能力和划分有效资产的依据。评估人员应对企业价值进行客观揭示，如企业的出售方拟进行企业资产重组，则应以不影响企业盈利能力为前提。

3. 在企业价值评估中，对无效资产有两种处理方式：一是进行"资产剥离"，在运用多种评估途径及其方法进行有效资产及其企业价值评估前，将企业的无效资产单独剥离出去，无效资产的价值不作为企业价值的组成部分，作为独立的部分进行单独处理，并在评估报告中予以披露。二是在运用多种评估途径及其方法进行有效资产及其企业价值评估前，将企业的无效资产单独剥离出去，用适合无效资产的评估方法将其进行单独评估，并将评估值加总到企业价值评估的最终结果之中，并在评估报告中予以披露。

4. 如企业出售方拟通过"填平补齐"的方法对影响企业盈利能力的薄弱环节进行改进时，评估人员应着重判断该改进对正确揭示企业盈利能力的影响。

四、企业价值评估中的价值类型

企业价值评估是为企业的交易提供价值参考，因此其价值类型在一般情况下应该是市场价值，而不应该是其他价值（非市场价值）。企业价值评估还有其他目的，有可能需要评估其他价值，如清算价值、控股权溢价等。在2008年《资产评估价值类型指导意见》中，将资产评估价值类型分为市场价值和市场价值以外的价值类型。资产评估人员在执行企业价值评估业务时，应当充分考虑评估目的、市场条件、评估对象自身条件等因素，选择恰当的价值类型。

市场价值是指自愿买方和自愿卖方在各自理性行事且未受任何强迫的情况下，评估对象在评估基准日进行正常公平交易的价值估计数额。市场价值以外的价值类型包括投资价值、在用价值、清算价值、残余价值等。

投资价值是指评估对象对于具有明确投资目标的特定投资者或者某一类投资者所具有的价值估计数额，亦称"特定投资者价值"。在用价值是指将评估对象作为企业组成部分或者要素资产，按其正在使用方式和程度及其对所属企业的贡献的价值估计数额。清算价值是指在评估对象处于被迫出售、快速变现等非正常市场条件下的价值估计数额。残余价值是指机器设备、房屋建筑物或者其他有形资产等的拆零变现价值估计数额。

在2017年颁行的《资产评估执业准则——企业价值》中确定企业价值评估中常见价值类型有市场价值和投资价值两种。

五、企业价值评估中的相关资料搜集

执行企业价值评估业务，应当根据评估业务的具体情况，确定所需资料的清单并搜集相关资料，通常包括：

1. 评估对象权益状况相关的协议、章程、股权证明等有关法律文件，评估对象涉及的主要资产权属证明资料。

2. 被评估单位历史沿革、控制股东及股东持股比例、经营管理结构和产权架构资料。

3. 被评估单位的业务、资产、财务、人员及经营状况资料。

4. 被评估单位经营计划、发展规划和收益预测资料。

5. 评估对象、被评估单位以往的评估及交易资料。

第九章
企业价值评估

6. 影响被评估单位经营的宏观、区域经济因素资料。
7. 被评估单位所在行业现状与发展前景资料。
8. 证券市场、产权交易市场等市场的有关资料。
9. 可比企业的经营情况、财务信息、股票价格或者股权交易价格等资料。

资产评估专业人员应从多种渠道获取以上信息资料。资产评估专业人员可以从委托方、被评估企业和其他相关当事方获取；从现场工作以及通过向委托方、被评估企业相关部门人员进行询问访谈获取；从对行业和市场情况的调研获取；从相关行业协会发布的分析报告、政府有关部门发布的统计报告和行业发展报告以及证券投资分析机构发布的研究报告获取；还可通过对相关资本市场的有关数据资料进行搜集整理分析获取。对于通过以上渠道获取的信息资料，资产评估专业人员不能随意直接使用，还应通过各种方法研究分析信息资料的可靠性和准确性，从判断其适当性。

六、企业价值评估的基本方法

根据《资产评估执业准则——企业价值》（2017），资产评估专业人员执行企业价值评估业务可采取收益法、市场法、成本法（资产基础法）三种基本方法。资产评估专业人员应当根据评估目的、评估对象、价值类型、资料搜集等情况，分析这三种基本方法的适用性，选择适当的评估方法。

（一）收益法

企业价值评估中的收益法是指将预期收益资本化或者折现，确定评估对象价值的评估方法。收益法常用的具体方法包括股利折现法和现金流量折现法。

1. 股利折现法是将预期股利进行折现以确定评估对象价值的具体方法，通常适用于缺乏控制权的股东部分权益价值评估。股利折现法的预期股利一般应当体现市场参与者的通常预期，适用的价值类型通常为市场价值。

2. 现金流量折现法通常包括企业自由现金流折现模型和股权自由现金流折现模型。资产评估专业人员应当根据被评估单位所处行业、经营模式、资本结构、发展趋势等，恰当选择现金流折现模型。预测现金流量，既可以从市场参与者角度进行，也可以选择特定投资者的角度。在实际控制或者评估目的是获得实际控制权的情形下，从特定投资者的角度预测现金流量时，适用的价值类型通常为投资价值。

（二）市场法

企业价值评估中的市场法，是指将评估对象与可比上市公司或者可比交易案例进行比较，确定评估对象价值的评估方法。市场法常用的两种具体方法是上市公司比较法和交易案例比较法。

1. 上市公司比较法是指获取并分析可比上市公司的经营和财务数据，计算价值比率，在与被评估单位比较分析的基础上，确定评估对象价值的具体方法。上市公司比较法中的可比企业应当是公开市场上正常交易的上市公司。在切实可行的情况下，评估结论应当考虑控制权和流动性对评估对象价值的影响。

2. 交易案例比较法是指获取并分析可比企业的买卖、收购及合并案例资料，计算价值比率，在与被评估单位比较分析的基础上，确定评估对象价值的具体方法。控制权以及交易数量可能影响交易案例比较法中的可比企业交易价格。在切实可行的情况下，应当考虑评估对象与交易案例在控制权和流动性方面的差异及其对评估对象价值的影响。

（三）资产基础法（成本法）

企业价值评估中的资产基础法（成本法），是指以被评估单位评估基准日的资产负债表为基础，评估表内及可识别的表外各项资产、负债价值，确定评估对象价值的评估方法。资产评估专业人员应当根据会计政策、企业经营等情况，要求被评估单位对资产负债表表内及表外的各项资产、负债进行识别。资产评估专业人员应当知晓并非每项资产和负债都可以被识别并单独评估。当存在对评估对象价值有重大影响且难以识别和评估的资产或者负债时，应当考虑资产基础法的适用性。

第二节 企业价值评估中的收益法

资产评估的收益法又称"收益还原法"或"收益本金化法"，是国际上公认的资产评估基本方法之一。企业价值评估是通过估算被评估资产对象在未来期间的预期收益，选择使用一定的折现率，将未来收益一一折成评估基准日的现值，用各期未来收益现值累加之和作为评估对象重估价值的一种方法。其适用条件要求是：评估对象运营时间较长且具有连续性，能在未来相当年内取得一定收益；评估对象的未来收益和评估对象的所有者所承担的风险能用货币来衡量。很显然，企业价值评估的收益法涉及预期收益额、未来收益期、折现率这三个基本参数。收益法的核心问题就是确定预期收益额、未来收益期、折现率。

> **资料链接**
>
> **企业价值评估产生的理论基础**
>
> 1930年，费雪对《资本和收入的性质》这本书的体系和内容进行了重新编排和补充，更名为《利息理论》，书中所提出的确定性条件下的估价技术是现代标准或正统评估的基石。1958年，著名理财学家莫迪利安尼和米勒发表了对理财学研究具有深远影响的学术论文《资本成本、公司理财与投资理论》，在这篇文章中，作者提出了著名的MM定理。20世纪70年代以后发展起来的期权定价理论给以现金流量折现为基本方法的企业价值评估提供了一种新的思路。

一、企业预期收益的预测

(一) 收益的界定

企业价值评估中的收益是指由具有独立经营和获利能力的经济实体,在未来正常的生产经营条件下,可以获得的货币净收入。从理论上讲,预期收益有三种含义:利润总额、净利润和净现金流量,都是反映企业盈利能力和盈利水平的财务指标,其预期值均可作为收益法中的预期收益。

1. 利润总额。它是指企业在一定时期内所得税前全部利润之和。其计算公式为:

$$\text{利润总额} = \text{营业利润} + \text{营业外收入} - \text{营业外支出} \tag{9.1}$$

以利润总额作为企业整体资产收益额的优点在于能够比较客观地反映企业经营的业绩,需要的原始数据也便于获得,计算也比较简单,但不能真实地反映归企业所有者所拥有和支配的净收益。

2. 净利润。它是指企业在未来经营期内所获得的归资产所有者拥有和支配的净收益。其计算公式为:

$$\text{净利润} = \text{利润总额} - \text{所得税} \tag{9.2}$$

用净利润作为收益来评估企业价值,优点在于能够比较客观地反映企业的实际经营业绩,缺点是由于企业折旧政策的不同会导致企业所实现的净利润缺乏可比性。

3. 净现金流量。它是指企业每年实际发生的现金流入和现金流出的差额,包括经营活动的净现金流量、投资活动的净现金流量、筹资活动的净现金流量三个方面。在资产评估中,筹资活动现金净流量一般不计入企业收益,因为筹资活动现金净流量不能计入企业经营成果。因此企业整体资产评估中的收益为经营活动净现金流量和投资活动净现金流量之和。

$$\text{净现金流量} = \text{经营活动现金净流量} + \text{投资活动现金净流量} \tag{9.3}$$

采用净现金流量的优点在于:一是现金流量作为收付实现制核算得出的结果,不受财务会计政策调整的影响,是对企业经营状况的如实反映;二是企业的税后利润是一个会计指标,它等于利润总额减所得税,是从会计核算上得出的企业所有者拥有的净收益;三是在价值评估分析中,现金流动状况比会计上的盈亏状况(利润指标)更重要;四是净现金流量体现了资金的时间价值。

综上所述,从企业价值评估的角度分析,对收益的界定应本着投资回报的原则,将其视为一定会计期间内企业资产经营的一切收入净额,以现金流量为基础进行评估较之会计利润更为合理,所以应该选择资产经营过程中的净现金流量作为反映资产收益额的指标。

在企业价值评估中现金流量分为企业自由现金流量和股权自由现金流量两种。

第一种,企业自由现金流量是指扣除税收、必要的资本性支出和营运资本增加后,能够支付所有的清偿权者(债权人和股东)的现金流量。其计算公式为:

$$\text{企业自由现金流量} = \text{税后净利润} + \text{折旧与摊销} - \text{利息费用(扣除所得税影响)}$$
$$- \text{资本性支出} - \text{营运资本净增加} \tag{9.4}$$

第二种,股权自由现金流量是企业支付所有营运费用、再投资支出、所得税和净债务支付(即利息、本金支付减发行新债务的净额)后可分配给企业股东的剩余现金流量。

其计算公式为:

股权自由现金流量 = 税后净利润 + 折旧与摊销 – 营运资本增加 – 资本性支出 + 附息债务净增加 (9.5)

【**例 9 – 1**】假设某企业 2017 年度税后净利润为 400 万元, 折旧与摊销合计 1 200 万元, 利息费用 200 万元, 营运资本变动 (净增加) 500 万元, 资本性支出 1 000 万元, 付息债务变动 (净增加) 30 万元, 所得税率为 25%。分别计算其企业自由现金流量和股权自由现金流量。

解: 企业自由现金流量 = 400 + 1 200 + 200 × (1 – 25%) – 500 – 1 000 = 250 (万元)
    股权自由现金流量 = 400 + 1 200 – 500 – 1 000 + 30 = 130 (万元)

在企业价值评估中具体采用何种收益形式, 根据企业评估的目的判断哪种收益形式更能客观反映企业正常的获利能力。

(二) 企业收益的预测方法

对企业未来收益进行预测, 应遵循以被评估企业存量资产为基础, 预测企业在未来正常经营中可以产生的收益原则。资产评估工作人员不能给基于新产权主体行为来判断被评估资产的收益, 而应基于被评估企业存量资产进行判断, 包括对存量资产的合理改进及重组等。这是因为新产权主体的收益是基于其自身的, 而不是基于被评估资产本身的。此外, 对收益的预测不能简单基于评估基准日企业的实际收益, 应考察其是否受特殊或偶然性因素的影响。所以, 在企业价值评估中, 预期收益的预测基础应建立在企业正常经营条件下的正常收益, 任何不正常的个人因素或新产权主体的超常行为因素对企业预期收益的影响不应予以考虑。

企业收益的预测方法, 一方面是根据知识和经验来预测, 属于主观预测法; 另一方面是根据现代统计方法来预测, 属于客观预测法。当前企业收益预测的主要方法有: 综合调整法、产品周期法和线性回归法, 其中前两者属于主观预测, 后者属于客观预测。

1. 综合调整法。综合调整法是以企业当前收益为出发点, 在考虑未来可能发生的有利和不利因素的基础上, 对当前收益进行调整, 从而预测未来有限期预期收益的方法。其计算公式为:

企业年预期收益 = 当前年收益额 + $\sum$ 预期有利因素增加收益额 – $\sum$ 预期不利因素减少收益额 (9.6)

这种方法的优点在于评估人员可以根据各种预期因素进行计算, 便于检查评估的客观性, 核查各影响因素的性质和对收益的影响程度, 能反映预期收益的预测依据。其缺点在于评估人员必须逐项查寻影响因素并核定各影响因素对收益的影响程度, 很容易忽略一些对预期收益有重大影响的因素, 也可能重复考虑某些因素对收益的影响。但其操作相对便捷, 是当前企业收益预测中最常用的方法。

2. 产品周期法。产品周期法主要是根据企业主要产品所处的生命周期, 预测企业收益增加变化的趋势, 一般用于预期收益变动受主要产品经营状况变动影响的企业。采用该种方法预测收益需要掌握大量商品周期统计数据, 了解商品在各不同生命周期变动的规律, 在此基础上结合企业自身的创新能力、管理能力、行业竞争状况、行业未来发展趋势等因素，预测企业在未来可预计年份的商品销售量、销售价格、成本费用等，对企业预期收益做定量分析，并据此估算企业未来若干年预期收益及其长期发展趋势。

3. 线性回归法。线性回归法是利用数理统计中的回归分析来确定两种或两种以上变量间相互依赖的定量关系的一种统计分析方法，应用十分广泛。通常是假定企业收益会随着时间的推移而呈现一定的变动趋势，即收益和时间具有相关性。时间为自变量 X，企业收益为因变量 Y，假定 X 与 Y 之间呈线性相关，根据最小二乘法可得 X 与 Y 之间的线性方程：$Y = a + bX$。X 为年份，Y 为各预测期收益额。以评估基准日所在的年份为 0，这样就可以预测未来各年份的收益额。

不管用哪种方法预测收益，评估人员需要将预测结果通过某种形式表现出来，通常是通过收益预测表来反映预测结果。收益预测表反映各预测年度收益形成的主要项目和相应的计算程序，一般参照企业财务会计报表调整设计，常见的是损益表或现金流量表形式。参考格式如表 9-1 所示。

表 9-1　　　　　　　××企业20××—20××年收益预测表　　　　　　单位：万元

	20××年	20××年	20××年	20××年	20××年
一、主营业务收入					
减：主营业务税金及附加					
主营业务成本					
其中：折旧					
二、主营业务利润					
加：其他业务利润					
减：管理费用					
财务费用					
三、营业利润					
加：投资收益					
营业外收入					
减：营业外支出					
四、利润总额					
减：所得税					
五、净利润					
加：折旧及无形资产摊销					
减：追加资本性支出					
六、净现金流量					

评估人员应根据企业自身的特点、产品特征、收益的特点和企业未来发展趋势等因素合理选择企业未来收益预测方法，为保证预测结果的合理性，可以将几种方法结合使用，也可同时单独使用两种或以上的方法预测，将结果进行比对印证。

(三) 企业收益预测的基本步骤

企业收益预测大致可以分为以下几个步骤:

1. 对评估基准日的审计后企业收益进行调整。具体包括两个部分工作:一是对审计后的财务报表进行非正常因素调整,主要是对损益表和现金流量表的调整。将一次性、偶发性或以后不再发生的收入或费用剔除,把企业评估基准日的利润和现金流量调整到正常状态下的数量,为企业预期收益的趋势分析打好基础。二是研究审计后报表的附注和相关披露,对在相关报表中披露的影响企业预期收益的非财务因素进行分析,并在该分析的基础上,对企业的收益进行调整,使之能反映企业的正常盈利能力(见表9-2)。

表9-2　　　　　　　　　预测收益额的主要调整因素

收入和支出项目	调整事项
营业收入	产品售价的正常波动 产品更新换代压价促销的收入损失 一次性销售收入(如一次性处理积压商品等) 其他非正常的重大因素
商品成本	应提未提的费用 应摊未摊的费用 原材料、在产品、自制半成品、产成品的亏空和盘盈 非正常收入项目的成本开支 偶发性、一次性的非正常成本项目 其他非正常的重大影响项目
营业外收支	偶发性、一次性发生的大额收支 几年一度的大修理停工损失 其他非正常的重大影响项目
资产收支和投资收支	重大技术改造投资 中长期投资到期一次性收入 时机有利大量出售有价证券获巨额差价 大量退役设备的变现收入 一次性处理闲置设备收入 投入生产经营成本的更新改造投资 其他影响资产、投资量的非正常的重大因素
税收和补贴	非正常的一次性税收减免 非常规的一次性财政补贴
其他影响现金净流量的重大非正常因素	

2. 对企业预期收益趋势进行总体分析和判断。在对企业评估基准日审计后的实际收益进行调整的基础上,结合企业提供的预期收益预测和评估机构调查搜集到的有关信息资

料进行。需要注意的是：首先，对企业评估基准日审计后的财务报表调整，尤其是客观收益的调整，仅作为评估人员进行企业预期收益预测的参考依据，不能用于其他目的。其次，对企业和其他相关当事人依法提供并保证合理性、合法性、完整性的未来收益预测资料是评估人员预测企业未来预期收益的重要参考资料，但评估人员仍应与企业和其他相关当事人讨论未来的各种可能性，结合企业的人力资源、技术水平、资本结构、经营状况、历史业绩、发展趋势，考虑宏观经济因素、所在行业现状与发展前景，分析未来收益预测资料与评估目的及评估假设的适用性，不能简单地将其作为预期收益预测的唯一根据。最后，尽管对企业在评估基准日的财务报表进行了必要的调整，并掌握了企业所提供的收益预测情况，评估人员还必须深入到企业进行实地考察和现场调研，与企业的管理层进行充分的交流，了解企业的生产工艺流程、设备状况、生产能力和经营管理水平，再借助其他数据资料对企业未来收益趋势做出合乎逻辑的总体判断。

3. 对企业预期收益进行预测。企业预期收益的预测是在前两个步骤完成的基础上，运用具体的技术方法和手段进行测算。一般情况下，企业收益预测分为两个时间段：前期和后期。前期的年数视具体企业而定，通常情况下是3~5年。对企业预期收益的预测需要注意以下问题：

（1）对企业收益预测前提条件的设定。企业未来3~5年的收益预测是在评估基准日调整的企业收益或企业历史收益的平均收益趋势的基础上，结合影响企业收益实现的主要因素在未来变化的情况，采用适当的方法进行的。常见的方法有前述的综合调整法、产品周期法、线性回归法等。不论采用何种预测方法，首先都要进行预测前提条件的设定，因为企业未来可能面临的各种不确定性因素对预期收益的影响是无法准确预测的。这些前提条件包括国家的政治、经济政策变化对企业预期收益的影响，除已出台未实施的以外，只能假定其将不会对企业预期收益构成重大影响；不可抗拒的自然灾害或其他无法预期的突发事件，不作为预期企业收益的相关因素考虑；企业经营管理者的某些个人行为也未在预测企业收益时考虑等。当然，根据评估对象、评估目的和评估条件，还可以对评估的前提条件做出必要的限定。

（2）对企业后期收益预测的方法。对企业后期收益的预测一般采用的方法是在前期收益测算的基础上，从中找出企业收益变化的取向和趋势，并借助某些手段（如假设的方式）分析企业未来和长期收益的变化区间和趋势。比较常用的做法是假定企业未来若干年以后各年的收益水平维持在一个相对稳定的水平上不变，或是假设在未来若干年后保持一个增长比例等。不论何种假设，都必须建立在合乎逻辑、符合客观实际的基础上，保证预测结果的相对合理性。

4. 注意对预测结果的检验。由于收益预测中存在难以把握的不确定因素和评估人员的主观判断，可能对评估结果产生不可预期的影响，因此，评估人员在对企业的预期收益预测完毕后，应该对所做预测进行严格检验，以判断其合理性。检验可以从以下几个方面进行：

（1）将预测结果与历史收益的平均趋势进行比较，如预测结果与企业历史收益平均趋势明显不符或出现较大变化，又无充分理由加以解释，则该预测结果的合理性值得怀疑。

（2）对影响企业价值评估的敏感性因素加以严格的检验。敏感因素具有两个方面的特征：一是该类因素未来存在多种变化；二是其变化能对企业的评估值产生较大的影响。如对销售收入的预测，评估人员可能基于企业所处市场前景的不同假设而会对企业的销售收入做出不同的预测，并分析不同预测结果可能对企业评估价值产生的影响。在此情况下，评估人员就应对销售收入的预测进行严格的检验，对决定销售收入预测的各种假设反复推敲。

（3）对所预测的企业收入与成本费用变化的一致性进行检验。企业收入的变化与其成本费用的变化存在较强的一致性，如预测企业的收入变化而成本费用未进行相应变化，则该预测结果值得怀疑。

（4）在进行敏感性因素检验的基础上，与其他方法评估的结果进行比较，检验在哪一种评估假设下能得出更为合理的评估结果。

二、折现率的估算

（一）折现率定义及选择折现率应遵循的基本原则

折现率是指将未来有限期的预期收益折算成现值的比率，它的确定需要考虑投资的机会成本和收益的不确定性。折现率一般由无风险报酬率和风险报酬率组成。折现率的大小对企业价值的影响极大，其轻微的变动就会引起评估值很大的改变。《资产评估执业准则——企业价值》（2017）指出，评估人员应当综合考虑评估基准日的利率水平、市场投资收益率等资本市场相关信息和所在行业、被评估单位的特定风险等相关因素，科学合理地确定折现率。

估算折现率应遵循以下基本原则：

1. 折现率必须高于无风险报酬率。无风险报酬率通常以政府发行的国库券利率、银行储蓄、贷款利率作为参考。折现率高于无风险利报酬率的部分即风险报酬率。在市场经济中，每项投资都伴随着一定风险，投资者进行投资都希望能获得更多的收益。无风险报酬率实质上是决定投资者是否进行投资的最低标准，因此折现率必须高于无风险报酬率。

2. 折现率应体现投资回报率。在正常的资本市场条件下，每项投资的回报不应低于该投资的机会成本。收益率与投资风险成正比，风险越大，期望收益越高；风险越小，期望收益也少。因此，在评估企业价值时，折现率应充分体现投资回报率。

3. 折现率要考虑通货膨胀因素。由通货膨胀造成的贬值应该在折现率中体现出来。如果在预计企业的未来现金流量时考虑了通货膨胀，那么在估计折现率时也应该考虑通货膨胀率，反之则不予考虑。

4. 折现率与所选收益额的计算口径相匹配。在评估实务中，收益额可以因评估目的不同而采用不同的计算口径，如采用净利润、净现金流量等。在预计资产的未来现金流量时已经对资产特定风险的影响做了调整的，估计折现率时不需要考虑这些特定风险；如果用于估计折现率的基础是税后的，应当将其调整为税前的折现率。针对不同的收益额进行评估时，只有将收益额与折现率之间计算口径相匹配，才能保证评估结果的合理性。

5. 折现率要能够体现资产的收益风险。一定的收益与一定的风险相伴随，在市场经济条件下，企业要想取得高收益就必须承担高风险。因此，折现率在选择时要能体现资产的收益风险。

(二) 折现率的估算方法

运用收益法进行企业整体资产评估时,折现率的确定方法大体有以下几种:

1. 资金利润率法。由于资金利润率具有明显的行业特征,在确定折现率时可以以行业平均资金利润率为基础,再根据企业条件、经营状况进行调整,这种方法叫作"资金利润率法"。

现实中企业所处的行业环境特点直接影响着企业的竞争能力。波特的"五力模型"认为,影响行业内竞争结构及其强度的五种环境因素(现有企业的竞争、潜在的竞争参与者进入的威胁、替代品制造商的替代威胁、原材料供应者侃价能力及产品用户侃价能力)共同决定行业竞争的强度和行业利润率。行业竞争不断将投资成本利润率压低到竞争平衡的水平,即社会平均利润率。投资者无法长期接受比此更低的收益,因为他们可以选择其他行业投资,收益经常低于这一水平的企业将最终被排挤出去。高于社会平均利润率的收益率的存在将刺激对一个产业的资本输入。一个行业中竞争作用力的强弱决定这种投资涌入的程度,并且使其收益接近社会平均收益水平,也因此限制了企业保持高于平均收益的能力。这五种作用力决定了行业利润的空间,但企业的实际利润还取决于行业市场规模及成长率、企业规模和有关竞争者的定位战略。在对具体企业折现率确定之前,必须详细分析这些因素对于企业当前和未来报酬率的影响。在选取折现率时,对那些产销基本平衡、行业利润率与社会利润率大体一致的企业,可采用社会平均利润率作为折现率;对于产品供不应求或供大于求、市场环境仍未完全形成,或受政策限制、行业资金利润率与社会平均利润率有较大差异者,可采用行业平均利润率作为折现率;对于企业在行业中具有特殊性,如规模小、管理水平低,或规模小、技术含量高等,则应考虑企业的特点,在行业资金平均利润率的基础上进行调整。

资金利润率可根据行业统计资料估算调整得出,因此资金利润率法具有简便易行的优点。但由于统计资料的滞后性和可靠性,造成统计资料难以反映企业的真实收益,使资金利润率法的应用产生偏差。

2. 累加法。投资者投资于收益不确定的资产时,必然带有风险的成分。累加法的理论依据是当投资者愿意投资于某一风险性资产时,它必然会要求对其额外承担的风险及其额外的负担有所补偿,因此累加法是在无风险的报酬率加上对各种风险及负担的补偿率作为折现率的一种方法。其计算公式为:

$$r = R_g + R_p + R_f + R_t \tag{9.7}$$

式中,R_g 为无风险报酬率;R_p 为经营风险报酬率;R_f 为财务风险报酬率;R_t 为行业风险报酬率。

无风险报酬率可以根据国债利率或银行利率确定。经营风险报酬率根据企业经营过程中由于市场需求变化、生产要素供给价格变化以及市场竞争程度等因素综合确定。财务风险报酬率根据企业筹资、融资、周转可能出现的不确定性加以测定。行业风险报酬率是特定行业所面临的风险补偿,可根据各行业的 β 系数和市场平均风险收益率等参数测定。

累加法是目前企业价值评估实践中用来确定折现率的最常用方法。但由于经营风险和财务风险等的量化,目前主要依赖于经验判断,其粗略性较明显。只有在充分了解和掌握宏观经济的运行态势、行业发展前景、市场状况和同类企业竞争情况基础上,运用经验判断才可能趋于合理。

3. 资本资产定价法(CAPM)。资本资产定价模型(Capital Asset Pricing Model,CAPM)是由美国学者夏普(William Sharpe)、林特尔(John Lintner)、特里诺(Jack Treynor)和莫辛(Jan Mossin)等人于1964年在马科维茨的资产组合理论和资本市场理论的基础上发展起来的,主要说明在市场上如何确定资本资产价格。其特点是将资产的预期收益率与β系数相联系,从而探讨资产组合中某种单项证券风险,说明风险证券是如何在证券市场上决定价格的。因此该模型被广泛应用于证券估价、风险分析和业绩评价等投资领域。由于资产评估中折现率是以被评估项目的资本报酬率为基础确定的,因此其在资产评估中也有着广泛的应用。其计算公式为:

$$r = R_g + (R_m - R_g) \times \beta \tag{9.8}$$

式中,R_g为无风险报酬率;R_m为市场平均风险收益率;β为被评估企业的风险相对市场平均风险的比值。

无风险报酬率可以根据国债利率或银行利率确定;市场平均风险收益率可以根据国家有关部门发布的相关数据确定;β系数可根据可比上市公司β系数来确定。

4. 加权平均资本成本法(WACC)。企业资金的来源有股东投资(可表现为股本或实收资本)、债券、银行贷款、融资租赁和留存收益等多种形式。债权人和股东将资金投入某一特定企业,是期望其投资的机会成本得到补偿。所谓加权平均成本(Weighted Average Cost of Capital)是指以某种筹资方式所筹措的资本占资本总额的比重为权重,对各种筹资方式获得的个别资本的成本进行加权平均所得到的资本成本,亦称"全部资本成本"或"综合资本成本"。以加权平均成本作为折现率估计值的方法即加权平均资本成本法。其计算公式为:

$$r = W_e \times K_e + W_d \times K_d \times (1-t) \tag{9.9}$$

式中,W_e为权益资本在资本结构中的百分比;K_e为公司普通权益资本成本;W_d为债务资本在资本结构中的百分比;K_d为公司债务资本成本;t为公司所得税率。

计算个别资金占全部资金的比重时,可分别选用账面价值、市场价值、目标价值权数来计算。

市场价值权数是指债券、股票以市场价格确定权数。这样计算的加权平均资本成本能反映企业目前的实际情况。同时,为弥补证券市场价格变动频繁的不便,也可以用平均价格。目标价值权数是指债券、股票以未来预计的目标市场价值确定权数。这种能体现期望的资本结构,而不是像账面价值权数和市场价值权数那样只反映过去和现在的资本成本结构,所以按目标价值权数计算的加权平均资本成本更适用于企业筹措新资金。然而,企业很难客观合理地确定证券的目标价值,又使这种计算方法不易推广。

三、收益法的基本计算公式

(一) 年金法

年金法是把企业未来可预测若干年内的各年收益年金化,并以此年金的本金化价格评估企业价值。其计算公式为：

$$P = A/r \tag{9.10}$$

$$A = \sum_{i=1}^{n} \frac{R_i}{(1+r)^i} \div \sum_{i=1}^{n} \frac{1}{(1+r)^n} \tag{9.11}$$

式中，P 为企业评估价格；r 为资本化率（式9.10）或折现率（式9.11）；A 为企业预期收益年金，R_i 为可预测第 i 年企业收益；$\sum_{i=1}^{n}\frac{1}{(1+r)^n}$ 为年金现值系数。

资料链接

资本化率与折现率

折现率和资本化率在本质上是一样的。习惯上人们把将未来有限期预期收益折算成现值的比率称为"折现率"，而把将未来永续性预期收益折算成现值的比率称为"资本化率"。至于折现率与资本化率在量上是否恒等，主要取决于同一资产在未来长短不同的时期所面临的风险是否相同。折现率一般用与一系列有限时间内的收益流变现，而资本化率则应用于永续收益流的变现，既资本化是永续性的折现，折现是有限时间的资本化。

年金法是建立在企业未来若干年的平均收益可以代表未来无限期的收益水平之上的，因此年金法的适用范围仅限于收益稳定且波动不大的企业。

【例9-2】预测被评估企业未来5年收益额分别为130万元、134万元、141万元、137万元、136万元，假定折现率为10%，使用年金法估测被评估企业价值。

解：$\sum_{i=1}^{n}\frac{R_i}{(1+r)^i} = \frac{130}{1+10\%} + \frac{134}{(1+10\%)^2} + \frac{141}{(1+10\%)^3} + \frac{137}{(1+10\%)^4} +$

$\frac{136}{(1+10\%)^5} = 515.73$（万元）

5年期折现率为10%的年金现值系数为3.7908。

$A = \sum_{i=1}^{n}\frac{R_i}{(1+r)^i} \div \sum_{i=1}^{n}\frac{1}{(1+r)^n} = \frac{515.73}{3.7908} = 136.05$（万元）

假定资本化率亦为10%，则企业评估价值为：

$P = \frac{136.05}{10\%} = 1\,360.5$（万元）

（二）分段法

分段法是将持续经营的企业收益期划分为前后两段，对前段若干年收益采取逐年预测并折现累加计算；对后段则针对具体情况假设企业收益按某一规律变化，并对其收益进行还原折现处理的方法。之所以采取这种方法是因为某类企业在一段时间内收益处于不稳定状态，而后期可进入相对稳定状态。该种方法要注意确定前段的预测期限，这需要根据不同行业不同企业的收益变化趋势来确定。对投资较大的新设企业，前段预测期限要稍长些,直至企业经营进入稳定期;对处于周期性行业的企业,前段预测期限应包括一个完整的周期。

假设以前段最后一年收益为后段各年的年金收益,其计算公式为:

$$p = \sum_{i=1}^{n} \frac{R_i}{(1+r)^i} + \frac{R_i}{(1+r)^i} \times \frac{1}{r} \tag{9.12}$$

式中,$\sum_{i=1}^{n} \frac{R_i}{(1+r)^i}$ 为企业前 n 年收益现值和;$\frac{R_i}{(1+r)^i} \times \frac{1}{r}$ 为 n 年后收益年金现值。

假设从第 $(n+1)$ 年期的后段,企业收益按固定比率 g 增长,其计算公式为:

$$p = \sum_{i=1}^{n} \frac{R_i}{(1+r)^i} + \frac{R_i(1+g)}{(1+r)^i} \times \frac{1}{r-g} \tag{9.13}$$

式中,$\frac{R_i(1+g)}{(1+r)^i} \times \frac{1}{r-g}$ 为企业 n 年后收益现值和。

【例 9-3】预测被评估企业未来 5 年收益额分别为 130 万元、134 万元、141 万元、137 万元、136 万元,根据企业实际情况推断,从第 6 年起企业收益额维持在 136 万元水平,假定折现率、资本化率均为 10%,用分段法估测企业价值。

解:$p = \left[\frac{130}{1+10\%} + \frac{134}{(1+10\%)^2} + \frac{141}{(1+10\%)^3} + \frac{137}{(1+10\%)^4} + \frac{136}{(1+10\%)^5} \right] +$

$\frac{136}{(1+10\%)^5} \times \frac{1}{10\%}$

$= 515.73 + 1\,360 \times 0.6209 = 1\,360.15$(万元)

若企业从第 6 年开始,收益额在第 5 年的基础上以 2% 的增长率保持增长,则:

$p = \left[\frac{130}{1+10\%} + \frac{134}{(1+10\%)^2} + \frac{141}{(1+10\%)^3} + \frac{137}{(1+10\%)^4} + \frac{136}{(1+10\%)^5} \right] +$

$\frac{136 \times (1+2\%)}{(1+10\%)^5} \times \frac{1}{10\% - 2\%}$

$= 1\,592.36$(万元)

四、收益法运用举例

【例 9-4】海西股份有限公司 2017 年销售收入为 16.875 亿元,经营费用为 15.175 亿元,息税折旧摊销前收益为 1.7 亿元,折旧为 0.55 亿元,资本性支出为 0.6 亿元,营运资本为 0.9 亿元。公司发行在外债务的账面价值为 9.12 亿元,市场价值为 10 亿元,债务税前利率为 10%。公司共发行 1 亿股普通股,评估基准日股价为 15 元,股票 β 值为 1.2,无风险收益率为 6%。预计在 2018—2022 年间公司销售收入、利润、资本性支出、营运资本和折旧都以 10% 的速度增长。预计从 2023 年始公司进入稳定增长期,增长率预估为 7%。公司进入稳定期后,资本性支出与折旧相抵,负债比率降至 30%,债务税前利率降为 8%,股票 β 值为 1.1(所得税税率 25%,市场平均收益为 13.5%)。根据以上资料估计公司 2017 年末的价值。

解:将公司价值估算期分为前段和后段。

(一) 前段相关资料

息税折旧摊销前收益为 1.7 亿元,折旧为 0.55 亿元,资本性支出为 0.6 亿元,营运资本为 0.9 亿元,税前利率 10%,销售收入为 16.875 亿元,2018—2022 年间公司销售收入、利润、资本性支出、营运资本和折旧增长率为 10%,股票 β 值为 1.2,税前债务成本为 10%。

(二) 后段相关资料

资本性支出与折旧相抵,负债比率降至 30%,债务税前利率降为 8%,股票 β 值为 1.1,所得税税率 25%,市场平均收益为 13.5%,增长率为 7%。

(三) 根据上述资料公司价值估算

1. 前段公司加权平均资本成本 $= W_e \times K_e + W_d \times K_d(1-t)$
   $= 15\% \times [1 - 10 \div (10 + 1 \times 15)] + 10 \div (10 + 1 \times 15) \times 10\% \times (1 - 25\%)$
   $= 12\%$

2. 根据相关资料编制 2018—2022 年公司自由现金流量表(见表 9-3)

表 9-3　　　　　公司 2018—2022 年自由现金流量估算表　　　　单位:亿元

	2018	2019	2020	2021	2022
息税折旧摊销前收益	1.87	2.057	2.263	2.489	2.738
折旧与摊销	0.605	0.666	0.732	0.805	0.886
息税前收益	1.265	1.391	1.531	1.684	1.852
扣除所得税的息税前收益	0.949	1.043	1.148	1.263	1.389
资本性支出	0.66	0.726	0.799	0.878	0.966
净营运资金变动	0.09	0.099	0.109	0.12	0.132
自由现金流量	0.804	0.884	0.972	1.07	1.177
现值(折现率为 12%)	0.718	0.705	0.692	0.68	0.667

3. 后段公司加权平均资本成本 $= W_e \times K_e + W_d \times K_d(1-t)$
   $= 6\% + 1.1 \times (13.5\% - 6\%) \times (1 - 30\%) + 8\% \times (1 - 25\%) \times 30\% = 11.78\%$
   后段公司自由现金流量 $= 1.389 \times (1 + 7\%) - 0.132 \times (1 + 7\%) = 1.345$(亿元)
   后段期末公司市价 $= 1.345 \div (11.78\% - 7\%) = 28.14$(亿元)
   后段期末公司市价现值 $= 28.14 \div (1 + 12\%)^5 = 15.96$(亿元)
   公司价值 = 前段价值 + 后段价值
   　　　　$= 0.718 + 0.705 + 0.692 + 0.68 + 0.667 + 15.96 = 19.42$(亿元)

第三节 企业价值评估中的市场法

运用市场法对企业价值进行评估常用的有两种方法，即上市公司比较法和交易案例比较法。上市公司比较法是指获取并分析可比上市公司的经营和财务数据，计算价值比率，在与被评估单位比较分析的基础上，确定评估对象价值的具体方法。上市公司比较法中的可比企业应当是公开市场上正常交易的上市公司。交易案例比较法是指获取并分析可比企业的买卖、收购及合并案例资料，计算价值比率，在与被评估单位比较分析的基础上，确定评估对象价值的具体方法。

不管采用哪种方法都是依据替代原则，其基本思路都是一致的，即将被评估企业与资产评估专业人员选取的可比企业（上市公司或以往交易案例中涉及的企业）进行比较，以可比公司的市场交易价格及其相应财务数据为基础计算各种价值比率，并通过分析、比较、调整、修正差异等方法，对被评估企业的相关财务数据进行修正，以此为基础来估测其价值。

一般来说，采用市场法进行企业价值评估的基本步骤为：①选择可比企业；②选择可比指标（价值比率）；③依据可比企业样本得出相应的基数，并根据被评估企业的具体情况进行修正，据此估测出被评估企业价值。

运用市场法的关键就在于可比企业的选取和价值比率的确定。

一、可比企业的选择

采用市场法就必须在市场上寻找与被评估企业类似的上市公司或企业交易实例，通过其市值或交易价格、经营业绩、财务状况等指标对比分析，从而确定被评估企业的价值。《资产评估执业准则——企业价值》（2017）指出，资产评估专业人员应当根据业务结构、经营模式、企业规模、资产配置和使用情况、企业所处经营阶段、成长性、经营风险、财务风险等因素，恰当选择与被评估企业进行比较分析的可比企业。要注意，准则要求可比企业应当与被评估企业属于同一行业，或者受相同经济因素影响。

二、可比指标（价值比率）的选择

在实际工作中往往很难找到能直接比较的可比企业，而是通过间接比较的方法，即通过分析一系列影响企业价值的相关因素，确定相应可比指标（价值比率）。价值比率亦称"可比价值倍数"，即 V/X，V 为企业价值，X 为与企业价值相关的可比指标，包括利息、折旧和税收前利润（EBIDT），净现金流量（企业自由现金流量和股权自由现金流量），净利润，主营业务收入，净资产，账面价值等。价值比率的计算公式为：

$$\frac{V_1}{X_1} = \frac{V_2}{X_2} \tag{9.14}$$

式中，V_1 为评估企业价值；V_2 为可比企业价值；X_1 为被评估企业与企业价值相关的可比指标；X_2 为可比企业与企业价值相关的可比指标。

价值比率通常包括盈利比率、资产比率、收入比率和其他特定比率。在选择、计算、应用价值比率时应当考虑：①选择的价值比率有利于合理确定评估对象的价值；②计算价值比率的数据口径及计算方式一致；③应用价值比率时，尽可能对可比企业和被评估对象间的差异进行合理调整。

三、市场法运用举例

【例 9-5】2017 年某资产评估机构接受海西公司委托对其公司价值进行评估。2017 年海西公司年销售额为 14 500 万元，净资产为 8 500 万元，净利润为 700 万元。资产评估专业人员根据市场调查选取了三个与海西公司相似的样本公司，分别为甲公司、乙公司和丙公司。选取市场价值与销售额比率（P/S）、市场价值与净资产比率（P/B）和市场价值与净利润比率（P/E）等三个可比指标，即可比价值倍数 V/X。各公司相关指标如表 9-4 所示。

表 9-4　　　　　　　　各可比公司可比指标汇总表

项目	甲公司	乙公司	丙公司	平均值
市价/销售额（P/S）	1.1	1	0.9	1
市价/净资产（P/B）	1.4	1.3	1.8	1.5
市价/净利润（P/B）	18	17	23	22

将样本公司各项可比价值倍数平均，得到应用于海西公司价值评估的相应指标。在选择可比公司时应注意，被选择各公司的各个比率在数值上应尽可能接近，否则就意味着平均数附近的离差是较大的，也就意味着所选公司与被评估公司存在着较大差异，可比性受到影响，导致评估结果不准确。海西公司的评估价值见表 9-5。

表 9-5　　　　　　　海西公司的评估价值　　　　　　　　　　单位：万元

项目	海西公司实际数据	可比公司平均比率	海西公司指标价值
销售额	14 500	1	14 500
净资产	9 000	1.5	13 500
净利润	700	20	14 000
海西公司平均价值			14 000

海西公司平均价值 =（14 500 + 13 500 + 14 000）÷ 3 = 14 000（万元）

第四节 企业价值评估中的成本法

一、成本法的定义

企业价值评估中的成本法（资产基础法），是指以被评估单位评估基准日的资产负债表为基础，评估表内及可识别的表外各项资产、负债价值，确定评估对象价值的评估方法。该种方法实际上是对企业账面价值进行调整进而获得企业价值的方法，其理论基础是替代原则，即任何一个精明投资者在购置某项资产时愿意支付的价格不会超过建造一项与所购资产具有相同用途的替代品所需成本。这种方法在评估中更关注资产的成本，较少关注企业的收益和成本。成本法应以企业资产负债表所载明的各类资产和负债以及相应的账面价值作为评估基础。

二、应用成本法的基本思路

运用成本法评估企业价值，其基本思路是通过调整企业财务报表的所有资产和负债来反映其现时的市场价值。用公式可表示为：

$$V = \sum V_A - \sum V_L \tag{9.15}$$

式中，V 为被评估企业价值；$\sum V_A$ 为被评估企业资产评估值；$\sum V_L$ 为被评估企业负债评估值。

运用成本法评估企业价值时，要选择合适的资产评估价值标准。成本法更多的是从静态的角度确定企业价值，没考虑企业未来发展趋势、行业现状及发展趋势、协同效应、人力资源等，往往会低估企业价值。一般来说，对于持续经营假设前提下的企业价值评估，各单项资产或资产组合的评估应按贡献原则评估其价值。《资产评估执业准则——企业价值》（2017）指出，采用成本法进行企业价值评估，对各项资产价值评估的方法可能有别于其作为单项资产评估对象时的具体评估方法，应当考虑该项资产对企业价值的贡献；单项资产或者资产组合作为企业资产的组成部分，其价值受其对企业贡献程度影响。对于非持续经营假设前提下的单项资产或资产组合的评估，则按变现原则评估其价值。

三、应用成本法评估企业价值的基本程序

应用成本法评估企业价值的基本程序如下：

1. 取得被评估企业评估基准日的资产负债表。已审计会计报表优于未审计会计报表，权责发生制优于收付实现制。

2. 调整项目。将每个资产、负债、权益项目从账面价值调整为估计的市场价值，即

对企业各单项资产和负债进行评估。

3. 调整资产负债表表外项目。评估并加上资产负债表表外特定的有形资产或无形资产和负债。

4. 在调整基础上编制新的资产负债表，反映所有项目的市场价值。

5. 调整确定投入资本或权益调整后的价值。

四、成本法中单项资产和负债的评估和调整

1. 对现金的评估和调整。现金评估一般无须调整，只需核实即可。但应注意通过对现金及企业运营的分析，判断企业的资金流动能力和短期偿债能力。

2. 对应收账款的评估和调整。应收账款应根据以下几个因素进行评估：企业以往应收账款回款比率、应收账款的账龄结构、行业平均坏账水平、企业信用政策、经济状况、所处行业状况和未来发展趋势、企业主要客户的状况和展望等。通过对这些因素的分析，确定应收账款的可收回性，并据此对应收账款价值进行评估调整。

3. 对存货的评估和调整。企业存货一般有原材料、在产品、产成品等。原材料根据其市场价值是否存在缩减或性能过时进行评估和调整；在产品则按其生产所耗费的材料费用、人工费用及分担的制造费用来评估；产成品应按归集分配的生产成本来评估。

此外，不同存货成本核算方法对资产负债表及利润表存在影响，在某些时候需要调整。

4. 对预付账款的评估和调整。该账户一般无须调整，只需核实即可。

5. 对其他流动资产的评估和调整。其他流动资产一般可能需要调整的项目是短期证券、应收票据、其他非经营性资产项目、限制竞争合约项目等，尤其是与股东交易的应收票据。如果这些项目不用于企业的经营，就应该从资产负债表中扣除。其他项目应根据其是否对企业有利而进行评估调整。

6. 对固定资产的评估和调整。固定资产的价值变化较大，一般应该根据评估结果进行调整。

7. 对长期投资的评估和调整。采用成本法进行企业价值评估，应当对长期股权投资项目进行分析，根据被评估企业对长期股权投资项目的实际控制情况以及对评估对象价值的影响程度等因素进行评估调整。对专门从长期股权投资获取收益的控股型企业进行评估时，应当考虑控股型企业总部的成本和效益对企业价值的影响。

8. 对无形资产的评估和调整。对无形资产的评估就是将这些无形资产未摊销账面价值调整为市场价值。如果特定的无形资产具有价值，可以通过收益法、市场法或成本法来确定。

9. 对负债的评估和调整。一般的负债调整主要涉及与资产相关的负债。比如，如果房产从资产项扣除，任何与之相关的负债也相应扣除；如果房产以租赁的形式加入，资产中包括房产的经营价值，相应的债务也应在房产价值中考虑。

10. 对非经营性或偶然性资产和负债的评估和调整。非经营资产和负债是那些维持经营活动不需要的资产和负债。偶然性的资产和负债是指那些非持续性取得的资产和负债。对非经营性或偶然性资产负债应予以调整。

11. 对资产负债表表外项目的评估和调整。这一般指表外负债，包括担保负债、未决诉讼或其他纠纷等。评估人员应通过与被评估企业管理层及法律顾问的讨论来评估这些负债。

关键概念

企业价值评估　　企业整体价值　　非经营性资产和负债　　股利折现法　　现金流量折现法　　企业自由现金流量　　股权自由现金流量　　资本资产定价模型　　加权平均资本成本　　上市公司比较法　　交易案例比较法　　成本法

思考题

1. 某企业长期负债400万元，利息率5%，所有者权益600万元，投资收益率要求15%。试以加权平均资金成本模型计算企业评估的折现率。

2. 某企业预计未来三年的预期收益分别为100万元、120万元和140万元，假定资本化率为10%，利用年金法计算年金并求企业评估值。

3. 经预测某企业未来收益前五年分别为10万元、11万元、12万元、12万元和13万元，预计从第六年起企业收益将稳定在15万元水平，假定折现率和资本化率均为10%。求该企业整体资产评估值。

4. 假定社会平均收益率为12%，无风险收益率为10%，被评估企业所在行业β系数为1.5，计算用于企业价值评估的折现率。

5. 社会平均收益为10%，无风险收益率为8%，被评估企业资产账面价值为80万元，负债为50万元，所有者权益为30万元。被评估企业所在行业β系数为1.5，借款利率为9%，企业所得税率为30，计算用于企业价值评估的资本化率。

6. 甲公司有关资料如下：

（1）甲公司的利润表和资产负债表主要数据如下表所示。其中，2012年为实际值，2013年至2015年为预测值（其中资产负债表项目为期末值）。

单位：万元

	实际值	预测值		
	2012年	2013年	2014年	2015年
利润表项目：				
一、主营业务收入	1 000.00	1 070.00	1 134.20	1 191.49
减：主营业务成本	600.00	636.00	674.16	707.87
二、主营业务利润	400.00	434.00	460.04	483.62
减：销售和管理费用（不包含折旧费用）	200.00	214.00	228.98	240.43
折旧费用	40.00	42.42	45.39	47.66

第九章 企业价值评估

续表

	实际值	预测值		
	2012 年	2013 年	2014 年	2015 年
财务费用	20.00	21.40	23.35	24.52
三、利润总额	140.00	156.18	162.32	171.01
减：所得税费用（40%）	56.00	62.47	64.93	68.40
四、净利润	84.00	93.71	97.39	102.61
加：年初未分配利润	100.00	116.80	140.09	159.30
五、可供分配的利润	184.00	210.51	237.48	261.91
减：应付普通股股利	67.20	70.42	78.18	82.09
六、未分配利润	116.80	140.09	159.30	179.82
资产负债表项目：				
经营流动资产	60.00	63.63	68.09	71.49
固定资产原值	460.00	529.05	607.10	679.73
减：累计折旧	20.00	62.42	107.81	155.47
固定资产净值	440.00	466.63	499.29	524.26
资产总计	500.00	530.26	567.38	595.75
短期借款	118.20	127.45	141.28	145.52
应付账款	15.00	15.91	17.02	17.87
长期借款	50.00	46.81	49.78	52.54
股本	200.00	200.00	200.00	200.00
年末未分配利润	116.80	140.09	159.30	179.82
股东权益合计	316.80	340.09	359.30	379.82
负债和股东权益总计	500.00	530.26	567.38	595.75

（2）甲公司2013年和2014年为高速成长时期，年增长率在6%~7%之间；2015年销售市场将发生变化，甲公司调整经营政策和财务政策，销售增长率下降为5%；2016年进入均衡增长期，其增长率为5%（假设可以无限期持续）。

（3）甲公司的加权平均资本成本为10%，甲公司的所得税税率为40%。

要求：

（1）根据给出的利润表和资产负债表预测数据，计算并填列答题卷给定的"甲公司预计自由现金流量表"的相关项目金额，必须填写"息税前利润""经营营运资本增加""净经营长期资产总投资"和"实体现金流量"等项目。

（2）假设债务的账面成本与市场价值相同，根据加权平均资本成本和实体现金流量评估2008年年末甲公司的企业实体价值和股权价值（均指持续经营价值，下同），结果填入答题卷给定的"甲公司企业估价计算表"中。必须填列"预测期期末价值的现值""公司实体价值""净债务价值"和"股权价值"等项目。

7. C公司是2015年1月1日成立的高新技术企业。为了进行以价值为基础的管理，该公司采用股权现金流量模型对股权价值进行评估。评估所需的相关数据如下：

（1）C公司2015年的销售收入为1 000万元。根据目前市场行情预测，其2016年、2017年的增长率分别为10%、8%；2018年及以后年度进入永续增长阶段，增长率为5%。

（2）C公司2015年的经营性营运资本周转率为4，净经营性长期资产周转率为2，净经营资产净利率为20%，净负债/股东权益＝1。公司税后净负债成本为6%，股权资本成本为12%。评估时假设以后年度上述指标均保持不变。

（3）公司未来不打算增发或回购股票。为保持当前资本结构，公司采用剩余股利政策分配股利。

要求：

（1）计算C公司2016年至2018年的股权现金流量。

（2）计算C公司2015年12月31日的股权价值。

第十章
资产评估报告

【案例导入】

资产评估报告主要包括声明、摘要、正文、说明及评估明细表。为了帮助读者对资产评估报告形成直观、感性的认识,下面提供北京 B 集团公司拟转让所持 B-1 公司 15% 股权项目资产评估报告摘要和正文的部分内容[①]。

北京 B 集团公司拟转让所持 B-1 公司 15% 股权

项目资产评估报告

摘要

北评报字 [2010] 0110 号

北京资产评估事务所接受北京 B 集团公司委托,根据有关法律、法规和资产评估准则、资产评估原则,采用资产基础法、收益法等评估方法,按照必要的评估程序,对北京 B 集团公司拟转让 B-1 公司股权所涉及的 B-1 公司的股东全部权益在 2009 年 12 月 31 日的市场价值进行评估。提供委估资产必要的资料并保证所提供资料的真实性、合法性、完整性,恰当使用评估报告是委托方和产权持有者的责任,我们的责任是对受托评估资产在 2009 年 12 月 31 日这一评估基准日前述特定目的下的价值进行分析、估算并发表专业意见。

本次评估遵照中国有关资产评估的法令、法规和评估准则,遵循独立、客观、科学的工作原则和产权利益主体变动原则、替代性原则等有关经济原则,依据委估资产的实际状况、有关市场交易资料和现行市场价格标准,并参考资产的历史成本记录,以资产的持续使用和公开市场为前提,采用资产基础法和收益法对 B-1 公司股东全部权益价值进行评估,为北京 B 集团转让在 B-1 公司的股权提供参考依据。

本次评估的价值类型为市场价值。

一、运用资产基础法评估结果

---

① 引自郑万生、范学珊著:《资产评估实务指南》,北京科学技术出版社 2011 年版,第 112~121 页。

截至评估基准日 2009 年 12 月 31 日 B-1 公司评估前资产总额为 50 000 万元，负债为 20 000 万元，净资产为 30 000 万元；评估后总资产为 55 000 万元，负债为 20 000 万元，净资产为 35 000 万元，评估增值 5 000 万元，增值率为 16.67%。

二、运用收益法评估结果

B-1 公司股东全部权益在评估基准日的评估值为 45 000 万元。

三、评估结论

根据《北京市企业国有评估管理暂行办法》（京国资发〔2008〕5 号）规定：以持续经营为前提对企业价值评估时，原则上应采用两种评估方法，并对实际情况进行充分分析后，确定其中一个评估结果作为评估报告使用结果。

通过对成本法和收益法两个评估结果的分析，评估人员认为被估企业是典型的有持续性经营能力的收益型企业，其价值取决于整体企业为所有者所能创造的未来收益，因此采用收益法的评估结果（即 45 000 万元）作为本评估报告最终结果，北京 B 集团公司持有的 B-1 公司的 15% 股权价值为 6 750 万元。

本资产评估报告有效期为一年，自评估基准日 2009 年 12 月 31 日起至 2010 年 12 月 30 日止。超过 2010 年 12 月 30 日，需聘请评估机构对委估资产重新评估。

以上内容摘自资产评估报告书，欲了解本评估项目的全面情况，应认真阅读资产评估报告书全文。

本摘要与资产评估报告正文具有同等法律效力。

本报告书包括资产评估报告书声明、摘要、资产评估报告书正文、资产评估说明及资产评估明细表。

北京 B 集团公司拟转让所持 B-1 公司 15% 股权
项目资产评估报告
正文
北评报字〔2010〕0110 号

北京资产评估事务所接受北京 B 集团公司委托，根据有关法律、法规和资产评估准则、资产评估原则，采用资产基础法（成本法）、收益法等评估方法，按照必要的评估程序，对北京 B 集团公司拟转让 B-1 公司股权所涉及的 B-1 公司的股东全部权益在 2009 年 12 月 31 日的市场价值进行评估。提供委估资产必要的资料并保证所提供资料的真实性、合法性、完整性，恰当使用评估报告是委托方和产权持有者的责任，我们的责任是对受托评估资产在 2009 年 12 月 31 日这一评估基准日前述特定目的下的价值进行分析、估算并发表专业意见。现将资产评估情况报告如下：

一、委托方及被评估单位简介（略）

二、评估目的

根据协议，此次评估目的是通过对 B-1 公司的资产和负债在评估基准日所反映的市场公允价值进行评定估算，为北京 B 集团公司拟转让 B-1 公司 15% 股权提供价值参考依据。

资产评估报告

三、评估范围和对象

本次评估对象为北京 B 集团公司持有的 B-1 公司 15% 股权。

评估范围为 B-1 公司申报的全部资产及相关负债,资产类型具体包括流动资产、非流动资产、流动负债,其中非流动资产具体包括固定资产、无形资产、递延资产。

四、价值类型及其定义

本次评估采用持续经营、缺少流动前提下的市场价值作为选定的价值,具体定义如下:

市场价值是指自愿买方和自愿卖方在各自理性行事且未受任何强迫的情况下,评估对象在评估基准日进行正常公平交易的价值估计数额。

持续经营在本报告中是指被评估企业的生产经营活动会按其现状持续下去,并在可预见的未来不会发生重大改变。

缺少流动是指被评估企业不可以在中国证券交易市场(即上交所和深交所)竞价交易,但可以依法采用其他方式转让、交易,即被评估股权不是国内上市公司。

五、评估基准日

评估基准日为:2009 年 12 月 31 日。

评估基准日是确认资产、评估价格的基准时间,本项目所选取的评估基准日为企业月末结账日,能够全面反映评估对象各种资产及负债的整体情况。

六、评估依据(略)

主要是资产评估工作中所遵循的国家、地方政府和有关部门的法律法规,以及参考文件资料等。

七、评估方法

(一)评估方法介绍(略)

主要介绍资产评估三种基本方法定义。

(二)评估方法选择

本次评估采用资产基础法进行评估,根据中国资产评估协会发布的《企业价值评估指导意见(试行)》,以持续经营为前提对企业进行评估时,资产基础法一般不应当作为唯一使用的方法,因此本次评估在确定股东全部权益价值时,我们在资产基础法评估的基础上,根据委估企业情况同时采用收益法进行评估。

本次评估不考虑采用市场法,主要是由于被估企业为生产行业,企业在规模、档次以及所处的地域具有唯一性和个案性,无法获得可比且有效的市场参照对象。同时,在非上市类公司中,由于其市场公开资料较为缺乏,亦无法获得可比其有效的市场参照对象,故本次评估无法采用市场法。

(三)成本法评估介绍

资产基础法即对各单项资产进行评估,并将单项资产评估结果加和,再扣减负债得出净资产评估结果。各类资产及负债的具体评估方法如下:

1. 关于流动资产的评估

流动资产评估范围包括货币资金、应收账款、预付款项、其他应收款、存货及其他流动资产。

(1) 货币资金：对货币资金中的现金、银行存款的账面金额进行核实，人民币资金以核实后的账面价值确定为评估价值；外币资金按评估基准日外汇中间价折合的人民币金额作为评估价值。

……

2. 非流动资产的评估（略）

3. 负债的评估（略）

……

（四）收益法评估

本次评估所采用收益法（定义）……

本次评估采用收益现值法，通过对企业整体价值的评估来间接获得股东全部权益价值。本次收益法评估模型选用企业自由现金流。

企业整体价值 = 经营性资产价值 + 溢余资产价值 + 非经营性资产价值 − 非经营性负债价值

股东全部权益价值 = 企业整体价值 − 其他负债

……

(1) 评估模型与基本公式（略）

(2) 折现率的确定（略）

……

八、评估程序实施过程和情况（略）

本次评估过程介绍如下：

（一）接受委托

（二）评估计划组织

（三）资产清查

（四）评定估算

（五）汇总、审核

（六）提交正式资产评估报告书

九、评估假设（略）

十、评估结论（略）

十一、特别事项说明（略）

十二、评估报告使用限制说明（略）

十三、评估报告日

本评估报告提出日期：2010年7月20日。

评估机构法定代表人（签章）：
中国注册资产评估师（签章）：
中国注册资产评估师（签章）：
北京资产评估事务所（公章）：
2010年7月20日

第十章 资产评估报告

第一节 资产评估报告概述

一、资产评估报告的定义及其类型

（一）资产评估报告的定义

资产评估报告是指资产评估机构及其资产评估专业人员遵守法律、行政法规和资产评估准则，根据委托履行必要的资产评估程序后，由资产评估机构对评估对象在评估基准日特定目的下的价值出具的书面专业意见。

资产评估报告是按照一定格式和内容来反映评估目的、假设、程序、标准、依据、方法、结果及适用条件等基本情况的报告书。广义的资产评估报告还是一种工作制度。它规定评估机构在完成评估工作之后必须按照一定程序的要求，用书面形式向委托方及相关管理部门报告评估过程和结果。狭义的资产评估报告也叫"资产评估报告书"，既是资产评估机构与注册资产评估师完成对资产作价、就被评估资产在特定条件下价值所发表的专家意见，也是评估机构履行评估合同情况的总结，还是评估机构与注册资产评估师为资产评估项目承担相应法律责任的证明文件。

《国际资产评估准则》（IVS）和美国《专业评估执业统一准则》（USPAP）对资产评估报告的规定都是从报告类型与报告要素来进行规范的。而我国2007年发布的《资产评估准则——评估报告》是根据要素与内容对评估报告进行规范。2008年发布的《企业国有资产评估报告指南》则从国有资产评估报告的基本内容和格式方面对资产评估报告的标题、文号、声明、摘要、正文、附件、评估明细表及评估说明等进行规范。2017年10月1日公布实施的《资产评估执业准则——资产评估报告》对资产评估报告定义、基本遵循要求和内容进行规范。

（二）资产评估报告的类型

国际上对资产评估报告有不同的分类，如美国《专业评估执业统一准则》将评估报告分为完整型评估报告、简明型评估报告、限制型评估报告、评估复核。我国资产评估报告的种类也在不断丰富与完善。下面介绍几种资产评估报告的分类：

1. 按资产评估的范围划分为整体资产评估报告和单项资产评估报告。整体资产评估报告是指对整体资产进行评估所出具的资产评估报告。单项资产评估报告是指仅对某一部分、某一项资产进行评估所出具的资产评估报告。一般情况下，整体资产评估报告的报告内容不仅包括资产，也包括负债和所有者权益方面。而单项资产评估报告除在建工程外，一般不考虑负债和以整体资产为依托的无形资产等。

2. 按评估对象不同划分为资产评估报告、房地产估价报告、土地估价报告等。资评估报告是以资产为评估对象所出具的评估报告。房地产估价报告是以房地产为评估对象所出具的估价报告。土地估价报告是以土地为评估对象所出具的估价报告。这三种报告不仅具体格式不相同,而且在内容上也存在较大的差别。

3. 按照国际惯例划分为完整型评估报告、简明型评估报告和限制型评估报告。完整型评估报告、简明型评估报告和限制型评估报告之间的重要区别在于所提供信息的详细程度不同。

4. 按照评估基准日的不同划分为现实型评估报告、预测型评估报告和追溯型评估报告。现实型评估报告是指评估基准日为现在时点的评估报告。预测型评估报告是指评估基准日为未来时点的评估报告。追溯型评估报告是指评估基准日为过去时点的评估报告。

二、资产评估报告的作用

资产评估报告有以下几个方面的作用:

1. 对被委托评估的资产提供作价意见。资产评估报告是经具有资产评估资格的机构根据委托评估资产的特点和要求,组织注册评估师及相应专业人员组成的评估队伍,遵循评估原则和标准,按照法定的程序,运用科学的方法对被评估资产价值进行评定和估算后,通过报告的形式提出价值意见,该价值不代表任何当事人一方的利益,是一种独立的专家人士意见,具有较强的公正性与客观性,因而成为被委托评估资产作价的重要参考依据。

2. 资产评估报告是反映和体现资产评估工作情况,明确委托方、受托方及有关方面责任的依据。它用文字的形式,对受托资产评估业务的目的、背景、范围、依据、程序、方法等过程和评定的结果进行说明和总结,体现了评估机构的工作成果。同时,资产评估报告也反映和体现受托的资产评估机构与执业人员的权利和义务,并以此来明确委托方、受托方有关方面的法律责任。在资产评估现场工作完成后,评估机构和评估人员就要根据现场工作取得的有关资料和估算数据撰写评估结果报告书,向委托方报告。负责评估项目的注册资产评估师也同时在报告书上行使签字的权利,并提出报告使用的范围和评估结果实现的前提等内容。同时,资产评估报告是评估机构履行评估协议,向委托方或有关方面收取评估费用的依据。

3. 管理部门通过对资产评估报告进行审核实现对资产评估的管理。资产评估报告是反映评估机构和评估人员职业道德、职业能力水平,以及评估质量高低和机构内部管理机制完善程度的重要依据。有关管理部门通过审核资产评估报告,可以有效地对评估机构的业务开展情况进行监督。

4. 资产评估报告是建立评估档案、归集评估档案资料的重要信息来源之一。完成资产评估任务之后,资产评估机构和评估人员必须按照档案管理的有关规定,将评估过程中搜集的资料、工作记录以及资产评估过程的有关工作底稿等进行归档,以便进行评估方案的管理和使用。资产评估报告是对整个评估过程的工作总结,其内容包括了评估过程的各个具体环节和各有关资料的搜集和记录。因此,不仅评估报告的底稿是评估档案归集的主要内容,而且撰写资产评估报告过程采用到的各种数据、依据、工作底稿和资产评估中形成有关的文字记录等都是资产评估档案的重要信息来源。

第十章 资产评估报告

三、资产评估报告的基本要素

资产评估报告的作用不仅取决于资产评估专业人员的职业水平，还取决于资产评估专业人员是否严格按照资产评估准则的要求，在资产评估报告中披露必要的信息。

（一）资产评估报告一般应包括以下基本要素

1. 委托方、产权持有者和委托方以外的其他评估报告使用者；
2. 评估目的；
3. 评估对象与范围；
4. 价值类型；
5. 评估基准日；
6. 评估依据；
7. 评估方法；
8. 评估程序实施过程和情况；
9. 评估假设；
10. 评估结论；
11. 特别事项说明；
12. 评估报告使用限制说明；
13. 评估报告日；
14. 评估机构和资产评估专业人员的签章。

（二）资产评估报告的基本内容

2017年10月1日公布实施《资产评估执业准则——资产评估报告》对资产评估报告的标题、文号、声明、摘要、正文、附件做了较为详细的规范。下面分别按上述顺序介绍各自的基本内容。

1. 资产评估报告正文及相关附件的基本内容。

（1）资产评估报告封面基本内容。资产评估报告封面须载明下列内容：资产评估项目名称、资产评估机构出具评估报告的编号、资产评估机构全称和评估报告提交日期等。有服务商标的，评估机构可以在报告封面载明其图形标志。

（2）资产评估报告声明与摘要的基本内容。资产评估报告声明应当包括以下基本内容：本资产评估报告依据财政部发布的资产评估基本准则和中国资产评估协会发布的资产评估执业准则和职业道德准则编制；委托人或者其他资产评估报告使用人应当按照法律、行政法规和资产评估报告载明的使用范围使用资产评估报告；委托人或者其他资产评估报告使用人违反前述规定使用资产评估报告的，资产评估机构及其资产评估专业人员不承担责任；资产评估报告仅供委托人、资产评估委托合同中约定的其他资产评估报告使用人和法律、行政法规规定的资产评估报告人使用，除此之外，其他任何机构和个人不能成为资产评估报告的使用人；资产评估报告使用人应当正确理解评估结论，评估结论不等同于评估对象可实现价格，评估结论不应当被认为是对评估对象可实现价格的保证；资产评估机构和资产评估专业人员恪守独立、客观和公正的原则，遵循有关法律、法规和资产评估准则的规定，承担相应的责任；提醒资产评估报告使用者关注评估报告结论成立的假设前提、特别事项说明和使用限制；其他需要的声明内容。

资产评估报告正文之前应有摘要。摘要是用来表达该报告书的关键内容，让各有关方面了解该评估报告的主要信息和结论。该摘要与资产评估报告正文一样具有同等法律效力，由注册资产评估师、评估机构法定代表人及评估机构等签字盖章和注明提交日期。摘要还必须与评估报告揭示的结果一致，不得有误导性内容，并应当采用提醒文字提醒使用者阅读全文。

（3）资产评估报告正文的基本内容。

首部：这部分应包括标题和报告数序号，标题应含有×××（评估）项目资产评估报告字样。

绪言：这部分应写明该评估报告委托方全称、受托评估事项及评估工作整体情况。

委托方和产权持有者简介：这部分应较为详细地介绍委托方和产权持有者的情况。当委托方和产权持有者相同时，可作为产权持有者介绍，也要写明委托方和产权持有者之间的隶属关系或经济关系。无隶属关系或经济关系的，应写明发生评估的原因，当产权持有者为多家企业时，还须逐一介绍。

评估目的：这部分应写明本次资产评估是为了满足委托方的何种需要及其所对应的经济行为类型。资产评估报告载明的评估目的应当是唯一的。

评估范围和对象：这部分应写明纳入评估范围的资产及其类型，并列出评估前的账面金额。评估资产为多家占有的，应说明各自的份额及对应资产类型。

评估基准日：这部分应写明评估基准日的具体日期，应与资产评估委托合同约定的资产评估基准日保持一致，可以是过去、现在或未来的时点。

评估依据：这部分列示评估依据，包括行为依据、法律法规依据、准则依据、产权依据和取价依据等。对评估中采用的特殊依据应作相应的披露。

评估方法：这部分应说明评估过程所选择、使用的评估方法和选择评估方法的依据或原因。对选择特殊评估方法的，也应介绍其原理与适用范围。

评估程序实施过程和情况：这部分反映评估机构自接受评估项目委托起至提交评估报告的全过程，包括接受委托过程中确定评估目的、对象及范围，基准日和拟订评估方案的过程；资产清查中的指导资产占有方清查、搜集准备资料、检查与验证过程；评估估算中的现场检测与鉴定、评估方法选择、市场调查与分析过程；评估汇总中的结果汇总、评估结论分析、撰写报告与说明、内部复核过程，以及提交评估报告等过程。

评估结论：这部分是报告正文的重要部分。评估结论，经与委托人沟通，可以是区域值或者其他形式的专业意见，应使用表述性文字和数字形式表述，并明确其使用的有效期。评估结论是资产评估报告的最终要求，评估结论应清晰、明确地列示，必要时应有一定的说明。实际工作中，根据有关规定，一般要提供资产评估结果汇总表（见表10-1）。

资产评估报告

表 10-1　　　　　　　　　资产评估结果汇总表

资产占有单位：　　　　　　　　　基准日：　　　　　　　　　　单位：万元

资产项目	账面原值	账面净值	调整后净值	重置净值	评估值	增加值	增加率（%）
流动资产							
长期投资							
在建工程							
建筑物							
机器设备							
土地使用权							
无形资产							
资产总计							
流动负债							
长期负债							
负债总计							
净资产							

特别事项说明：这部分应说明权属等主要资料不完整或者存在瑕疵的情形；未决事项、法律纠纷等不确定因素；重要的利用专家工作及相关报告情况；重大期后事项。

评估报告使用限制说明：应写明使用范围；委托人或者其他资产评估报告未按照法律、行政法规和资产评估报告载明的使用范围使用资产评估报告的，资产评估机构和资产评估专业人员不承担责任；除了委托人、资产评估委托合同中约定的资产评估报告使用人和法律、行政法规规定资产评估报告使用人之外，其他任何机构和个人不能成为资产评估报告的使用人；资产评估报告使用人应正确理解评估结论，评估结论不等同于评估对象可实现价格：不应当被认为是评估对象可实现价格的保证。

评估报告日：这部分应写明评估报告日，评估报告日通常是评估结论形成日期，可以不同于评估报告签署日期。

尾部：这部分应写明出具评估报告的机构名称并加盖公章，还要由评估机构法定代表人和至少两名负责评估的注册资产评估师签名盖章。

(4) 附件的基本内容。资产评估报告的附件包括评估对象涉及主要权属证明资料、委托人和主要当事人的承诺函、资产评估机构和资产评估专业人员的备案文件或者资格证明文件、资产评估汇总表或者明细表。

2. 资产评估说明的基本内容。资产评估说明描述评估师和评估机构对其评估项目的评估程序、防范、依据、参数选取和计算过程，通过委托方、资产占有方充分揭示对资产评估行为和结果构成重大影响的事项，说明评估操作符合相关法律、行政法规和行业规范要求。评估说明中所揭示的内容应同评估报告书正文所阐述的内容一致。评估机构、注册资产评估师及委托方、资产占有方应保证其撰写或提供的构成评估说明各组成部分的内容真实完整，未作虚假陈述，未遗漏重大事项。

资产评估说明的撰写和制作应按以下顺序进行：

（1）评估说明封面及目录。这部分应载明该评估项目名称，该评估报告书的编号、评估机构名称、评估报告提出日期，若需分册装订的评估说明，应在封面上注明共几册及该册的序号。

（2）关于评估说明使用范围的声明。这部分应声明评估报告仅供资产管理部门、企业主管部门、资产评估行业协会在审查资产评估报告书和检查评估机构工作之用，除法律、行政法规规定外，材料的全部或部分内容不得提供给其他任何单位和个人，不得见之于公开媒体。

（3）关于进行资产评估有关事项的说明。这部分是由委托方与资产占有方共同撰写并由负责人签字，加盖公章，签署日期。具体包括以下内容：委托方与资产占有方概况，关于评估目的的说明，关于评估范围的说明，关于评估基准日的说明，可能影响评估工作的重大事项说明，资产及负债清查情况的说明，列示资产委托方、资产占有方提供的资产评估资料清单。

（4）资产清查核实情况说明。这部分主要用来说明评估方对委托评估的企业所占有的资产和评估相关的负债进行清查核实的有关情况及清查结论。具体包括以下内容：资产清查核实的内容、实物资产的分布状况及特点、影响资产清查的事项、资产清查核实的过程与方法、资产清查结论、资产清查调整说明。

（5）评估依据说明。评估依据说明主要用来说明进行评估工作中所遵循的具体行为依据、法规依据、产权依据和取价依据。具体包括以下内容：主要法律法规、经济行为文件、重大合同协议及产权证明文件、采用的取价标准、参考资料及其他。

（6）各项资产及负债的评估技术说明。这部分主要用来说明对资产进行评定估算过程的解释，反映评估中选定的评估方法和采用的技术思路及实施的评估工作。具体包括以下内容：流动资产评估说明、长期投资评估说明、机器设备评估说明、房屋建筑物评估说明、在建工程评估说明、土地使用权评估说明、无形资产及其他资产评估说明、负债评估说明。

（7）整体资产评估收益现值法评估验证说明。这部分主要说明运用收益法对企业整体资产进行评估来验证资产评估结果的有关情况。具体包括以下内容：收益法的应用简介，企业的生产经营业绩，企业的经营优势，企业的经营计划，企业的各项财务指标，评估依据，企业营业收入、成本费用和长期投资收益预测，折现率的选取和评估值的计算过程，评估结论。

（8）评估结论及其分析。这部分主要总体概括说明评估结论，具体包括以下内容，评估结论；评估结果与调整后账面值比较变动情况及原因，评估结论成立的条，评估结论的瑕疵事项，评估基准日的期后事项说明及对评估结论的影响，评估结论的效力、适用范围与有效期。

3. 资产评估明细表的基本内容。

（1）资产评估明细表基本内容。资产评估明细表是反映被评估资产评估前后的资产负债明细情况的表格。它是资产评估报告书的组成部分，也是资产评估结果得到认可、评估目的的经济行为实现后作为调整账目的主要依据之一。具体包括以下内容：资产及其负债的名称、发生日期、账面价值、评估价值等，反映资产及其负债特征的项目，反映评估增减值情况的栏目和备注栏目,反映被评估资产会计科目名称、资产占有单位、评估基准日、表号、金额单位、页码内容的资产评估明细表表头,写明清查人员、评估人员的表尾,评估明细表设立逐级汇总,资产评估明细表一般应按会计科目顺序排列装订。

(2) 资产评估明细表。样表包括以下几个层次:资产评估结果汇总表、资产评估结果分类汇总表、各项资产清查评估汇总表及各项资产清查评估明细表。

> **资料链接**
>
> 　　资产评估明细表的基本内容在已经失效的《资产评估报告基本内容与格式的暂行规定》(财评字[1999]91号)有具体的要求与规定。《资产评估准则——评估报告》根据资产评估行业发展的要求,考虑到不同委托方对评估报告的格式有不同的需求,只对评估报告中应当包括的具体要素做出规定,对要素以何种形式向委托方提交并未做出详细规定,具体由资产评专业人员与委托方协商确定。《企业国有资产评估报告指南》第五章是关于评估明细表的规定内容。

第二节　资产评估报告的编制

一、资产评估报告编制基本要求

资产评估准则规定了评估报告编制基本要求,这有利于评估报告的规范化,有利于评估报告提供能够满足委托方和其他评估报告使用者合理需求的信息,有利于评估报告使用者正确、合理地使用评估报告。资产评估报告编制基本要求包括对文字与文句的要求、信息内容的要求、签章的要求、评估程序受限的要求、使用有效期限的要求等。

(一) 文字和文句的要求

资产评估准则关于资产评估报告编制的文字要求是:评估报告应当使用中文撰写。需要同时出具外文评估报告的,以中文评估报告为准。评估报告一般以人民币为计量币种,使用其他币种计量的,应当注明该币种与人民币的汇率。

关于文句的基本要求是:评估报告应陈述清晰、准确。资产评估专业人员应清晰、准确地陈述评估报告内容,不得使用误导性的表述。

(二) 信息内容的要求

资产评估准则关于资产评估报告编制的信息内容要求:首先是信息充分、适当、可靠。资产评估专业人员应当在评估报告中提供必要信息,使评估报告使用者能够合理理解评估结论。其次是评估报告详略程度得当。资产评估专业人员执行资产评估业务,可以根据评估对象的复杂程度、委托方要求，合理确定评估报告的详略程度。

（三）签章的要求

资产评估准则关于资产评估报告编制的签章要求：评估报告应当由两名以上资产评估专业人员签字盖章，并由评估机构盖章。有限责任公司制评估机构的法定代表人或者合伙制评估机构负责该评估业务的合伙人应当在评估报告上签字。

（四）评估程序受限的要求

资产评估准则关于资产评估报告编制的评估程序受限要求是：资产评估专业人员执行资产评估业务，评估程序受到限制且无法排除，经与委托方协商后仍需要出具评估报告的，应当在评估报告中说明评估程序受限情况及其对评估结论的影响，并明确评估报告的使用限制。

（五）使用有效期限的要求

资产评估准则关于资产评估报告编制的使用有效期限要求是：评估报告应当明确评估报告的使用有效期。通常，只有当评估基准日与经济行为实现日相距不超过一年时才可以使用该评估报告。

二、资产评估报告编制步骤

编制评估报告书是完成评估工作的最后一道工序，也是评估工作中一个很重要的环节。评估人员通过评估报告不仅要真实、准确反映评估工作过程与情况，而且要表明资产评估专业人员在今后一段时期里对评估结果和有关全部附件资料承担相应的法律责任。这就要求评估人员编制的报告要思路清晰，文字简练准确，有关的取证材料和数据真实可靠。为了达到这要求，评估人员应按下列步骤进行评估报告的编制：

（一）整理和归集有关的评估资料

编写资产评估报告前，评估人员首先应该对评估中产生的有关资料进行整理和归集，这些资料包括被评估资产的有关背景、现场勘察和技术鉴定情况资料、市场询价资料、评定估算的资料等。为了正确反映评估的全过程，首先要求评估小组按分工情况，将全部评估资料进行分类整理和归集，包括评估作业分析表的审核、分类明细表的编制、评估依据的说明等，最后形成分类评估的文字资料。

（二）评估数据的汇总分析和讨论

评估数据的汇总分析和讨论的目的在于消除分项评估的重复或遗漏，调整和修润不同评估方法的差异，从而得出综合性有效评估结论。

资产评估专业人员在完成现场工作底稿和有关资料归集任务后，应对评估明细表的数字进行汇总。明细表的数字汇总应根据明细表的不同级次先进行明细表汇总，然后进行分类汇总，再到资产负债表式的汇总。在数字汇总过程中应反复核对各有关表格的数字关联性和各表格栏目之间数字的勾稽关系，防止出现错误。

在完成评估明细表的数字汇总并得出初步的评估数据后，评估工作小组应召集参与评估工作过程的有关人员，对评估报告的初步数据结论进行分析和讨论，比较各有关数据，复核记录估算结果的工作底稿，对存在作价不合理的部分评估数据进行调整。

（三）编写资产评估报告书

在评估资料整理和数据汇总分析的基础上，由具体参加评估的各评估小组负责人草拟出各自负责评估部分资产的评估说明，然后提交给全面负责、熟悉本项目评估具体情况的人员草拟出资产评估报告，在资产评估报告初稿完成后与委托方交换意见。听取委托方的反馈意见后，在独立、客观、公正的前提下，评估小组认真分析委托方提出的问题和建议，对评估报告中存在的疏忽、遗漏和错误之处进行修正，之后撰写出正式的资产评估报告。

（四）签发和送交资产评估报告

注册资产评估师撰写出正式评估报告书后，经审核无误，按以下程序签名盖章：先由负责该项目的资产评估专业人员签章（两名或两名以上），再送复核人审核签章，最后送评估机构负责人审定签章并加盖机构公章。

三、资产评估报告编制范例

×××公司企业价值评估报告书（范例）①

AB 评报字 [2009] 第 18 号

目录（略）

评估报告声明

1. 资产评估专业人员在执行资产评估业务中遵循相关法律、法规和资产评估准则，恪守了独立、客观和公正原则，根据在执业过程中掌握的事实出具评估报告，并按相关法律规定要求承担相应的责任。

2. 资产评估专业人员根据要求进行现场清查、核实与勘查，对评估对象的法律权属状况给予必要关注，对评估对象法律权属资料进行查验，但无法对评估对象的法律权属真实性做任何形式的保证。提请企业完善产权以满足出具评估报告的要求，并关注该事项可能对评估结果产生的影响。

3. 评估报告的分析、判断和结论仅受评估报告所阐述的假设和限定条件的限制，评估师的专业分析、判断和结论是公正的、无偏见的。

4. 对评估报告中所评估的资产，注册资产评估师对其不拥有现存的或将来的利益，对于评估报告涉及的各方，不涉及任何注册资产评估师个人的利益。对于评估报告中所评估的资产和评估工作中所涉及的各方，评估师不存在任何偏见。

---

① 本范例主要参考朱萍著：《资产评估学教程》（第三版），上海财经大学出版社 2009 年版，第 324~329 页。

5. 评估方法选用恰当，选用的参数与资料可靠。
6. 影响资产评估价值的因素考虑周全。
7. 资产评估价值公正、准确。
8. 评估工作未受任何人干预并独立进行。
9. 评估报告只能用于载明的评估目的，因使用不当造成的后果与签字注册资产评估师及其所在评估机构无关。

……

AB 资产评估有限公司

评估机构法定代表人（签章）：

资产评估专业人员（签章）：

资产评估专业人员（签章）：

×××公司企业价值评估报告书摘要

重要提示：以下内容摘自资产评估报告书，欲了解评估项目的全面状况，应认真阅读资产评估报告书全文。

AB 资产评估有限公司接受 DE 公司的委托，自 2009 年 4 月 18 日至 2009 年 5 月 18 日止，完成了必要的评估程序，按资产评估业务委托书的约定，出具资产评估报告书。先将资产评估情况摘要报告如下：

一、委托方：DE 公司

二、被评估企业：×××公司

三、评估对象：本次资产评估对象为×××公司股东部分权益价值

四、评估目的：为 DE 公司转让其持有的×××公司 20%股权提供价值参考

五、价值类型：市场价值

六、评估基准日：2009 年 3 月 31 日

七、评估方法：收益法、成本法

八、评估结论：经评估，×××公司股东全部权益价值，于评估基准日 2009 年 3 月 31 日的评估价值为人民币 7 200 万元，DE 公司持有的×××公司 20%股权价值为人民币 1 440 万元，大写为人民币壹仟肆佰肆拾万元

AB 资产评估有限公司（公章）

2009 年 5 月 18 日

评估机构法定代表人（签字）：

资产评估专业人员（签章）：

资产评估专业人员（盖章）：

×××公司企业价值评估报告书正文

AB 评报字〔2009〕第 18 号

第十章

资产评估报告

AB 资产评估有限公司（以下简称"本公司"）接受 DE 公司的委托，根据国家有关资产评估的规定，本着独立、客观、公正、科学的原则，按照公认的资产评估方法，对×××公司股东部分权益价值进行了评估工作。本公司评估人员按照必要的程序，对委托评估的资产实施了实地勘查、市场调查与询证，对委托资产在评估基准日 2009 年 3 月 31 日所表现的市场价值做出了公允反映。现将资产评估情况及评估结果报告如下：

一、委托方和其他评估报告使用者

1. 委托方（产权持有者）：DE 公司

2. 其他报告使用者：除委托方外，国家法律、法规明确的为实现与本次评估目的相关经济行为而需要使用本评估报告的相关当事方

二、被评估企业基本情况及财务状况

被评估企业为×××公司。

（被评估企业基本情况及财务状况略）

三、评估对象和评估范围

1. 本次评估对象为 DE 公司持有的×××公司 20% 股权。

2. 本次资产评估范围系截至 2009 年 3 月 31 日×××公司的全部资产和负债。评估范围具体包括流动资产、长期投资、固定资产（包括房屋建筑物和机器设备）、在建工程、无形资产、其他资产及流动负债和长期负债。

本次评估前 DE 公司聘请 CX 会计师事务所有限责任公司对×××公司会计报表进行了审计。

四、评估目的

本次评估目的是为 DE 公司转让其持有的×××公司 20% 股权提供价值参考。

五、价值类型及其定义

本报告所称的"评估价值"为市场价值。市场价值是指自愿买方和自愿卖方在各自理性行事且未受任何强迫的情况下，评估对象在评估基准日进行正常公平交易的价值估计数额。

六、评估基准日

根据本公司与委托方的约定，本项目资产评估的基准日确定为 2009 年 3 月 31 日。

选择会计期末作为评估基准日能够全面反映被评估企业资产及负债的整体情况，同时该时点与评估目的实现时对股权价值计价的时点一致，故选择本时点作为评估基准日。

本次评估中评估范围的界定、评估价值的估算、评估参数的选取等，均以该日的企业财务报表、外部经济环境及市场情况确定。

本评估报告书中一切取价标准均为评估基准日有效的价值标准。

七、评估依据

（略）

八、评估方法

本次对×××公司股东全部权益价值的评估分别采用收益法和成本法，经综合分析后判断确定×××公司股东全部权益价值，股东部分权益价值采用下列公式计算：

股东部分权益价值＝股东全部权益价值×股权比例

1. 收益法是通过将被评估企业预期收益资本化或折现以确定评估对象价值的评估方法。本次评估采用分段法模型,即前期收益折现加后期年金法,其计算公式为:

股东全部权益评估价值 = 未来预期权益现金流折现值

$$= \sum_{t=1}^{N=5} R_t (1+r)^{-t} + R_{N+1}/r \times (1+r)^{-N}$$

式中,R_t 为第 t 年公司预期年权益现金流;r 为折现率;N 取 5 年。

2. 成本法是在评估企业各项资产价值和负债的基础上确定评估对象的价值的评估方法。其计算公式为:

股东全部权益评估价值 = 企业各项资产评估价值之和 − 负债

九、评估程序实施过程和情况

(略)

十、评估假设

1. 本次评估以评估企业持续经营为评估假设前提。

2. 以委托方和被评估单位提供的全部文件材料真实、有效、准确为假设条件。

3. 以国家宏观经济政策和所在地区经济环境没有发生重大变化为假设条件。

4. 以企业的经营业务及评估所依据的税收政策、信贷利率、汇率等没有发生足以影响评估结论的重大变化为假设条件。

5. 以没有考虑遇有自然力及其他不可抗力因素的影响,也没有考虑特殊交易方式可能对评估结论产生的影响为假设条件。

6. 除已知悉并披露的事项外,本次评估以不存在其他未被发现的账外资产和负债、抵押或担保事项、重大期后事项,且被评估单位对列入评估范围的资产拥有合法权利为假设条件。

十一、评估结论

根据以上评估方法和标准计算,×××公司股东全部权益价值于评估基准日 2009 年 3 月 31 日的评估价值为人民币 7 200 万元,DE 公司持有的×××公司 20% 股权价值为人民币 1 440 万元,大写为人民币壹仟肆佰肆拾万元。

十二、特别事项说明

1. 对委托方和被评估单位可能存在的影响资产评估值的瑕疵事项,在评估人员履行了评估程序后仍不能获悉及无法搜集资料的情况下,评估机构及评估人员不承担相关责任。

2. 本公司未对委托方及被评估单位提供的有关的营业执照、权证、会计凭证及账册等证据资料进行独立审查,亦不对上述资料的真实性负责。

3. ×××公司位于××区××路××号的房产已抵押给××银行××分行,最高债权限额 2 000 万元。债权发生期间为 2007 年 × 月 × 日至 2009 年 × 月 × 日。截至评估基准日×××公司实际贷款金额为 1 800 万元。

4. 本项目的执业注册资产评估师知晓资产的流动性对估价对象价值可能产生重大影响。由于无法获取行业及其相关资产权交易情况资料,缺乏对资产流动性的分析依据,故本次评估中没有考虑资产的流动性对股价对象价值的影响。

资产评估报告

5. 本项目的执业注册评估师知晓股东部分权益并不必然等于股东全部权益价值与股权比例的乘积。由于无法获取行业及相关股权的交易情况资料，且受现行产权交易定价规则的限制，故本次评估中没有考虑控股权和少数股权等因素产生的溢价或折价。

上述事项，我们提请有关报告使用者在使用报告时予以关注。

十三、评估报告使用限制说明

1. 本次评估是在委托方和被评估单位提供的文件、资料真实、有效的假设条件下进行的，如发生由于委托方及被评估单位提供的文件、资料失实或有隐匿等行为而造成评估结果失实，则由委托方承担责任，本公司不承担任何法律责任。

2. 本评估报告仅供评估报告中披露的评估报告使用者用于载明的评估目的。注册评估师及其所在评估机构不承担因评估报告使用不当造成后果的责任。

3. 本评估结论是注册资产评估师根据专业知识和经验对评估对象发表的价值咨询意见，不应当被认为是对评估对象可实现价格的保证。

4. 根据国家有关规定，本评估报告有效期为1年，即有效期从资产评估基准日2009年3月31日至2010年3月30日止。本评估报告应当在载明的有效期内使用。

5. 本评估结论仅供委托方为本次评估目的使用和送交资产评估主管机关审查使用。本评估报告书的使用权归委托方所有，但除法律、法规规定以及相关当事方另有约定外，未征得本公司同意，评估报告的内容不得被摘抄、引用或披露于公开媒体。

十四、评估报告日

本报告提出日期为2009年5月18日。

评估机构法定代表人（签字）：
资产评估专业人员（签章）：
资产评估专业人员（签章）：
AB资产评估有限公司（公章）
2009年5月18日

×××公司企业价值评估报告书附件

1. ×××公司股东会决议复印件；
2. DE公司董事会决议复印件；
3. ×××公司前3年会计报表复印件；
4. ×××公司评估基准日专项审计报告复印件；
5. DE公司和×××公司营业执照复印件；
6. 房地产权证复印件；
7. 委托方和被评估单位承诺函；
8. 资产评估专业人员和评估机构承诺函；
9. AB资产评估有限公司资产评估资格证书及营业执照复印件；
10. 评估人员资格证书复印件；
11. 资产评估业务约定书复印件；

12. 其他文件资料。

课堂讨论
你认为编制好一份资产评估报告需要具备哪些基本前提？

第三节 资产评估报告的使用

资产评估报告由评估机构出具后，资产评估的委托方、资产评估管理者和其他有关部门对资产评估报告及有关资料要根据需要进行使用。

一、委托方对资产评估报告的使用

在市场经济条件下，资产评估的委托方可以是企业、个人，也可以是政府部门（如税务部门），也可以是法院（司法诉讼）等。委托方通常是资产评估报告的主要使用者。委托方依据评估报告所揭示的评估目的和评估结论，一般可以有以下几种具体的使用：

（一）作为资产的作价基础

根据资产评估的目的，资产评估委托人可将资产评估报告作为如下几种情况的资产作价基础：企业整体或者部分改建为有限责任公司或股份有限公司，以非货币资产对外投资，企业合并、分立、清算，除上市公司以外的原股东股权比例变动，除上市公司以外的整体或部分产权（股权）转让，资产转让、置换、拍卖，整体资产或者部分资产租赁给非国有单位，确定涉讼资产价值，国有资产占有单位收购非国有资产，国有资产占有单位与非国有资产单位置换资产，国有资产占有单位接受非国有资产单位以实物资产偿还债务，法律、行政法规规定的其他需要进行评估的事项。

（二）作为企业进行会计记录或账项调整的依据

委托方在根据资产评估报告所揭示的资产评估目的使用资产评估报告及有关资料的同时，还可依据有关规定，根据资产评估报告及有关资料中揭示评估价值进行会计记录或调整有关财务账项。

（三）作为履行评估协议和支付评估费用的主要依据

当委托方收到评估机构的正式评估报告及有关资料后，在没有异议的情况下，应根据委托评估协议约定，履行支付评估费用的承诺及其他有关承诺。

此外，资产评估报告及有关资料也是有关当事人因资产评估纠纷向纠纷调处机构申请调处的申诉材料之一。

资产评估报告

当然，委托方在使用资产评估报告及有关资料时应注意以下几个方面：

1. 只能按资产评估报告所揭示的评估目的使用报告，一份评估报告只允许按一个用途使用。
2. 只能在资产评估报告的有效期内使用报告，超过评估报告有效期的，原评估结果无效。
3. 涉及国有资产产权变动的资产评估报告及有关资料，必须符合国有资产管理的相关程序要求后（目前主要是评估报告须经国有资产监管机构的核准或备案）方可使用。
4. 作为企业会计记录和调整企业账项使用的资产评估报告及有关资料，必须根据国家有关法规规定执行。

二、资产评估管理机构对资产评估报告的使用

资产评估管理机构主要指对资产评估实行行业行政管理的政府主管机关和对资产评估实行行业自律管理的行业协会。对资产评估报告书的使用是资产评估管理机构实现对评估机构的行政管理和行业自律管理的重要过程和手段。这具体表现为以下几个方面：一是资产评估管理机构可以通过使用资产评估报告，大体了解评估机构从事评估工作的业务能力和组织管理水平；二是资产评估管理机构通过对资产评估报告进行检查和审核，能够对评估机构的评估结果质量的好坏做出客观的评价，从而能够有效地实现对评估机构和人员的管理；三是资产评估报告可以作为研究、分析、完善和改进资产评估行业管理和自律管理的资料。

三、其他政府有关部门对资产评估报告的使用

除了委托方、资产评估管理机构外，政府有关管理部门也需要使用资产评估报告，这主要包括国有资产监管机构、证券监督管理部门、保险监督管理部门、工商行政管理部门、税务机关、金融机构和法院等有关部门。

根据现行国有资产管理的规定，涉及国有资产产权变动的资产评估报告及有关资料必须经国有资产监管机构核准或备案方可使用。因此，国有资产监管机构通过对资产评估报告及其相关资料的审核，作为对评估结果核准（备案）或不予核准（备案）依据。另外，国有资产监管机构通过对资产评估报告的使用，能够为国有资产管理提供重要的数据资料，从而进一步加强对国有资产的管理。

证券监督管理部门对资产评估报告的使用主要表现在对申请上市的公司有关申报材料招股说明书的审核，对上市公司的股东配售发行股票时申报材料配股说明书的审核，以及涉及上市公司重大重组行为时对评估定价的审核。根据有关规定公开发行股票公司的信息披露要列示资产评估的情况。另外，证券监督管理部门还可运用资产评估报告和有关资料加强对取得证券业务评估资格的评估机构及有关人员的业务管理。

工商行政管理部门对资产评估报告的使用主要表现在发生公司设立、公司重组、增资扩股等经济行为时，对资产定价依法进行审核。

保险监督管理部门、税务、金融等政府有关部门也都能通过对资产评估报告的使用来达到其管理职能的目的。

第四节 资产评估报告的法律效力与责任

一、资产评估报告的法律效力

资产评估的法律效力主要是指资产评估相关法律生效的范围和法律上的约束力。我国目前已经初步形成以全国人民代表大会常务委员会审议通过的《中华人民共和国资产评估法》、国务院颁布的《国有资产评估管理办法》、国有资产监督管理委员会公布实施的《企业国有资产评估管理暂行办法》、财政部公布实施的《资产评估机构审批和监督管理办法》、中国资产评估协会发布的资产评估准则,以及以司法机关和其他政府部门颁布的相关法律、司法解释和规章制度为补充的资产评估法律体系。

(一)评估报告的使用范围

1. 报告专为委托方所使用,为报告所列的目的而服务,以及按照规定报送有关管理部门审查。
2. 未征得评估机构明确同意的其他任何用途或掌握报告的任何其他人,评估机构不承认或承担责任。
3. 评估报告的使用归委托方所有,未经委托方的许可,评估结果不得随意向他人公开或提供报告。
4. 评估报告书及其相关材料反映评估机构职业水平与职业技能,委托方及获得、使用、审核报告的相关单位未经评估机构同意,不得随意向他人提供或公开。
5. 资产评估报告含有的若干附件、评估明细表及评估机构提供的专供政府或行业管理部门审核的其他证实材料,与资产评估报告具有同等的法律效力和同等的约束力。

(二)报告中有关评估对象法律权属说明的效力

根据《注册资产评估师关注评估对象法律权属指导意见》的规定,一是委托方和相关当事方应对所提供评估对象法律权属资料的合法性、真实性和完整性承担责任;二是注册资产评估师执行资产评估业务的目的是对评估对象价值进行估算并发表专业意见,对评估对象法律权属确认或发表意见超出注册资产评估师的执业范围;三是评估报告不对评估对象的法律权属提供任何保证。

(三)评估报告的有效期

1. 评估报告的有效期按现行规定为一年,例如评估基准日为 2007 年 10 月 31 日,有效期则为 2007 年 10 月 31 日至 2008 年 10 月 30 日。

2. 超过评估报告有效期不得使用该评估报告。

(四) 评估报告的解释权

评估报告意思表达解释权为出具报告的评估机构,除国家法律、法规有明确的特殊规定外,其他任何单位或部门均无解释权。

二、我国资产评估法律责任分析

资产评估的法律责任,是指资产评估机构和资产评估师违反法律、法规、规章而依法应当承担的法律后果。资产评估过程中涉及的法律责任主要有以下三个方面,即行政责任、民事责任及刑事责任。

(一) 民事责任

民事责任是指由于违反民事法律,违约、侵权或者由于民法规定所承担的一种法律责任。其基本原则包括平等原则、自愿原则、公平原则和诚实信用原则。

民事责任包括对客户的责任和对第三人的民事赔偿责任。资产评估机构和资产评估专业人员对委托人应负担的民事责任主要有合同责任与侵权责任两种。合同责任是指资产评估机构和资产评估专业人员未依一般公认评估准则执行评估任务、未依约定日期提出签证报告或违反委托人应尽保密等责任的情形而违反合同约定的,需要对委托人造成的损害负赔偿之责。《中华人民共和国合同法》第一百零七条规定,当事人一方不履行合同义务或者履行合同义务不符合约定的,应当承担继续履行、采取补救措施或者赔偿损失等违约责任。新《中华人民共和国合同法》确立了违约责任的严格责任原则。侵权责任对资产评估机构和资产评估专业人员而言,侵权行为是指资产评估机构和资产评估专业人员可能因普通过失、重大过失、欺诈等不当行为而侵犯委托人的权益。

(二) 行政责任和刑事责任

行政责任是指违反国家行政法律法规而应承担的法律责任。行政责任是资产评估机构和资产评估专业人员主要承担的法律责任形式。行政责任主要侧重于惩罚功能和预防功能的综合。刑事责任是指行为人因其犯罪行为所必须承受的,由司法机关代表国家所确定的否定性法律后果。刑事责任是法律责任最严重的形式。

《中华人民共和国资产评估法》《国有资产评估管理办法》以及《企业国有资产评估管理暂行办法》都有对法律责任的规定,下面主要介绍《中华人民共和国资产评估法》的法律责任。《中华人民共和国资产评估法》第四十四条至五十四条规定:

1. 评估专业人员违反本法规定,私自接受委托从事业务、收取费用的;同时在两个以上评估机构从事业务的;采用欺骗、利诱、胁迫,或者贬损、诋毁其他评估专业人员等不正当手段招揽业务的;允许他人以本人名义从事业务,或者冒用他人名义从事业务的;签署本人未承办业务的评估报告或者有重大遗漏的评估报告的;索要、收受或者变相索要、收受合同约定以外的酬金、财物,或者谋取其他不正当利益等情形的,由有关评估行政管理部门予以警告,可以责令停止从业 6 个月以上 1 年以下;有违法所得的,没收违法所得；情节严重的，责令停止从业1年以上5年以下；构成犯罪的，依法追究刑事责任。

（2）评估专业人员违反本法规定，签署虚假评估报告的，由有关评估行政管理部门责令停止从业2年以上5年以下；有违法所得的，没收违法所得；情节严重的，责令停止从业5年以上10年以下；构成犯罪的，依法追究刑事责任，终身不得从事评估业务。

（3）违反本法规定，未经工商登记以评估机构名义从事评估业务的，由工商行政管理部门责令停止违法活动；有违法所得的，没收违法所得，并处违法所得1倍以上5倍以下罚款。

（4）评估机构违反本法规定，利用开展业务之便，牟取不正当利益的；允许其他机构以本机构名义开展业务，或者冒用其他机构名义开展业务的；以恶性压价、支付回扣、虚假宣传，或者贬损、诋毁其他评估机构等不正当手段招揽业务的；受理与自身有利害关系的业务的；分别接受利益冲突双方的委托，对同一评估对象进行评估的；出具有重大遗漏的评估报告的；未按本法规定的期限保存评估档案的；聘用或者指定不符合本法规定的人员从事评估业务的；对本机构的评估专业人员疏于管理，造成不良后果等情形的，由有关评估行政管理部门予以警告，可以责令停业1个月以上6个月以下；有违法所得的，没收违法所得，并处违法所得1倍以上5倍以下罚款；情节严重的，由工商行政管理部门吊销营业执照；构成犯罪的，依法追究刑事责任。

（5）评估机构未按《中华人民共和国资产评估法》规定备案或者不符合《中华人民共和国资产评估法》第十五条规定的条件的，由有关评估行政管理部门责令改正；拒不改正的，责令停业，可以并处1万元以上5万元以下罚款。

（6）评估机构违反本法规定，出具虚假评估报告的，由有关评估行政管理部门责令停业6个月以上1年以下；有违法所得的，没收违法所得，并处违法所得1倍以上5倍以下罚款；情节严重的，由工商行政管理部门吊销营业执照；构成犯罪的，依法追究刑事责任。

（7）评估机构、评估专业人员在一年内累计三次因违反本法规定受到责令停业、责令停止从业以外处罚的，有关评估行政管理部门可以责令其停业或者停止从业1年以上5年以下。

（8）评估专业人员违反本法规定，给委托人或者其他相关当事人造成损失的，由其所在的评估机构依法承担赔偿责任。评估机构履行赔偿责任后，可以向有故意或者重大过失行为的评估专业人员追偿。

（9）违反本法规定，应当委托评估机构进行法定评估而未委托的，由有关部门责令改正；拒不改正的，处10万元以上50万元以下罚款；情节严重的，对直接负责的主管人员和其他直接责任人员依法给予处分；造成损失的，依法承担赔偿责任；构成犯罪的，依法追究刑事责任。

（10）违反本法规定，委托人在法定评估中未依法选择评估机构的；索要、收受或者变相索要、收受回扣的；串通、唆使评估机构或者评估师出具虚假评估报告的；不如实向评估机构提供权属证明、财务会计信息和其他资料的；未按照法律规定和评估报告载明的使用范围使用评估报告等情形的，由有关评估行政管理部门会同有关部门责令改正；拒不改正的，处10万元以上50万元以下罚款；有违法所得的，没收违法所得；情节严重的，对直接负责的主管人员和其他直接责任人员依法给予处分;造成损失的,依法承担赔偿责任;构成犯罪的,依法追究刑事责任。其他情形下,委托人违反本法规定,给他人造成损失的,依法承担赔偿责任。

(11) 评估行业协会违反本法规定的,由有关评估行政管理部门给予警告,责令改正;拒不改正的,可以通报登记管理机关,由其依法给予处罚。

(12) 有关行政管理部门、评估行业协会工作人员违反本法规定,滥用职权、玩忽职守或者徇私舞弊的,依法给予处分;构成犯罪的,依法追究刑事责任。

关键概念

资产评估报告　　资产评估报告的基本要素　　资产评估的法律责任

思考题

1. 资产评估报告有哪些类型?
2. 资产评估报告的基本内容是什么?
3. 委托方如何使用资产评估报告?
4. 资产评估报告的法律责任包括哪些?
5. 请结合具体的评估案例编制一份完整的资产评估报告。

第十一章
资产评估程序

【案例导入】

人大常委委员对规范资产评估程序的建议①

何晔晖委员说,草案对于资产评估程序的规定不明确。委托人应该出具什么样的法律手续,被委托人要依照什么程序进行评估,在审查过程中应该有哪些法律意义上的程序要求等等,对这些问题规定的条款不多,不够清楚。

李连宁委员认为,资产评估法草案在评估师、评估机构、自律组织、行业监管方面都规定得比较明确。但是最大的一块缺失是对资产评估程序的规范。从目前实际情况来看,草案规范了主体、规范了机构,如果不对程序做出更加明确的规范,对资产评估的结果要打很大的问号。程序公正才能保证实体公正,程序公平才能实现利益公平。所以,在草案现有的基础上要对资产评估的程序进行充实。

李连宁委员说:"评估程序涉及以下几个方面:一是哪些人是合格的资产评估委托人应该有明确的规范,比如这个财产是我的,别人拿去评估了肯定是不对的,这样就等于侵犯了我的财产权利。草案对委托人没有任何规范,只规定委托人可以是自然人、法人或者其他组织,这就会有评估风险,建议对委托人的合格问题有明确规定。二是如果对资产评估有异议,草案的规定是要求资产评估机构解释,但对解释服不服是另一回事。委托的结果显失公平怎么办?没有发现违法行为,没有串通、收受贿赂等行为,但结果与价值相去甚远。对此,要有一些补救性的程序。在民法通则中,如果交易意思表达是自愿的,但是显失公平,是可以改变的。因此,如果对评估结果有异议,仅请求评估机构进行解释,对于当事人的权利保障是不合适的。建议建立对整个资产评估程序的基本规范。"

---

① 资料来源:法制网 http://www.legaldaily.com.cn/bm/content/2012-04/11/content_3487365.htm。

第十一章

资产评估程序

第一节 资产评估程序概述

一、资产评估程序的定义

资料链接

评估程序是资产评估师执行评估业务所履行的系统性工作步骤，是评估业务从开始到结束需要经历的各个环节。我们通常把评估程序划分为若干个大的步骤，每个大的步骤中又可分为若干小的工作环节。不同的资产评估业务中，大的步骤一般不会增减，各步骤中小的环节可以有所调整。

至于评估程序应当从何时开始，有不同的观点。虽然从法律上说，只有签订业务约定书后才能算作资产评估业务的正式开始，但对于评估师来说，签订评估业务约定书之前已经需要做许多工作，例如，与委托方进行初步沟通，对评估业务各相关事项进行初步明确，等等。这些工作里面已经有一些实质性业务内容，而且这些内容对业务的开展有较大影响。因此，从评估业务管理角度来看，评估程序应当从评估师接触委托方开始。

对于评估程序何时结束的认定也有不同的观点。有的观点认为评估程序至提出报告时结束。也有的观点认为评估程序应当包括出具评估报告后的工作底稿整理归档工作。上述不同观点没有实质性冲突。把工作底稿归档工作纳入评估程序，可以方便日后监管，赋予评估程序更多的证据建设功能。政府部门与行业协会出于监管需要可能偏向于持有这种观点。对于评估行业发展较不成熟，业内人士法律意识不强或行业法律环境较差的国家或地区，为防止责任归属不清或达到保护评估师的目的，可能也适宜采用这种做法。

在我国，根据财政部发布的《资产评估准则——基本准则》，正常评估程序分为八个步骤，即，明确评估业务基本事项，签订业务约定书，编制评估计划，现场调查，搜集评估资料，评定估算，编制和提交评估报告，以及工作底稿归档。从这份准则中可以看出，我国的资产评估准则中评估程序的涵盖范围比较广泛。这种做法体现了我国资产评估准则明确执业责任、维护社会公共利益和资产评估各方当事人合法权益的制定目的，也适合我国资产评估行业的发展状况和行业所处的执业环境。

资料来源：《中国资产评估》2005年第9期 作者：陈明海

根据《资产评估执业准则——资产评估程序》（2017）规定资产评估程序是指执行资产评估业务所履行的系统性工作步骤。在我国资产评估实务界从不同的角度对资产评估程序的理解有所不同，通常有狭义和广义之分。狭义的资产评估程序开始于资产评估机构和人员接受委托，终止于向委托人或相关当事人提交资产评估报告书。广义的资产评估程序开始于承接资产评估业务前的明确资产评估基本事项环节，终止于资产评估报告书提交后的资产评估文件归档管理。

根据我国《资产评估执业准则——资产评估程序》第二章基本遵循第五条之规定，资产评估基本程序包括：

（1）明确业务基本事项；
（2）订立业务委托合同；
（3）编制资产评估计划；
（4）进行评估现场调查；
（5）搜集整理评估资料；
（6）评定估算形成结论；
（7）编制出具评估报告；
（8）整理归集评估档案。

资产评估机构及其资产评估专业人员应当根据资产评估业务的具体情况以及重要性原则确定所履行各基本程序的繁简程度，但不得随意减少资产评估程序。执行资产评估业务，因法律法规规定、客观条件限制，无法或者不能完全履行资产评估基本程序，经采取措施弥补程序缺失，且未对评估结论产生重大影响时，资产评估机构及其资产评估专业人员可以继续开展业务，对评估结论产生重大影响的，不得出具资产评估报告。资产评估专业人员应当记录评估程序履行情况，形成工作底稿。

二、资产评估程序的重要性

长期以来，由于资产评估发展的特殊性，我国资产评估界对资产评估程序没有引起足够的重视，往往将《国有资产评估管理办法》中所确定的申请立项、资产清查、评定估算和验证确认等国有资产评估管理程序作为资产评估程序，没有反映资产评估程序的本质属性。2017年出台的《资产评估执业准则——资产评估程序》则进一步明确了资产评估必须履行的基本程序。

履行资产评估程序的重要性体现在：

（一）资产评估程序是规范资产评估行为、提高资产评估业务质量和资产评估服务公信力的重要保证

资产评估机构和人员接受委托，不论执行何种资产类型、何种评估目的的资产评估业务，都应当履行适当的资产评估程序，按照工作步骤有计划地进行评估工作。从而有利于规范资产评估机构和人员的职业活动，避免可能出现的程序性疏漏，保证资产评估业务的质量。

（二）资产评估程序是相关当事方评价资产评估服务的重要依据

资产评估服务会引起各方相关当事人的关注，包括委托方、资产占有方、评估报告使用方、相关利益当事方、司法部门、证券监督及其他行政监督部门、资产评估行业主管协

会以及社会公众、新闻媒体等。是否切实履行资产评估程序为上述当事各方提供了评价资产评估服务的依据。

（三）资产评估程序是资产评估机构和人员防范执业风险、保护自身合法权益、合理抗辩的重要手段之一

在资产评估实践中，资产评估机构和人员与其他各方当事人之间就资产评估服务而引发的纠纷和法律诉讼越来越多。资产评估机构和人员在履行必要的资产评估程序方面是否存在疏漏，成为司法部门追究资产评估机构和人员责任的重要方面。因此，资产评估机构和人员和人员应切实履行资产评估程序，以防范风险。

第二节 资产评估的程序

一、明确资产评估业务基本事项

明确资产评估业务基本事项是资产评估程序的第一个基本环节，包括在签订资产评估业务委托书之前的一系列基础性工作，对资产评估项目风险评价、承接与否以及资产评估项目的实施有意义。具体如下：

（一）委托人、产权持有人和委托人以外的其他资产评估报告使用人；

资产评估机构和人员应了解委托人、产权持有人等相关当事方的基本资料和状况，了解委托人与其他相关当事方之间的关系，这有助于对评估目的和相关经济行为的理解以及防范恶意委托等。

（二）评估目的

应尽可能细化资产评估目的，说明资产评估业务的具体目的和用途，避免笼统简单罗列评估目的。

（三）评估对象和评估范围

资产评估机构和人员应当了解评估对象及其权益的基本情况，包括法律、经济和物理状况，如资产类型、规格型号、结构、数量、购置年代、工艺流程、地理位置、使用状况、企业名称、住所、注册资本、所属行业、在行业中地位和影响、经营范围、财务和生产经营状况等。此外，还需特别了解有关评估对象权利受限状况。

（四）价值类型

资产评估机构和人员应在明确资产评估目的基础上，恰当确定价值类型，并确定所选择的价值类型是否适用于资产评估目的，并与委托方进行充分沟通，避免误导、歧义。

（五）评估基准日

资产评估机构和人员应明确资产评估基准日，并确信资产评估基准日有利于资产评估结论，能有效地服务于资产评估目的，减少和避免不必要的资产评估基准日期后事项。

（六）资产评估报告适用范围

主要目的是防止资产评估报告的不当使用。

（七）评估服务费及支付方式

（八）委托人、其他相关当事人与资产评估机构及其资产评估专业人员工作配合和协助等需要明确的重要事项。

受理资产评估业务应当满足专业能力、独立性和风险控制要求。因此，资产评估机构应当对专业能力、独立性和业务风险进行综合分析和评价，由此决定是否受理。

二、订立业务委托合同

根据《资产评估执业准则——资产评估委托合同》（2017）规定，资产评估委托合同是资产评估机构与委托人订立的，明确资产评估业务基本事项，约定资产评估机构和委托人权利、义务、违约责任和争议解决等内容的书面合同。

资产评估机构受理资产评估业务应当要求委托人依法订立资产评估委托合同。资产评估委托合同应当由资产评估机构的法定代表人（或者执行合伙事务合伙人）签字并加盖资产评估机构印章。

资产评估机构及其资产评估专业人员应当关注未及时订立资产评估委托合同开展资产评估业务可能产生的风险。如果因委托人等原因导致无法及时订立资产评估委托合同，资产评估机构及其资产评估专业人员应当采取措施保护自身的合法权益。

资产评估委托合同的基本内容包括：

(1) 资产评估机构和委托人的名称、住所、联系人及联系方式；
(2) 评估目的；
(3) 评估对象和评估范围；
(4) 评估基准日；
(5) 评估报告使用范围；
(6) 评估报告提交期限和方式；
(7) 评估服务费总额或者支付标准、支付时间及支付方式；
(8) 资产评估机构和委托人的其他权利和义务；

(9) 违约责任和争议解决；
(10) 合同当事人签字或者盖章的时间；
(11) 合同当事人签字或盖章的地点。

订立资产评估委托合同时未明确的内容，资产评估委托合同当事人可以采取订立补充合同或者法律允许的其他形式做出后续约定。

三、编制资产评估计划

资产评估人员应当根据资产评估业务具体情况编制资产评估计划，并合理确定资产评估计划的繁简程度。资产评估计划包括资产评估业务实施的主要过程及时间进度、人员安排等。

四、进行评估现场调查

执行资产评估业务，应当对评估对象进行现场调查，获取评估业务需要的资料，了解评估对象的现状，关注评估对象的法律权属。现场调查手段通常包括询问、访谈、核对、监盘、勘查等。资产评估专业人员可以根据重要性原则采用逐项或者抽样的方式进行现场调查。

五、搜集整理评估资料

资产评估专业人员应当根据资产评估业务具体情况搜集资产评估业务需要的资料。包括：委托人或者其他相关当事人提供的涉及评估对象和评估范围等资料；从政府部门、各类专业机构以及市场等渠道获取的其他资料。

资产评估专业人员应当要求委托人或者其他相关当事人提供涉及评估对象和评估范围的必要资料，并要求对其提供的资产评估明细表及其他重要资料进行签字、盖章或其他法律允许的形式进行确认。

资产评估专业人员应当依法对资产评估活动中使用的资料进行核查验证。核查验证的方式包括观察、询问、书面审查、实地调查、查询、函证、复核等。超出资产评估专业人员专业能力范畴的核查验证事项，资产评估专业人员应当委托或者要求委托人委托其他专业机构出具意见。因法律法规规定、客观条件限制无法实施核查验证的事项，资产评估专业人员应当在工作底稿予以说明，分析其对评估结论的影响程度，并在资产评估报告中予以披露。如果上述事项对评估结论产生重大影响，资产评估机构不得出具资产评估报告。

资料搜集整理工作是资产评估业务质量的重要保障，也是评定估算的基础。

六、评定估算形成结论

资产评估专业人员应当根据资产评估业务具体情况对搜集的评估资料进行分析、归纳和整理，形成评定估算和编制资产评估报告的依据。

资产评估专业人员应当根据评估目的、评估对象、价值类型、资料搜集等情况，分析市场法、收益法和成本法三种资产评估基本方法的适用性，选择评估方法。

资产评估专业人员应当根据所采用的评估方法，选取相应的公式和参数进行分析、计算和判断，形成测算结果，并对测算结果进行综合分析，形成评估结论。对同一评估对象采用多种评估方法时，应当对采用各种方法评估形成的测算结果进行分析比较，确定评估结论。

七、编制出具评估报告

资产评估专业人员应当在评定、估算形成评估结论后，编制初步资产评估报告。资产评估机构按照法律、行政法规、资产评估准则和资产评估机构内部质量控制制度，对初步资产评估报告进行内部审核。

资产评估机构出具资产评估报告前，在不影响对评估结论进行独立判断的前提下，可以与委托人或者委托人同意的其他相关当事人就资产评估报告有关内容进行沟通。

资产评估机构及其资产评估专业人员完成上述资产评估程序后，由资产评估机构出具并提交资产评估报告。

八、整理归集评估档案

资产评估机构对工作底稿、资产评估报告及其他行相关资料进行整理，形成资料评估档案。

关键概念

资产评估程序

思考题

1. 什么是资产评估程序？
2. 资产评估程序的重要性体现在什么地方？
3. 资产评估程序的内容是什么？

第十二章
资产评估准则

【案例导入】

20世纪80年代初，美国奉行自由经济政策，金融行业放松严格的行业管制措施，大量的联邦特许存款、贷款银行迅速转向提供私人或商业贷款业务，然而，当时评估行业尚未形成统一的准则体系，导致大批金融机构在放贷之前未对抵押资产进行合理评估，或者是由非专业人士提供评估服务。不当的资产评估导致金融机构过高估计抵押不动产的价值，最终造成金融机构呆坏账大幅度增加，大批金融机构倒闭。由此，加强对评估行业领域统一管理的呼声在美国日益高涨。1986年，美国八个评估专业协会和加拿大评估协会联合制定《专业评估执业统一准则》。[①]

案例说明，加强对评估行业人员的资格和评估行为的管理，建立健全资产评估执业规范，很有必要。

第一节 资产评估准则概述

一、资产评估准则的定义及其功用

准则就字义而言，"准"有标准、依据等含义，"则"有规则、规程等含义。准则即标准、依据和规范之意。

资产评估准则就是评估人员进行资产评估所要遵守的行为标准和依据，是对资产评估行为过程的约束与规范。因此，资产评估准则反映了对资产评估一般规律的社会认知，是基于社会公信力标准所一致认同的专业准绳，是评估师与评估报告使用者及相关各方进行

---

① 引自周友梅、胡晓明著：《资产评估学原理》，中国财政经济出版社2010年版，第210页。

价值对话的专业逻辑,是社会公众理解与判断评估服务的依据,是评估师寻求专业、客观、公正的法律保障①。

从资产评估准则的定义可以看出其具有以下几方面的功用:

1. 资产评估准则是规范评估行为,获取资产评估社会公信力的法律规范。评估师的业务素质、业务能力、工作操守及执业态度存在较大差异,资产评估准则是规范评估师资产评估行为的法律准绳。资产评估准则明确评估师在评估工作中应该做什么,不应该做什么,该如何做,并规定要客观公正,不能弄虚作假,从而成为资产评估行为及评估报告获得社会公信力的法律规范。

2. 资产评估准则是资产评估报告使用者和社会公众阅读和理解评估报告的指南。资产评估是评估师按照资产评估准则规定的程序,根据资产评估目的,确定适当的价值类型,选择适当评估方法,遵循资产评估原则,进行估算并提出专业性的评估意见。面对专业性极强的资产评估过程及评估意见,资产评估报告的使用者及其他社会公众可以依靠资产评估准则及指南阅读评估报告,对资产评估过程提出质疑,正确理解评估报告结果。

3. 资产评估准则是资产评估师寻求专业客观公正,维护自身合法权益的法律保障。资产评估准则明确规范评估师的工作范围和规则,明确了评估师、委托方及相关当事人的责任。资产评估师只要按照资产评估准则的要求开展评估工作,其评估过程与评估结果就具有相对的客观公正性。当资产评估报告的使用者对评估报告或者评估过程有异议,或者对评估师进行投诉或者诉讼,评估师可以依据资产评估准则保护自身权益。

二、我国资产评估准则制定和修订情况

我国资产评估行业始于 20 世纪 80 年代末,从 20 世纪 80 年代末到 2001 年我国资产评估第一具体准则的出现,这一期间资产评估行业主要是通过行业暂行办法和暂行规定来规范。1989 年,国家体改委、国家计委、财政部、国家国有资产管理局共同发布了《关于出售国有小型企业产权的暂行办法》和《关于企业兼并的暂行办法》。1989 年国家国有资产管理局发布了《关于在国有资产产权变化时必须进行资产评估的若干暂行规定》。1991 年国务院以第 91 号令发布了《国有资产评估管理办法》,之后陆续发布《资产评估机构管理暂行办法》和《资产评估收费管理暂行办法》等行业基本管理制度。

2001 年开始,财政部积极推进和加快评估准则的制定工作。2001 年 7 月 23 日,财政部发布我国资产评估第一个具体准则《资产评估准则——无形资产》,中国资产评估协会(以下简称"中评协")同时出版《无形资产评估准则释义》。为规范新兴的珠宝评估行业,于 2002 年中评协陆续制定并发布了《珠宝首饰评估指导意见》和《注册资产评估师关注评估对象法律权属指导意见》。

2004 年财政部和中评协开始进一步强化评估准则制定工作。2004 年 2 月,发布了《资产评估准则——基本准则》和《资产评估职业道德准则——基本准则》,这标志着我国资产评估体系初步形成。两个基本准则的实施对注册资产评估师执业行为和职业道德行为的规范、对注册资产评估师职业道德素质的提高,以及对执业质量、执业责任、社会公

---

① 郭化林著:《中国资产评估准则——阐释与应用》,立信会计出版社 2009 年版,第 1 页。

第十二章 资产评估准则

共利益和资产评估当事人合法权益的维护产生了积极影响。2004 年 12 月中评协发布的《企业价值评估指导意见（试行）》明确了企业价值评估所指的对象，引入了国际上企业价值评估的概念与方法，使得我国企业价值评估与国际接轨。2005 年 3 月中评协发布了《金融不良资产评估指导意见》，引入以处置金融不良资产为目的的价值评估，首次提出评估结论可以区间值表达。

2007 年 11 月财政部发布《资产评估准则——评估报告》《资产评估准则——评估程序》《资产评估准则——业务约定书》《资产评估准则——工作底稿》《资产评估准则——机器设备》《资产评估准则——不动产》《资产评估价值类型指导意见》以及《以财务报告为目的的评估指南（试行）》等 8 项准则。

至 2010 年，我国已经建立包括 2 项基本准则、8 项具体准则、2 项资产评估指南和 6 项资产评估指导意见在内的评估准则，基本构建成我国资产评估准则体系。

2010 年，中评协相继发布了《评估机构业务质量控制指南》《著作权资产评估指导意见》《金融企业国有资产评估报告指南》，同时进一步修订了 5 项准则，并发布 2 项新准则。具体包括：将《企业价值评估指导意见（试行）》修订为《资产评估准则——企业价值》，修订了《资产评估准则——评估报告》《资产评估准则——业务约定书》《企业国有资产评估报告指南》和《金融企业国有资产评估报告指南》；新制定了《商标资产评估指导意见》和《实物期权评估指导意见（试行）》。

2017 年为落实《中华人民共和国资产评估法》，全面修订和完善资产评估准则体系。《中华人民共和国资产评估法》于 2016 年颁布，为保障资产评估准则与资产评估法等法律法规紧密衔接，强化资产评估行政管理的专业依据，促进资产评估行业规范发展，全面修订资产评估准则。2017 年 8 月财政部和中评协共修订和颁布 1 项基本准则、1 项职业道德准则和 25 项执业准则，执业准则包括具体准则、评估指南、指导意见等。财政部负责基本准则的制定工作，中评协负责执业准则和职业道德准则的制定工作。修订后的资产评估准则体系具体包括：《资产评估基本准则》《资产评估职业道德准则》《资产评估执业准则——资产评估程序》《资产评估执业准则——资产评估报告》《资产评估执业准则——资产评估委托合同》《资产评估执业准则——资产评估档案》《资产评估执业准则——利用专家工作及相关报告》《资产评估执业准则——企业价值》《资产评估执业准则——无形资产》《资产评估执业准则——不动产》《资产评估执业准则——机器设备》《资产评估执业准则——珠宝首饰》《资产评估执业准则——森林资源资产》《企业国有资产评估报告指南》《金融企业国有资产评估报告指南》《知识产权资产评估指南》《资产评估机构业务质量控制指南》《文化企业无形资产评估指导意见》《资产评估价值类型指导意见》《资产评估对象法律权属指导意见》《专利资产评估指导意见》《著作权资产评估指导意见》《商标资产评估指导意见》《金融不良资产评估指导意见》《投资性房地产评估指导意见》《实物期权评估指导意见》等。

> **课堂讨论**
>
> 制度与准则两种规范形式存在什么差别？你觉得我国资产评估行为规范采用准则形式的理由有哪些？资产评估准则有什么作用？

三、我国资产评估准则体系与组织机构

(一) 我国资产评估准则体系

目前,我国 27 项资产评估准则包括了 1 项基本准则、1 项职业道德准则和 25 项执业准则(含具体准则、评估指南和指导意见)。表 12-1 勾画了我国资产评估准则框架体系。

表 12-1　中国资产评估准则框架体系

中国资产评估准则体系										
资产评估基本准则										资产评估职业道德基本准则
资产评估具体准则										职业道德具体准则
程序性准则					实体性准则					
资产评估程序	资产评估报告	资产评估委托合同	资产评估档案	利用专家工作及相关报告	……	企业价值	机器设备	不动产	无形资产	珠宝首饰	森林资源资产	……	……
资产评估指南										
企业国有资产评估报告指南	金融企业国有资产评估报告指南	知识产权资产评估指南	以财务报告为目的的评估指南	资产评估机构业务质量控制指南	……					
资产评估指导意见										
文化企业无形资产评估	资产评估价值类型	资产评估对象法律权属	专利权资产评估	著作权资产评估	商标资产评估	金融不良资产评估	投资性房地产评估	实物期权评估	……	

说明:
基本准则:评估师执行各种资产类型、各种评估目的评估业务的基本规范;
具体准则:包括体现过程控制的程序性准则和体现定价标准的实体性准则;
评估指南:对特定评估目的的评估业务及评估业务中某些重要事项的规范;
指导意见:对评估业务中的某些具体问题的指导性文件。

中国资产评估准则体系包括职业道德准则和业务准则两个部分。

职业道德准则分为基本准则和具体准则两个层次。

业务准则分为基本准则、具体准则、评估指南、指导意见四个层次。

基本准则是评估师执行各种资产类型、各种评估目的的评估业务的基本规范。

具体准则包括规范评估业务流程的程序性准则和规范各种资产类型评估业务的实体性准则。

评估指南是对特定评估目的和评估业务中某些重要事项的规范。

指导意见是针对评估业务中的某些具体问题的指导性文件。

准则体系设计：四个层次从内涵看，依次递进，结构严谨，不同层次，不同目的。基本准则具有统驭性，其他准则各有其规范范围。准则层次的设计既满足了不同类型评估规范的需要，又能体现出不同发展阶段评估业务的要求；既规范评估师行为，又对委托方和监管部门产生积极影响；既突出对评估师职业道德规范，又对评估师权益进行合理保护。从外延看，准则体系具有开放灵活的特点，为评估实践中新的评估领域的规范留有空间。随着中国评估理论和实践的发展，可以将最新的研究成果、实践经验纳入到准则体系中来。

准则发布方式：基本准则由财政部以规范性文件形式发布，基本准则中授权中国资产评估协会制定其他评估准则项目。这样的制度安排是要由政府发布基本准则，体现政府从公共管理角度对评估执业的要求，通过政府的要求实现评估准则保护社会公共利益的宗旨。其他准则项目由行业协会发布，一方面传达政府意志，另一方面又体现专业特点。

课堂讨论

你认为应该怎样设计科学合理的资产评估准则体系？试对我国资产评估准则体系进行评价。

（二）我国资产评估准则的组织机构

我国资产评估准则的组织机构有资产评估准则委员会、资产评估准则技术委员会和资产评估准则咨询委员会。

资产评估准则委员会成立于 2007 年 11 月 26 日，其主要职责是讨论财政部拟发布的资产评估准则，对资产评估准则体系、体例、结构、立项等，对资产评估准则涉及的重大或专业性问题，以及对资产评估准则的具体实施提供咨询意见。

资产评估准则技术委员会成立于 2007 年 11 月 26 日，其主要职责是审议资产评估准则制订计划；审议资产评估准则草稿、拟发稿，提供咨询意见；组织资产评估准则相关专题的研究；推动资产评估准则国际交流；承担财政部资产评估准则委员会办公室相关工作。

资产评估准则咨询委员会成立于 2007 年 11 月 15 日，其主要职责是对资产评估准则制定工作提供咨询意见；参与资产评估准则不同阶段的研究，承担资产评估准则相关专项研究工作等。

四、我国资产评估基本准则简述

(一)《资产评估准则——基本准则》简述

《资产评估准则——基本准则》于 2004 年 2 月初次制定并发布,于 2017 年 8 月进行修订并重新发布。修订后的基本准则包括总则、基本遵循、资产评估程序、资产评估报告、资产评估档案和附则等 6 章共 35 条,分别对注册资产评估师执业过程中的基本要求、评估操作、评估报告要求和评估档案管理做出了规定,并重点规范了以下几个方面。

1. 明确制定基本准则的目的和依据。基本准则明确指出为规范资产评估行为,保证执业质量,明确执业责任,保护资产评估当事人合法权益和公共利益,根据《中华人民共和国资产评估法》《资产评估行业财政监督管理办法》等制定本准则。

2. 对注册资产评估师执业提出基本要求。基本准则要求资产评估机构及其资产评估专业人员开展资产评估业务应当遵守法律、行政法规的规定,坚持独立、客观、公正的原则。应当诚实守信,勤勉尽责,谨慎从业,遵守职业道德规范,自觉维护职业形象,不得从事损害职业形象的活动。应当独立进行分析和估算并形成专业意见,拒绝委托人或者其他相关当事人的干预,不得直接以预先设定的价值作为评估结论。资产评估专业人员应当具备相应的资产评估专业知识和实践经验,能够胜任所执行的资产评估业务,保持和提高专业能力。

3. 对评估操作进行原则性规范。首先,基本准则对评估程序做出了规定。资产评估机构及其资产评估专业人员开展资产评估业务,履行基本程序:明确业务基本事项、订立业务委托合同、编制资产评估计划、进行评估现场调查、搜集整理评估资料、评定估算形成结论、编制出具评估报告、整理归集评估档案。其次,基本准则遵循国际惯例,引进了价值类型的概念。价值类型的意义在于指出了同一资产可能具有不同内涵的价值。注册资产评估师应根据评估目的选择适当价值类型,从而更好地服务于委托方,有利于降低注册资产评估师的执业风险。再次,基本准则对评估方法的运用重点做出了规定。基本准则指出确定资产价值的评估方法包括市场法、收益法和成本法三种基本方法及其衍生方法。资产评估专业人员应当根据评估目的、评估对象、价值类型、资料搜集等情况,分析上述三种基本方法的适用性,依法选择评估方法。

4. 对评估信息披露环节进行规范。基本准则要求注册资产评估师应当在执行必要的评估程序后编制并由所在资产评估机构出具评估报告;规定在评估报告中提供必要的信息和内容,使评估报告使用者能合理理解评估结论等。

(二)《资产评估职业道德准则》简述

2017 年修订后的《资产评估职业道德准则》基本内容包括总则、基本遵循、专业能力、独立性、与委托人和其他相关当事人的关系、与其他资产评估机构及资产评估专业人员的关系和附则等 7 章共 23 条。主要规范以下几个方面:

1. 明确资产评估职业道德准则的目的和依据。指出为规范资产评估机构及其资产评估专业人员职业道德行为,提高职业素质,维护职业形象,根据《资产评估基本准则》

第十二章
资产评估准则

制定本准则。

2. 注册资产评估师的行为标准和要求。规定资产评估机构及其资产评估专业人员应当诚实守信，勤勉尽责，谨慎从业，坚持独立、客观、公正的原则，不得出具或者签署虚假资产评估报告或者有重大遗漏的资产评估报告。资产评估机构及其资产评估专业人员开展资产评估业务，应当遵守法律、行政法规和资产评估准则，履行资产评估委托合同规定的义务。资产评估机构应当对本机构的资产评估专业人员遵守法律、行政法规和资产评估准则的情况进行监督。资产评估机构及其资产评估专业人员应当自觉维护职业形象，不得从事损害职业形象的活动。

3. 专业能力要求。资产评估专业人员应当具备相应的评估专业知识和实践经验，能够胜任所执行的资产评估业务。资产评估专业人员应当完成规定的继续教育，保持和提高专业能力。资产评估机构及其资产评估专业人员应当如实声明其具有的专业能力和执业经验，不得对其专业能力和执业经验进行夸张、虚假和误导性宣传。资产评估机构执行某项特定业务缺乏特定的专业知识和经验时，应当采取弥补措施，包括利用专家工作及相关报告等。

4. 独立性要求。资产评估机构及其资产评估专业人员开展资产评估业务，应当采取恰当措施保持独立性。资产评估机构不得受理与自身有利害关系的资产评估业务。资产评估专业人员与委托人、其他相关当事人和评估对象有利害关系的，应当回避。资产评估机构及其资产评估专业人员开展资产评估业务，应当识别可能影响独立性的情形，合理判断其对独立性的影响。可能影响独立性的情形通常包括资产评估机构及其资产评估专业人员或者其亲属与委托人或者其他相关当事人之间存在经济利益关联、人员关联或者业务关联。

5. 与委托人和其他相关当事人的关系要求。资产评估机构及其资产评估专业人员不得以恶性压价、支付回扣、虚假宣传，或者采用欺骗、利诱、胁迫等不正当手段招揽业务。资产评估专业人员不得私自接受委托从事资产评估业务并收取费用。资产评估机构及其资产评估专业人员不得利用开展业务之便，为自己或者他人谋取不正当利益，不得向委托人或者其他相关当事人索要、收受或者变相索要、收受资产评估委托合同约定以外的酬金、财物等。资产评估机构及其资产评估专业人员执行资产评估业务，应当保持公正的态度，以客观事实为依据，实事求是地进行分析和判断，拒绝委托人或者其他相关当事人的非法干预，不得直接以预先设定的价值作为评估结论。资产评估机构及其资产评估专业人员执行资产评估业务，应当与委托人进行必要的沟通，提醒资产评估报告使用人正确理解评估结论。资产评估机构及其资产评估专业人员应当遵守保密原则，对评估活动中知悉的国家秘密、商业秘密和个人隐私予以保密，不得在保密期限内向委托人以外的第三方提供保密信息，除非得到委托人的同意或者属于法律、行政法规允许的范围。

6. 与其他资产评估机构及资产评估专业人员的关系要求。资产评估机构不得允许其他资产评估机构以本机构名义开展资产评估业务，或者冒用其他资产评估机构名义开展资产评估业务。资产评估专业人员不得签署本人未承办业务的资产评估报告，也不得允许他人以本人名义从事资产评估业务，或者冒用他人名义从事资产评估业务。资产评估机构及其资产评估专业人员在开展资产评估业务过程中，应当与其他资产评估专业人员保持良好的工作关系。资产评估机构及其资产评估专业人员不得贬损或者诋毁其他资产评估机构及资产评估专业人员。

> **课堂讨论**
>
> 请认真思考基本准则和职业道德准则规范的目的，比如为何要求注册资产评估师不得同时在两家或两家以上资产评估机构执业？为何要求注册资产评估师不得以个人名义承揽、接受和开展业务？为何要求注册资产评估师执行执业标准和程序？

第二节 国际评估准则简述

一、国际评估准则委员会

国际评估准则委员会于1981年由英国、美国等20多个国家和地区的代表在澳大利亚的墨尔本发起成立，最初命名为国际资产评估准则委员会（IAVSC），1995年更名为"国际评估准则委员会"。它是在西方国家评估行业迅速发展和评估业区域化、国际化发展的基础上形成的国际性评估专业组织，其成立标志着国际评估业走上国际化协作发展的道路。

国际评估准则委员会成立的宗旨是：在世界各国之间统一评估准则，确定国家或地区性评估准则之间的差异，致力于促进国家或地区规范与《国际评估准则》之间的协调和统一；为公共利益制定并发布用于财务报告的资产评估准则和执行指南，以满足财务报告、国际资本市场和国际经济领域的需要，满足发展中国家和新兴工业化国家的需要，并促使这些准则和指南在世界范围内得到广泛认可和遵守；促使《国际评估准则》在国际会计准则及其他相关报告准则中得到认可，促使其他专业领域理解专业评估和评估师的作用，并指导评估师了解相关专业领域的要求。

国际评估准则委员会的行政总部设在英国首都伦敦，财务总部设在加拿大的多伦多。理事会为国际评估准则委员会的常设管理机构，理事会主要由主席、副主席、常务理事和一般理事组成。理事会会议每年召开两次，具体制定委员会政策、工作计划、财务预算和财务报告，并负责召集特别会员代表大会。会员代表大会为国际评估准则委员会的权力机构，它决定国际评估准则委员会的重大事项。每个会员国向国际评估准则委员会派出1名代表和1名助理代表参加每年一次的会员代表大会。

二、国际评估准则（IVS）简介

《国际评估准则》第一版是国际评估准则委员会制定于1985年，在1994年和1997年分别进行两次的修订，到2005年已经是第7次修订，2007年进行了第8次修订。下面分别就国际评估准则的目标、特点及体系做简要介绍。

(一)《国际评估准则》的目标

《国际评估准则》的目标主要是：促进财务报告的透明度和评估的可靠性，以便于跨国交易和国际资本市场的发育；为全世界的评估师提供一个执业基准，使其能够应对国际资本市场对可靠评估的要求，以满足全球经济领域对财务报告的要求；提供评估准则和财务报告准则，以满足新兴工业化国家的需要。

(二)《国际评估准则》的特点

《国际评估准则》具有普遍适用性、注重与国际会计准则衔接、注重专业术语的规范、从不动产评估向综合评估过渡等特点。

1. 普遍适用性特点。《国际评估准则》一直致力于各国评估准则的统一，几经修订后它在条文上具有一定的普遍适用性。《国际评估准则》条文普遍适用性的代价是其业务针对性和可操作性较弱，尽管后来经过多次修订这一问题得到一定的缓解，但问题依然存在。

2. 注重与国际会计准则衔接的特点。国际评估准则委员会受国际会计准则和欧洲评估业的影响，特别重视《国际评估准则》与《国际会计准则》的衔接，突出为编制财务报表而进行评估业务，关注国际会计准则的发展变化，并及时修订《国际评估准则》，比如《国际评估准则》第 7 版的修订就体现出评估服务于会计方面的思路。

3. 注重专业术语规范的特点。《国际评估准则》特别注重专业术语的规范，除了在每个具体评估准则、应用指南和指导意见中有专门的相关规定以外，还在资产评估概念和原则部分对重点概念进行讨论。

4. 从不动产评估向综合评估过渡的特点。《国际评估准则》侧重于不动产评估的规范。随着评估业在经济中发挥的作用及会计行业对评估结论依赖程度加大，国际评估准则委员会开始考虑对国际评估准则的专业定位进行调整，发展综合性评估准则。

(三)《国际评估准则》的体系

目前，《国际评估准则》的内容体系包括前言、公认评估原则的基本概念、行为守则、资产类型、国际评估准则、国际评估应用指南、评估指南、白皮书、术语表和索引 10 部分。

1. 前言。前言部分是在回顾与总结国际资产评估行业发展历史的基础上，重点介绍国际评估准则委员会的宗旨、国际评估准则委员会的工作、《国际评估准则》的起源与结构等内容。

2. 公认评估原则的基本概念。为了避免各国评估师和资产评估报告使用者的误解，《国际评估准则》对构成资产评估理论和评估准则基础的法律、经济等基础性概念、理论进行总结和归纳。资产评估基本概念和原则充分总结了各国资产评估理论研究成果和实践经验，并借鉴各国资产评估准则制定的经验，对资产评估理论中的许多基本概念和理论进行了深刻阐述，具体包括了土地与资产的概念，不动产、财产与资产的概念，价格、成本、市场和价值的概念，市场价值概念，最佳用途概念，效用概念，评估方法等。

3. 行为守则。行为守则就是职业道德准则，是从约束评估师职业道德角度出发，对评估师职业道德、专业胜任能力、评估披露和评估报告等方面的要求做出规定。《国际评估准则》的行为守则包括引言、范围、定义、职业道德、胜任能力、披露要求、评估报告。

4. 资产类型。《国际评估准则》对作为主要评估对象的不动产、动产、企业价值和金融权益四种资产类型及其区别进行说明。

5. 国际评估准则。国际评估准则是《国际评估准则》的核心内容，包括三个准则：《国际评估准则1——市场价值基础的评估》《国际评估准则2——市场价值以外的价值基础评估》《国际评估准则3——评估报告》。前两个准则构成《国际评估准则》的基础，并构成应用指南和评估指南的基础。最后一个准则是《国际评估准则》第6版新增加内容，将以前散落在各相关准则中的有关评估报告和披露方面的规范进行总结而成。

6. 国际评估应用指南。该部分主要包括两个应用指南：《应用指南1——以财务报告为目的的评估》《应用指南2——以担保贷款为目的的评估》。

7. 评估指南。评估指南为特殊评估问题提供指导，为准则如何在更特殊的商业和服务情况下应用提供指导，补充和扩展了准则和应用指南。目前，《国际评估准则》共有15项评估指南，具体是：《评估指南1　不动产评估》《评估指南2　租赁权益评估》《评估指南3　厂房和设备的评估》《评估指南4　无形资产评估》《评估指南5　动产评估》《评估指南6　企业价值评估》《评估指南7　资产评估中对有毒有害物质的分析》《评估指南8　适用于财务报告的成本法（DRC）》《评估指南9　为市场评估和投资分析进行的现金流折现分析》《评估指南10　农业资产评估》《评估指南11　评估复核》《评估指南12　交易相关资产的评估》《评估指南13　财产税批量评估》《评估指南14　采炼行业资产评估》《评估指南15　历史性资产评估》。

8. 白皮书。白皮书是国际评估准则委员会针对有关评估事项发布的，是为新兴市场中的评估师提供的特别指南，以及为国际、国家、地区开发银行和机构重建或加强新兴市场金融体系的努力做出贡献。

9. 术语表和索引（略）。

课堂讨论

《国际评估准则》从无到有且逐渐为各国所认同。你认为《国际评估准则》致力于各国评估准则统一的目标能否实现？为什么，请结合哲学思想谈谈理由？

第三节
美国和欧洲评估准则简述

一、美国评估准则简述

1986年美国8个评估专业协会和加拿大评估协会联合制定《专业评估执业统一准则》。1989年美国国会制定的《金融机构改革、复原和强制执行法令》规定，评估人员执行与联邦交易相关的资产评估业务必须遵守《专业评估执业统一准则》。美国各大评估协会都要求其会员执行资产评估业务需要遵守《专业评估执业统一准则》。随着资产评估业国际交流的发展，《专业评估执业统一准则》逐渐成为国际最具影响的评估准则之一。

与《国际评估准则》不同，《专业评估执业统一准则》是一部典型的综合评估准则，具体而言，它具有以下几个特点：综合性与开放性兼具；由民间评估专业团队制定，制定过程中注重民主性和广泛性；注重职业道德的规范；以立法形式获得美国政府认可，具有较强的法律约束力；及时进行修订。

2008年版《专业评估执业统一准则》的内容包括：定义、引言、职业道德规定、胜任能力规定、工作范围规定、允许偏离规定、司法例外规定、增补标准规定、10个准则、10个准则说明、29个咨询意见。

1. 定义。定义是对《专业评估执业统一准则》使用的评估、评估咨询、评估复核、评估师、评估结论、假设等基本概念进行定义和解释。

2. 引言。引言是对《专业评估执业统一准则》的宗旨和内容进行简要介绍，明确《专业评估执业统一准则》通过定义、规定、准则和准则说明强调评估师的职业道德和执业责任。

3. 职业道德规定。该部分确立了评估师执业中的正直、公正、客观、独立与符合职业道德标准的行为方面要求。

4. 胜任能力规定。该部分提出承接评估业务前和评估项目对知识与经验方面的要求。

5. 工作范围规定。该部分提出有关评估问题确定、研究与分析的责任。

6. 司法例外规定。该部分是在《专业评估执业统一准则》的规定与法律或政府政策规定发生冲突时维持相互的协调。

7. 增补标准规定。该部分是为政府部门、政府主办的企业或其他机构因公共政策需要而提供制定增补规定，适用于特定目的或资产类型评估业务的补充规定。

8. 10个准则。该部分是《专业评估执业统一准则》主要构成部分，具体包括不动产评估准则、不动产评估报告准则、评估复核及报告准则、不动产评估咨询准则、不动产评估咨询报告准则、批量评估及报告准则、动产评估准则、动产评估报告准则、企业价值评估准则、企业价值评估报告准则。

9. 10个准则说明。评估准则说明是为了明确、解释和细化《专业评估执业统一准则》，具有与准则条文相同的法律效力。至今，美国评估准则委员会已经通过10个评估准则说明，但已撤销其中3个。

10. 29个咨询意见。咨询意见是为解决评估中存在的问题提供咨询帮助，但不是评估准则委员会的法律性意见。29个咨询意见主要包括销售历史、被评估资产勘察、更新评估、助手要求、复核评估的功能、交易时间估计、市场价值与公允价值、评估师对有毒或者有害物质污染的责任、评估师和客户关系、评估报告类型的内容和使用、不动产抵押估价、享受补贴住房的评估、运用背离条款进行限制评估、公平住房法和评估报告的内容、对计划改良不动产的评估。

二、欧洲评估准则简述

欧洲评估准则是目前国际评估界具有重大影响力的评估准则之一，是由欧洲评估师联合会制定的适用于欧洲地区的区域性评估准则。第5版的《欧洲评估准则》的主要内容包括9个准则和14个指南。

9个准则是：《准则1　遵守事项》《准则2　具有资格的评估师》《准则3　业务约定书》《准则4　评估基础（价值类型）》《准则5　以财务报告为目的的评估》《准则6　以银行安全为目的及与资产证券化、抵押贷款资产证券化相关的评估》《准则7　估计、预测和其他评估》《准则8　投资评估——保险公司、房地产信托和养老基金等》《准则9　评估报告》。

14个指南分别是：《指南1　影响价值的特殊因素》《指南2　特殊性资产评估》《指南3　机器设备评估》《指南4　开发中资产的评估》《指南5　以贷款为目的的农业资产评估》《指南6　历史性资产评估》《指南7　企业价值评估》《指南8　无形资产评估》《指南9　不动产指标评估》《指南10　跨国评估》《指南11　合资公司、有限合伙评估》《指南12　土地与建筑物之间的价格分割》《指南13　国别立法与实践》《指南14　以证券化为目的的抵押组合评估》。

关键概念

资产评估准则　国际评估准则　专业评估执业统一准则　欧洲评估准则

思考题

1. 资产评估准则的功用是什么？
2. 我国资产评估准则的体系框架主要包括哪些内容？
3. 我国《资产评估准则——基本准则》主要规范了哪几个方面的内容？
4. 《资产评估职业道德准则》的基本内容是什么？
5. 《国际评估准则》体系如何构成的？

参考书目

[1] 郭化林:《中国资产评估准则——阐释与应用》,立信会计出版社2009年版。

[2] 周友梅、胡晓明:《资产评估学原理》,中国财政经济出版社2010年版。

[3] 于艳芳、宋凤轩:《资产评估理论与实务》,人民邮电出版社2010年版。

[4] 朱萍:《资产评估学教程》,上海财经大学出版社2009年版。

[5] 中国资产评估协会:《资产评估》,经济科学出版社2011年版。

[6] 张彤:《全国注册资产评估师执业资格考试真题汇析与模拟》,中国人民大学出版社2009年版。

[7] 于艳芳、宋凤轩:《资产评估理论与实务》,人民邮电出版社2010年版。

[8] 中天恒会计师事务所:《资产评估案例分析》,中国时代经济出版社2008年版。

[9] 北京兴宏程建筑考试培训中心:《房地产估价理论与方法命题点全面解读》,中国铁道出版社2009年版。

[10] 王国力:《全国房地产估价师执业资格考试真题汇析与模拟》,中国人民大学出版社2009年版。

[11] 张行宇、谢玮:"我国资产评估行业法律责任研究",2006中国昆明国际评估论坛优秀论文集。

[12] 郑万生、范学珊:《资产评估实务指南》,北京科学技术出版社2011年版。

[13] 吴申元:《无形资产管理与评估(第三版)》,首都经济贸易大学出版社2015年版。

[14] 苑泽明:《无形资产评估》,高等教育出版社2015年版。

[15] 刘小峰:《无形资产评估:理论与实务》,北京大学出版社2017年版。

[16] 姜楠:《无形资产评估》,中国财政经济出版社2015年版。

[17] 乔志敏,王小荣:《资产评估学教程(第六版)》,中国人民大学出版社2017年版。

[18] 杨淑芝,刘刚,王雄,赵亭亭,刘珈希:《资产评估实务(第二版)》,中国电力出版社2018年版。

[19] 刘春慧:《资产评估》,中国财政经济出版社2017年版。

[20] 李继志,涂清梅:《资产评估学——理论、方法与实务》,人民邮电出版社2017年版。

[21] 姜楠、王景升:《资产评估》,东北财经大学出版社2008年版。

[22] 朱萍:《资产评估学教程》,上海财经大学出版社2009年版。

[23] 蒋国发:《资产评估学》,清华大学出版社2011年版。

[24] 潘学模:《资产评估学》,西南财经大学出版社2012年版。